FINAL 사전모의고사

정인홍 헌법

CONTENTS

사전 모의고사

제1회 사전모의고사 ·· 7
제2회 사전모의고사 ·· 14
제3회 사전모의고사 ·· 21
제4회 사전모의고사 ·· 29
제5회 사전모의고사 ·· 37
제6회 사전모의고사 ·· 45
제7회 사전모의고사 ·· 52
제8회 사전모의고사 ·· 59

정답 및 해설

제1회 사전모의고사 정답 및 해설 ·· 69
제2회 사전모의고사 정답 및 해설 ·· 72
제3회 사전모의고사 정답 및 해설 ·· 76
제4회 사전모의고사 정답 및 해설 ·· 80
제5회 사전모의고사 정답 및 해설 ·· 84
제6회 사전모의고사 정답 및 해설 ·· 88
제7회 사전모의고사 정답 및 해설 ·· 94
제8회 사전모의고사 정답 및 해설 ·· 101

헌법 강의계획표

구분	강의 내용	페이지
1주차	헌법의 의의 ~ 정당제도	7
2주차	선거제도 ~ 기본권 총론	14
3주차	인간의 존엄과 가치 ~ 신체의 자유	21
4주차	거주이전의 자유 ~ 집회결사의 자유	29
5주차	학문과 예술의 자유 ~ 국민의 기본의무	37
6주차	통치구조의 원리와 형태 ~ 국회	45
7주차	대통령 ~ 사법부	52
8주차	헌법재판소	59

FINAL 사전모의고사
문제편

박문각 이준현 채움팀

제1회 사전모의고사

헌법
담당 : 정인홍 교수

헌법의 의의 ~ 정당제도

【문 1】 다음 설명 중 가장 옳지 않은 것은? (다툼이 있는 경우 판례에 의함)
① 관습헌법규범은 헌법전에 그에 상반하는 법규범을 첨가함에 의하여 폐지하게 된다.
② 국민주권주의는 성문이든 관습이든 실정법 전체의 정립에 국민의 참여를 요구한다고 할 것이며, 국민에 의하여 정립된 관습헌법은 입법권자를 구속하며 헌법으로서 효력을 가진다.
③ 관습헌법의 성립요건으로 관행의 존재, 관행의 반복·계속성, 항상성이 필요하고, 관행이 명료해야 하지만, 국민이 그 관습헌법이 강제력을 가진다고 믿고 있을 필요는 없다.
④ 성문헌법의 개정은 헌법의 조문이나 문구의 명시적이고 직접적인 변경을 내용으로 하는 헌법개정안의 제출에 의하여야 하고, 하위규범인 법률의 형식으로, 일반적인 입법절차에 의하여 개정될 수는 없다.

【문 2】 다음 설명 중 가장 옳지 않은 것은? (다툼이 있는 경우 판례에 의함)
① 대통령의 임기연장 또는 중임변경을 위한 헌법개정은 그 헌법개정 공고 당시의 대통령에 대하여는 효력이 없다.
② 대통령이 발의하는 헌법개정안에 대하여는 국무회의의 심의를 거쳐야 한다.
③ 국회는 헌법개정안이 공고된 날로부터 60일 이내에 의결하여야 하며, 국회의 의결은 재적의원 3분의 2 이상의 찬성을 얻어야 한다.
④ 헌법개정은 국회재적의원 과반수 또는 대통령의 발의로 제안된다.

【문 3】 다음 설명 중 가장 옳지 않은 것은? (다툼이 있는 경우 판례에 의함)
① 국가긴급권은 국가의 존립이나 헌법질서를 위태롭게 하는 비상사태가 발생한 경우에 국가를 보전하고 헌법질서를 유지하기 위한 헌법보장의 한 수단이다.
② 현행 헌법은 제9차 개정헌법으로 국회의 의결을 거친 다음 국민투표에 의하여 확정되었고, 대통령이 즉시 이를 공포함으로써 그 효력이 발생하였다.
③ 비상계엄이 선포된 때에는 법률이 정하는 바에 의하여 영장제도, 언론·출판·집회·결사의 자유, 정부나 법원의 권한에 관하여 특별한 조치를 할 수 있다.
④ 계엄이 해제되었다고 하여 계엄하에서 행해진 위반행위의 가벌성이 소멸된다고는 볼 수 없는 것으로서 계엄기간중의 계엄포고위반의 죄는 계엄해제후에도 행위당시의 법령에 따라 처벌되어야 하고 계엄의 해제를 범죄후 법령의 개폐로 형이 폐지된 경우와 같이 볼 수 없다.

【문 4】 다음 설명 중 가장 옳지 않은 것은? (다툼이 있는 경우 판례에 의함)
① 귀화허가는 외국인에게 대한민국 국적을 부여함으로써 국민으로서의 법적 지위를 포괄적으로 설정하는 행위에 해당한다.
② 대한민국 국적을 취득한 사실이 없는 외국인은 법무부장관의 귀화허가를 받아 대한민국 국적을 취득할 수 있으며, 법무부장관 앞에서 국민선서를 하고 귀화증서를 수여받은 때에 대한민국 국적을 취득한다.
③ "이민"은 우리 국민이 생업에 종사하기 위하여 외국에 이주하거나 외국인과 혼인 및 연고관계로 인하여 이주하는 자를 의미하는데, 「국적법」 제12조 소정의 사유에 의하여 국적을 상실하지 않는 한 대한민국 재외국민으로서 기본권을 향유한다.
④ 국가의 안전과 자유민주적 기본질서를 보장하고 국민의 안전을 확보하는 가운데 평화적 통일을 이루기 위한 기반을 조성하기 위하여 북한주민 등과의 접촉에 관하여 남북관계의 전문기관인 통일부장관에게 그 승인권을 준 법률조항은 국민의 통일에 대한 기본권을 위헌적으로 침해한 것이다.

【문 5】 다음 설명 중 가장 옳지 않은 것은? (다툼이 있는 경우 판례에 의함)

① 복수국적자가 외국에 주소가 있는 경우에만 국적이탈을 신고할 수 있도록 하는 국적법 제14조 제1항 본문은 헌법에 위반되지 않는다.
② 공무원이 그 직무상 대한민국 국적을 상실한 자를 발견하면 3개월 이내에 법무부장관에게 그 사실을 통보하여야 한다.
③ 북한이 국제사회에서 하나의 주권국가로 존속하고 있고, 우리 정부가 북한 당국자의 명칭을 쓰면서 정상회담 등을 제의하였다 하여 북한이 대한민국의 영토고권을 침해하는 반국가단체가 아니라고 단정할 수 없다.
④ 법무부장관은 귀화신청인이 귀화 요건을 갖추었다 하더라도 귀화를 허가할 것인지 여부에 관하여 재량권을 가진다고 보는 것이 타당하다.

【문 6】 다음 중 현행 대한민국헌법 전문에 명시적으로 규정된 것은 모두 몇 개인가?

㉠ 경제민주화
㉡ 복수정당제의 보장
㉢ 국가에 대한 의무를 완수
㉣ 자유민주적 기본질서에 입각한 평화통일

① 0개
② 1개
③ 2개
④ 3개

【문 7】 다음 설명 중 가장 옳지 않은 것은? (다툼이 있는 경우 판례에 의함)

① 다른 기본권과 관련된 경우에 영토에 관한 권리를 영토권이라 구성하여 기본권의 하나로 구성하는 것은 가능하다.
② 헌법 전문에 기재된 3·1 정신은 우리나라 헌법의 연혁적·이념적 기초로서 헌법이나 법률의 해석기준으로 작용한다고 할 수 있지만, 그에 기하여 곧바로 국민의 개별적 기본권성을 도출해낼 수는 없다.
③ 국회의장의 불법적인 의안처리로 헌법의 기본원리가 훼손되었다면 그로 인하여 구체적 기본권을 침해당했는지 여부와 상관없이 국회의원의 헌법소원심판청구는 허용된다.
④ 우리 헌법이 제정되기 전의 일이라 할지라도 국가가 국민의 안전과 생명을 보호하여야 할 가장 기본적인 의무를 수행하지 못한 일제강점기에 일본군위안부로 강제 동원되어 인간의 존엄과 가치가 말살된 상태에서 장기간 비극적인 삶을 영위하였던 피해자들의 훼손된 인간의 존엄과 가치를 회복시켜야 할 의무는 대한민국임시정부의 법통을 계승한 지금의 정부가 국민에 대하여 부담하는 가장 근본적인 보호의무에 속한다.

【문 8】 다음 설명 중 가장 옳지 않은 것은? (다툼이 있는 경우 판례에 의함)

① 법적 안정성의 객관적 측면은 한번 제정된 법규범은 원칙적으로 존속력을 갖고 자신의 행위기준으로 작용하리라는 개인의 신뢰보호원칙이다.
② 실제 평균임금이 노동부장관이 고시하는 한도금액 이상일 경우 그 한도금액을 실제임금으로 의제하는 최고보상제도가 시행되기 전에 이미 재해를 입고 산재보상수급권이 확정적으로 발생한 경우에도 적용하는 「산업재해보상보험법」 부칙조항은 신뢰보호원칙에 위반된다.
③ 새로운 입법으로 과거에 소급하여 과세하거나 또는 이미 납세의무가 존재하는 경우에도 소급하여 중과세하도록 하는 것은 헌법 제13조 제2항에 위반된다.
④ 과거에 소멸한 저작인접권을 회복시키는 저작권법 부칙 조항은 개정된 저작권법이 시행되기 전에 있었던 과거의 음원 사용 행위에 대한 것이 아니라 개정된 법률 시행 이후에 음원을 사용하는 행위를 규율하고 있으므로 진정소급입법에 해당하지 않는다.

【문 9】 다음 설명 중 가장 옳지 않은 것은? (다툼이 있는 경우 판례에 의함)

① 국가가 최저생활보장에 관한 입법을 전혀 하지 아니한 경우에 한하여 헌법에 위반된다고 할 수 있다.
② 보험료의 형성에 있어서 사회연대의 원칙은 보험료와 보험급여 사이의 개별적 등가성의 원칙에 수정을 가하는 원리일 뿐만 아니라, 사회보험체계 내에서의 소득의 재분배를 정당화하는 근거이며, 보험의 급여수혜자가 아닌 제3자인 사용자의 보험료 납부의무를 정당화하는 근거이기도 하다.
③ 국가는 노인의 특성에 적합한 주택정책을 복지향상차원에서 개발하여 노인으로 하여금 쾌적한 주거활동을 할 수 있도록 노력하여야 할 의무를 부담한다.
④ 국가는 균형 있는 국민경제의 성장 및 안정과 적정한 소득의 분배를 유지하고, 시장의 지배와 경제력의 남용을 방지하며, 경제주체 간의 조화를 통한 경제의 민주화를 위하여 경제에 관한 규제와 조정을 할 수 있다.

【문 10】 다음 설명 중 가장 옳지 않은 것은? (다툼이 있는 경우 판례에 의함)

① 국가는 건전한 소비행위를 계도하고 생산품의 품질향상을 촉구하기 위한 소비자보호운동을 조례가 정하는 바에 의하여 보장한다.
② 소비자불매운동의 목표로서의 '소비자의 권익'이란 원칙적으로 사업자가 제공하는 물품이나 용역의 소비생활과 관련된 것으로서 상품의 질이나 가격, 유통구조, 안전성 등 시장적 이익에 국한된다.
③ 단순히 소비자불매운동이 헌법 제124조에 따라 보장되는 소비자보호운동의 요건을 갖추지 못하였다는 이유만으로 이에 대하여 아무런 헌법적 보호도 주어지지 아니한다고 단정하여서는 아니 된다.
④ 국방상 또는 국민경제상 긴절한 필요로 인하여 법률이 정하는 경우를 제외하고는, 사영기업을 국유 또는 공유로 이전하거나 그 경영을 통제 또는 관리할 수 없다.

【문 11】 다음 설명 중 가장 옳지 않은 것은? (다툼이 있는 경우 판례에 의함)

① 조약은 '국가·국제기구 등 국제법 주체 사이에 권리·의무관계를 창출하기 위하여 서면 형식으로 체결되고 국제법에 의하여 규율되는 합의'라고 할 수 있다.
② 1992. 2. 19. 발효된 '남북사이의 화해와 불가침 및 교류협력에 관한 합의서'는 국회의 동의를 요하는 조약에 해당한다.
③ 국제법적으로, 조약은 국제법 주체들이 일정한 법률효과를 발생시키기 위하여 체결한 국제법의 규율을 받는 국제적 합의를 말하며 서면에 의한 경우가 대부분이지만 예외적으로 구두합의도 조약의 성격을 가질 수 있다.
④ 국제노동기구의 제87호 협약(결사의 자유 및 단결권 보장에 관한 협약), 제98호 협약(단결권 및 단체교섭권에 대한 원칙의 적용에 관한 협약), 제151호 협약(공공부문에서의 단결권 보호 및 고용조건의 결정을 위한 절차에 관한 협약)은 헌법 제6조 제1항에서 말하는 일반적으로 승인된 국제법규로서 헌법적 효력을 갖는 것이 아니다.

【문 12】 다음 설명 중 가장 옳지 않은 것은? (다툼이 있는 경우 판례에 의함)

① 우리나라는 제헌헌법 이래 문화국가의 원리를 헌법의 기본원리로 채택하고 있다.
② 문화는 사회의 자율영역을 바탕으로 하지만, 이를 근거로 혼인과 가족의 보호가 헌법이 지향하는 자유민주적 문화국가의 필수적인 전제조건이라 하기는 어렵다.
③ 오늘날에 와서는 국가가 어떤 문화현상에 대하여도 이를 선호하거나 우대하는 경향을 보이지 않는 불편부당의 원칙이 가장 바람직한 정책으로 평가받고 있다.
④ 국가는 학교교육에 관한 한, 교육제도의 형성에 관한 폭넓은 권한을 가지고 있지만, 학교교육 밖의 사적인 교육영역에서는 원칙적으로 부모의 자녀교육권이 우위를 차지하고, 국가 또한 헌법이 지향하는 문화국가이념에 비추어, 학교교육과 같은 제도 교육 외에 사적인 교육의 영역에서도 사인의 교육을 지원하고 장려해야 할 의무가 있으므로 사적인 교육영역에 대한 국가의 규율권한에는 한계가 있다.

【문 13】 다음 설명 중 가장 옳지 않은 것은? (다툼이 있는 경우 판례에 의함)

① 단지 일부 지나친 고액과외교습을 방지하기 위하여 모든 학생으로 하여금 오로지 학원에서만 사적으로 배울 수 있도록 규율한다는 것은 자기결정과 자기책임을 생활의 기본원칙으로 하는 헌법의 인간상이나 개성과 창의성, 다양성을 지향하는 문화국가원리에도 위반되는 것이다.
② 헌법 제9조의 정신에 따라 우리가 진정으로 계승·발전시켜야 할 전통문화는 이 시대의 제반 사회·경제적 환경에 맞고 또 오늘날에 있어서도 보편타당한 전통윤리 내지 도덕관념이라 할 것이다.
③ 오늘날 문화국가에서의 문화정책은 그 초점이 문화가 생겨날 수 있는 문화풍토를 조성하는 것에 있는 것이 아니라 문화 그 자체에 두어야 한다.
④ 과거의 어느 일정 시점에서 역사적으로 존재하였다는 사실만으로 모두 헌법의 보호를 받는 전통이 되는 것은 아니다.

【문 14】 다음 설명 중 가장 옳지 않은 것은? (다툼이 있는 경우 판례에 의함)

① 우리나라 헌법상의 경제질서는 사유재산제를 바탕으로 하고 자유경쟁을 존중하는 자유시장경제질서를 기본으로 하면서도 이에 수반되는 갖가지 모순을 제거하고 사회복지·사회정의를 실현하기 위하여 국가적 규제와 조정을 용인하는 사회적 시장경제질서로서의 성격을 띠고 있다.
② 입법자는 경제영역에서의 국가목표를 이루기 위하여 가능한 여러 정책 중 필요하다고 판단되는 경제정책을 선택할 수 있고, 입법자의 그러한 정책판단과 선택은 경제에 관한 국가적 규제·조정 권한의 행사로서 존중되어야 하는 것이 원칙이다.
③ 주택재개발사업에서 부과하는 임대주택공급의무는 재개발로 발생하는 세입자들의 주거문제를 해결하기 위한 제도이고, 재건축사업에서 임대주택공급제도는 개발이익의 환수차원에서 부과되는 의무라 할 것이므로, 두 사업 모두에 임대주택공급의무를 부과하는 것은 재건축조합의 조합원 등의 평등권을 침해하고 있다.
④ 사회보험방식에 의하여 재원을 조성하여 반대급부로 노후생활을 보장하는 강제저축 프로그램으로서의 국민연금제도는 상호부조의 원리에 입각한 사회연대성에 기초하여 고소득계층에서 저소득층으로, 근로세대에서 노년세대로, 현재세대에서 다음세대로 국민 간에 소득재분배의 기능을 함으로써 오히려 위 사회적 시장경제질서에 부합하는 제도라 할 것이다.

【문 15】 다음 설명 중 가장 옳지 않은 것은? (다툼이 있는 경우 판례에 의함)

① 헌법 제119조는 헌법상 경제질서에 관한 일반조항으로서 국가의 경제정책에 대한 하나의 헌법적 지침일 뿐 그 자체가 기본권의 성질을 가진다거나 독자적인 위헌심사의 기준이 된다고 할 수 없다.
② 헌법은 제119조에서 언급하는 '경제적 자유와 창의'는 직업의 자유, 재산권의 보장, 근로3권과 같은 경제에 관한 기본권 및 비례의 원칙과 같은 법치국가원리에 의하여 비로소 헌법적으로 구체화된다.
③ 헌법 제119조 제2항은 국가가 경제영역에서 실현하여야 할 목표의 하나로서 '적정한 소득의 분배'를 들고 있지만, 이로부터 반드시 소득에 대하여 누진세율에 따른 종합과세를 시행하여야 할 구체적인 헌법적 의무가 조세입법자에게 부과되는 것이라고 할 수 없다.
④ 구 「상속세 및 증여세법」 제45조의3 제1항은 이른바 일감 몰아주기로 수혜법인의 지배주주 등에게 발생한 이익에 대하여 증여세를 부과함으로써 적정한 소득의 재분배를 촉진하고, 시장의 지배와 경제력의 남용 우려가 있는 일감 몰아주기를 억제하려는 것이지만, 거래의 필요성, 영업외손실의 비중, 손익변동 등 구체적인 사정을 고려하지 않은 채, 특수관계법인과 수혜법인의 거래가 있으면 획일적 기준에 의하여 산정된 미실현 이익을 수혜법인의 지배주주가 증여받은 것으로 보아 수혜법인의 지배주주의 재산권을 침해한다.

【문 16】 다음 설명 중 가장 옳지 않은 것은? (다툼이 있는 경우 판례에 의함)

① 진정소급입법이라 할지라도 예외적으로 국민이 소급입법을 예상할 수 있었던 경우와 같이 소급입법이 정당화되는 경우에는 허용될 수 있다.
② 신법이 피적용자에게 유리한 경우에는 이른바 시혜적인 소급입법이 가능하지만 이를 입법자의 의무라고는 할 수 없다.
③ 부진정소급입법에 있어서는 소급효를 요구하는 공익상의 사유와 신뢰보호의 요청 사이의 교량과정에서 신뢰보호의 관점이 입법자의 형성권에 제한을 가하게 되므로 원칙적으로 허용되지 않는다.
④ 소방공무원이 재난·재해현장에서 화재진압이나 인명구조 작업 중 입은 위해뿐만 아니라 그 업무수행을 위한 긴급한 출동·복귀 및 부수활동 중 위해에 의하여 사망한 경우까지 그 유족에게 순직공무원보상을 하여 주는 제도를 도입하면서 이 사건 부칙조항이 신법을 소급하는 경과규정을 두지 않았다고 하더라도 소급적용에 따른 국가의 재정부담, 법적 안정성 측면 등을 종합적으로 고려하여 입법정책적으로 정한 것이므로 입법재량의 범위를 벗어나 불합리한 차별이라고 할 수 없다.

【문 17】 다음 설명 중 가장 옳지 않은 것은? (다툼이 있는 경우 판례에 의함)

① 개성공단 전면중단 조치는 신뢰보호원칙을 위반하여 개성공단 투자기업들의 영업의 자유와 재산권을 침해하지 아니한다.
② 자기책임의 원리는 인간의 자유와 유책성, 그리고 인간의 존엄성을 진지하게 반영한 원리로서 법치주의에 당연히 내재하는 원리이다.
③ 종전 의료법조항에 따라 국가시험 응시자격이 부여되어 왔던 외국 소재 치과대학에서 치의학사의 학위를 취득한 자들에게, 3년의 유예기간만을 부여하고 이후에는 예비시험의 합격을 요구한 의료법조항은 신뢰보호원칙을 위반하였다.
④ 「공무원연금법」상 퇴직연금수급자가 지방의회 의원에 취임한 경우, '취임 당시의 연금제도가 그대로 유지되어 그 임기 동안 퇴직연금을 계속 지급받을 수 있을 것'이라고 신뢰하였다 하더라도 이러한 신뢰는 보호가치가 크다고 보기 어렵다.

【문 18】 다음 설명 중 가장 옳지 않은 것은? (다툼이 있는 경우 판례에 의함)

① 우리 헌법은 사회국가원리를 명문으로 규정하고 있지 않다.
② 사회국가는 국민 각자가 실제로 자유를 행사할 수 있는 그 실질적 조건을 마련해 줄 의무가 있는 국가이다.
③ 사회국가의 원리는 자유민주적 기본질서의 범위 내에서 이루어져야 하고, 국민 개인의 자유와 창의를 보완하는 범위 내에서 이루어지는 내재적 한계를 지니고 있다.
④ 체계정당성의 원리는 동일 규범 내에서 또는 상이한 규범 간에 그 규범의 구조나 내용 또는 규범의 근거가 되는 원칙면에서 상호 배치되거나 모순되어서는 아니 된다는 헌법적 요청이지만, 입법자를 기속하지는 않는다.

【문 19】 다음 설명 중 가장 옳지 않은 것은? (다툼이 있는 경우 판례에 의함)

① 국내에 주소 등을 두고 있지 아니한 원고에게 법원이 소송비용담보제공명령을 하도록 한 구 민사소송법 조항은 외국인의 지위를 보장하는 헌법 제6조 제2항에 위배된다.
② 한국인 BC급 전범들이 국제전범재판에 따른 처벌로 입은 피해와 관련하여 외교부장관에게 '대한민국과 일본국 간의 재산 및 청구권에 관한 문제의 해결과 경제협력에 관한 협정' 제3조에 따른 분쟁해결절차에 나아가야 할 구체적 작위의무가 인정된다고 보기 어렵다.
③ 정보공개청구가 없었던 경우 대한민국과 중화인민공화국이 2000.7.31. 체결한 양국 간 마늘교역에 관한 합의서 및 그 부속서 중 '2003.1.1.부터 한국의 민간기업이 자유롭게 마늘을 수입할 수 있다'는 부분을 사전에 마늘재배농가들에게 공개할 정부의 의무는 인정되지 아니한다.
④ 대통령이 조약 체결·비준에 대한 국회의 동의를 요구하지 않았다고 하더라도 국회의원들의 심의·표결권이 침해될 가능성은 없다.

【문 20】 다음 설명 중 가장 옳지 않은 것은? (다툼이 있는 경우 판례에 의함)

① 문화국가원리의 이러한 특성은 문화의 개방성 내지 다원성의 표지와 연결되는데, 국가의 문화육성의 대상에는 원칙적으로 모든 사람에게 문화창조의 기회를 부여한다는 의미에서 모든 문화가 포함된다.
② 문화창달을 위하여 문화예술 공연관람자 등에게 예술감상에 의한 정신적 풍요의 대가로 문화예술진흥기금을 납입하게 하는 것은 헌법의 문화국가이념에 반하는 것이 아니다.
③ 헌법 제9조의 규정취지와 민족문화유산의 본질에 비추어 볼 때, 국가가 민족문화유산을 보호하고자 하는 경우 이에 관한 헌법적 보호법익은 '민족문화유산의 존속' 그 자체를 보장하는 것이다.
④ 헌법은 문화국가를 실현하기 위하여 보장되어야 할 정신적 기본권으로 양심과 사상의 자유, 종교의 자유, 언론·출판의 자유, 학문과 예술의 자유 등을 규정하고 있는바, 개별성·고유성·다양성으로 표현되는 문화는 사회의 자율영역을 바탕으로 한다고 할 것이고, 이들 기본권은 견해와 사상의 다양성을 그 본질로 하는 문화국가원리의 불가결의 조건이라고 할 것이다.

【문 21】 다음 설명 중 가장 옳은 것은? (다툼이 있는 경우 판례에 의함)

① 정당법상 등록된 정당이 아니면 정당이라는 명칭을 사용하지 못하게 하는 정당법조항은 헌법에 위반된다.
② 대한민국 국민이 아닌 자는 정당의 당원이 될 수 없으며, 누구든지 2 이상의 정당의 당원이 되지 못한다.
③ 창당준비위원회는 중앙당의 경우에는 500명 이상의, 시·도당의 경우에는 100명 이상의 발기인으로 구성한다.
④ 18세 미만의 국민은 정당의 발기인 및 당원이 될 수 없다.

【문 22】 다음 설명 중 가장 옳은 것은? (다툼이 있는 경우 판례에 의함)
① 정당의 해산을 명하는 헌법재판소의 결정은 정부가 「정당법」에 따라 집행한다.
② 등록이 취소되거나 자진해산한 정당의 잔여재산 및 헌법재판소의 해산결정에 의하여 해산된 정당의 잔여재산은 국고에 귀속한다.
③ 등록신청을 받은 관할 선거관리위원회는 형식적 요건을 구비하는 한 이를 거부하지 못한다. 다만, 형식적 요건을 구비하지 못한 때에는 상당한 기간을 정하여 그 보완을 명하고, 2회 이상 보완을 명하여도 응하지 아니할 때에는 그 신청을 각하할 수 있다.
④ 정당해산결정에 대해서는 재심을 허용하지 아니함으로써 얻을 수 있는 법적 안정성의 이익이 재심을 허용함으로써 얻을 수 있는 구체적 타당성의 이익보다 더 중하므로 재심에 의한 불복방법이 허용될 수 없다.

【문 23】 다음 설명 중 가장 옳지 않은 것은? (다툼이 있는 경우 판례에 의함)
① 정당이 그 소속 국회의원을 제명하기 위해서는 당헌이 정하는 절차를 거치는 외에 그 소속 국회의원 전원의 2분의 1 이상의 찬성이 있어야 한다.
② 헌법재판소는 정당해산심판의 청구를 받은 때에는 직권 또는 청구인의 신청에 의하여 종국결정의 선고시까지 피청구인의 활동을 정지하는 결정을 할 수 있다.
③ 중앙선거관리위원회가 2020. 1. 13. '비례○○당'의 명칭은 정당법 제41조 제3항에 위반되어 정당의 명칭으로 사용할 수 없다고 결정·공표한 행위는 헌법소원의 대상이 되는 '공권력의 행사'에 해당한다.
④ 정당등록제는 법적 안정성과 확실성에 기여한다고 평가할 수 있다.

【문 24】 다음 설명 중 가장 옳지 않은 것은? (다툼이 있는 경우 판례에 의함)
① 우리 헌법의 대의민주적 기본질서가 제 기능을 수행하기 위해서는 의회 내의 안정된 다수세력의 확보를 필요로 한다는 점에서, 군소정당의 배제는 그 목적의 정당성이 인정될 수 있다.
② 입법자는 정당설립의 자유를 최대한 보장하는 방향으로 입법하여야 하고, 헌법재판소는 정당설립의 자유를 제한하는 법률의 합헌성을 심사할 때에 헌법 제37조 제2항에 따라 완화된 비례심사를 하여야 한다.
③ 국회의원선거에 참여하여 의석을 얻지 못하고 유효투표총수의 100분의 2 이상을 득표하지 못한 정당에 대해 그 등록을 취소하도록 한 정당법 조항은 정당설립의 자유를 침해한다.
④ 국회의원의 국민대표성을 중시하는 입장에서도 특정 정당에 소속된 국회의원이 정당기속 내지는 교섭단체의 결정에 위반하는 정치활동을 한 이유로 제재를 받는 경우, 국회의원 신분을 상실하게 할 수는 없으나 "정당 내부의 사실상의 강제" 또는 소속 "정당으로부터의 제명"은 가능하다.

【문 25】 다음 설명 중 가장 옳은 것은? (다툼이 있는 경우 판례에 의함)
① 정당의 기회균등원칙에는 각 정당에 보조금을 균등하게 배분할 것을 요구하는 내용이 포함된다.
② 정당 스스로 재정충당을 위하여 국민들로부터 모금 활동을 하는 것은 단지 '돈을 모으는 것'에 불과한 것으로 정당의 헌법적 과제 수행에 있어 본질적인 부분이 아니다.
③ 국가는 정당에 대한 보조금으로 최근 실시한 임기만료에 의한 대통령선거의 선거권자 총수에 보조금 계상단가를 곱한 금액을 매년 예산에 계상하여야 한다.
④ 대통령선거경선후보자가 당내경선 과정에서 탈퇴함으로써 후원회를 둘 수 있는 자격을 상실한 때에는 후원회로부터 후원받은 후원금 전액을 국고에 귀속하도록 하고 있는 법률조항은 평등권을 침해한다.

선거제도 ~ 기본권 총론

【문 1】 다음 설명 중 가장 옳지 않은 것은? (다툼이 있는 경우 판례에 의함)

① 전임자의 임기가 만료된 후에 실시하는 선거와 궐위로 인한 선거에 의한 대통령의 임기는 선거일의 다음 날 0시부터 개시된다.
② 대통령선거에 있어서 최고득표자가 2인 이상인 때에는 국회의 재적의원 과반수가 출석한 공개회의에서 다수표를 얻은 자를 당선자로 한다.
③ 선거에 관한 경비는 법률이 정하는 경우를 제외하고는 정당 또는 후보자에게 부담시킬 수 없다.
④ 당해 선거구의 후보자가 없는 때에는 재선거를 실시한다.

【문 2】 다음 설명 중 가장 옳지 않은 것은? (다툼이 있는 경우 판례에 의함)

① 대통령 후보자가 1인일 때에는 그 득표수가 선거권자 총수의 3분의 1 이상이 아니면 대통령으로 당선될 수 없다.
② 천재·지변 기타 부득이한 사유로 인하여 선거를 실시할 수 없거나 실시하지 못한 때에는 대통령선거와 국회의원선거에 있어서는 대통령이, 지방의회의원 및 지방자치단체의 장의 선거에 있어서는 관할선거구선거관리위원회위원장이 당해 지방자치단체의 장과 협의하여 선거를 연기하여야 한다.
③ 국내에 주민등록이 되어 있는 국민에 대해서만 선거권을 인정하고 국내에 주민등록이 되어 있지 아니한 재외국민에 대해서 선거권을 인정하고 있지 않은 구 「공직선거 및 부정방지법」 제37조 제1항은 부진정입법부작위에 해당한다.
④ 헌법 제24조는 모든 국민은 '법률이 정하는 바에 의하여' 선거권을 가진다고 규정함으로써 법률유보의 형식을 취하고 있으므로 국민의 선거권은 '법률이 정하는 바에 따라서만 인정될 수 있다.'는 포괄적인 입법권의 유보 하에 있다.

【문 3】 다음 설명 중 가장 옳지 않은 것은? (다툼이 있는 경우 판례에 의함)

① 선거구 획정에 있어서 인구비례의 원칙에 의한 투표가치의 평등은 헌법적 요청으로서 다른 요소에 비하여 기본적이고 일차적인 기준이다.
② 비례대표제를 채택하는 경우 직접선거의 원칙은 의원의 선출뿐만 아니라 정당의 비례적인 의석 확보도 선거권자의 투표에 의하여 직접 결정될 것을 요구한다.
③ 선거권의 제한은 불가피하게 요청되는 개별적·구체적 사유가 존재함이 명백할 경우에만 정당화될 수 있고, 막연하고 추상적인 위험이나 국가의 노력에 의해 극복될 수 있는 기술상의 어려움이나 장애 등을 사유로 그 제한이 정당화될 수 없다.
④ 선거운동의 자유는 선거의 공정성이라는 또 다른 가치를 위하여 무제한 허용될 수는 없는 것이고, 선거운동이 허용되거나 금지되는 사람의 인적 범위는 입법자가 재량의 범위 내에서 직무의 성질과 내용 등 제반 사정을 종합적으로 검토하여 정할 사항이므로 제한입법의 위헌여부에 대하여는 다소 완화된 심사기준이 적용되어야 한다.

【문 4】 다음 설명 중 가장 옳지 않은 것은? (다툼이 있는 경우 판례에 의함)

① 준연동형 비례대표제를 규정한 공직선거법 조항은 직접선거원칙이나 평등선거원칙에 위배되지 않는다.
② 재외선거인 등록신청조항이 재외선거권자로 하여금 선거를 실시할 때마다 재외선거인 등록신청을 하도록 규정한 것이 재외선거인의 선거권을 침해한다고 볼 수 없다.
③ 공직선거법의 규정에 의한 공개장소에서의 연설·대담장소 또는 대담·토론회장에서 연설·대담·토론용으로 사용하는 경우를 제외하고는 선거운동을 위한 확성장치사용을 금지하고, 이를 위반할 경우 처벌하고 있는 확성장치사용 금지조항은 정치적 표현의 자유를 침해한다.
④ 재외선거인 등록신청 시 여권을 제시하도록 한 공직선거법 조항은 선거권을 가진 대한민국 국민의 참여를 보장하면서도 선거권이 없는 자의 선거참여를 방지하여 선거의 공정성을 확보하기 위한 것이므로, 선거권을 침해하지 아니한다.

【문 5】 다음 설명 중 가장 옳은 것은? (다툼이 있는 경우 판례에 의함)

① 집행유예자와 수형자의 선거권을 제한하는 공직선거법조항은 선거권을 침해하고 평등선거원칙에 위반된다.
② 외국인의 지방선거 선거권은 헌법상의 권리라 할 수는 없고 단지 공직선거법이 인정하고 있는 '법률상의 권리'에 불과하다.
③ 선거일 전 180일부터 선거일까지 선거에 영향을 미치게 하기 위한 인쇄물의 살포행위를 금지·처벌하는 공직선거법 조항은 정치적 표현의 자유를 침해하지 아니한다.
④ 지역농협은 사법인에서 볼 수 없는 공법인적 특성을 많이 가지고 있으므로 지역농협의 조합장선거에서 조합장을 선출하거나 조합장으로 선출될 권리, 조합장선거에서 선거운동을 하는 것도 헌법에 의하여 보호되는 선거권의 범위에 포함된다.

【문 6】 다음 설명 중 가장 옳지 않은 것은? (다툼이 있는 경우 판례에 의함)

① 지역구국회의원선거에서 사퇴·사망하거나 등록이 무효로 된 자가 유효투표의 다수를 얻은 때에는 그 국회의원지역구는 당선인이 없는 것으로 한다.
② 대법원이나 고등법원은 선거쟁송에서 선거에 관한 규정에 위반된 사실이 있으면 선거 전부나 일부의 무효 또는 당선의 무효를 판결한다.
③ 비례대표 국회의원 후보자는 예비후보자등록제도가 없어 선거기간 전에 선거운동을 하는 것이 불가능하더라도 우리나라에서의 선거 태양, 현실적 필요성 등을 고려할 때 필요하고도 합리적인 제한에 해당한다.
④ 후보자의 배우자가 그와 함께 다니는 사람 중에서 지정한 1명도 명함교부를 할 수 있도록 한 공직선거법 조항은 평등권을 침해한다. 그러나 후보자의 선거운동에서 독자적으로 후보자의 명함을 교부할 수 있는 주체를 후보자의 배우자와 직계존·비속으로 제한한 공직선거법 조항은 선거운동의 자유와 평등권을 침해하지 않는다.

【문 7】 다음 설명 중 가장 옳지 않은 것은? (다툼이 있는 경우 판례에 의함)

① 구 「검사징계법」상 검사에 대한 징계로서 '면직' 처분을 인정하는 것은 과잉금지원칙에 반하여 공무담임권을 침해한다고 할 수 없다.
② 대통령은 '국민 전체'에 대한 봉사자이므로 특정 정당, 자신이 속한 계급·종교·지역·사회단체, 자신과 친분 있는 세력의 특수한 이익 등으로부터 독립하여 국민 전체를 위하여 공정하고 균형 있게 업무를 수행할 의무가 있다.
③ 공무원과 금융회사 등 임직원은 수행하는 업무와 책임, 신분보장의 정도 등에 있어 현저한 차이가 있어, 금융회사 등 임직원에게 공무원과 맞먹는 정도의 청렴성이나 직무의 불가매수성을 요구하기 어려우므로, 금융회사 등 임직원의 수재행위를 공무원과 동일하게 가중처벌까지 하는 것은 과도하다.
④ 공무원의 정당가입이 허용된다면, 공무원의 정치적 행위가 직무 내의 것인지 직무 외의 것인지 구분하기 어려운 경우가 많고, 설사 공무원이 근무시간 외에 혹은 직무와 관련 없이 정당과 관련된 정치적 표현행위를 한다 하더라도 공무원의 정치적 중립성에 대한 국민의 기대와 신뢰는 유지되기 어렵다.

【문 8】 다음 설명 중 가장 옳지 않은 것은? (다툼이 있는 경우 판례에 의함)
① 공무원의 신분과 지위의 특수성상 공무원에 대해서는 일반 국민에 비해 보다 넓고 강한 기본권 제한이 가능하다.
② 직업공무원제도하에 있어서는 과학적 직위분류제, 성적주의 등에 따른 인사의 공정성을 유지하는 장치가 중요하지만 특히 공무원의 정치적 중립과 신분보장은 그 중추적 요소라고 할 수 있다.
③ 국회의원과 지방의회의원은 정당의 대표자이자 선거운동의 주체로서의 지위로 말미암아 선거에서의 정치적 중립성이 요구될 수 없으므로 구 「공직선거 및 선거부정방지법」제9조의 '공무원'에 해당하지 않는다.
④ 법무부장관이 2020.7. 공고한 '2021년도 검사 임용 지원 안내' 중 '임용 대상' 가운데 '1. 신규 임용'에서 변호사자격을 취득하고 2021년 사회복무요원 소집해제 예정인 사람을 제외한 부분은 '법학전문대학원 졸업연도에 실시된 변호사시험에 불합격하여 사회복무요원으로 병역의무를 이행하던 중 변호사자격을 취득하고 2021년 소집해제 예정인 사람'의 공무담임권을 과잉금지원칙에 반하여 침해한다.

【문 9】 다음 설명 중 가장 옳지 않은 것은? (다툼이 있는 경우 판례에 의함)
① 주민등록을 하는 것이 법령의 규정상 아예 불가능한, 재외국민인 주민의 지방선거 피선거권을 부인하는 구 「공직선거법」조항은 국내거주 재외국민의 공무담임권을 침해한다.
② 수뢰죄를 범하여 금고 이상의 형의 선고유예를 받은 국가공무원은 당연퇴직하도록 한 국가공무원법 조항은 공무담임권을 침해한다고 볼 수 없다.
③ 금고 이상의 형을 받고 그 집행이 종료되거나 집행을 받지 아니하기로 확정된 후 5년을 경과하지 아니한 자는 공무원에 임용될 수 없다고 규정한 법률조항은 공무담임권을 침해한다.
④ 공무원연금제도는 공무원신분보장의 본질적 요소라고 하더라도 적정한 신뢰는 "퇴직 후에 연금을 받는다."는 데에 대한 것이지, "퇴직 후에 현 제도 그대로의 연금액을 받는다."는 데에 대한 것으로 볼 수는 없다.

【문 10】 다음 설명 중 가장 옳지 않은 것은? (다툼이 있는 경우 판례에 의함)
① 국가공무원이 피성년후견인이 된 경우 당연퇴직되도록 한 구 국가공무원법조항은 공무담임권을 침해하지 아니한다.
② 지방자치단체의 직제가 폐지된 경우에 해당 공무원을 직권면직할 수 있도록 규정하고 있는 지방공무원법 조항이 직업공무원제도를 위반하는 것이라고 볼 수 없다.
③ 공직자선발에 관하여 능력주의에 바탕한 선발기준을 마련하지 아니하고 해당 공직이 요구하는 직무수행능력과 무관한 요소, 예컨대 성별·종교·사회적 신분·출신지역 등을 기준으로 삼는 것은 국민의 공직취임권을 침해하는 것이 된다.
④ 서울특별시 공립 초등학교 교사 임용시험에서 동일 지역 교육대학 출신 응시자에게 지역가산점을 부여하는 지역가산점규정이 다른 지역 교대출신 응시자들의 공무담임권을 침해한다고 볼 수 없다.

【문 11】 다음 설명 중 가장 옳지 않은 것은? (다툼이 있는 경우 판례에 의함)
① 공무담임권은 원하는 경우에 언제나 공직에 취임할 수 있는 현실적 권리를 보장한다.
② 헌법 제25조의 공무담임권이 공무원의 재임 기간 동안 충실한 공무 수행을 담보하기 위하여 공무원의 퇴직급여 및 공무상 재해보상을 보장할 것까지 그 보호영역으로 하고 있다고 보기 어렵다.
③ 선출직 공무원의 공무담임권은 선거를 전제로 하는 대의제의 원리에 의하여 발생하는 것이므로 공직의 취임이나 상실에 관련된 어떠한 법률조항이 대의제의 본질에 반한다면 이는 공무담임권도 침해하는 것이라고 볼 수 있다.
④ 「국가공무원 복무규정」조항이 금지하는 정치적 주장을 표시 또는 상징하는 행위에서의 '정치적 주장'이란 정당 활동이나 선거와 직접적으로 관련되거나 특정 정당과의 밀접한 연계성을 인정할 수 있는 경우 등 정치적 중립성을 훼손할 가능성이 높은 주장에 한정된다고 해석되므로, 명확성원칙에 위배되지 아니한다.

【문 12】 다음 설명 중 가장 옳지 않은 것은? (다툼이 있는 경우 판례에 의함)
① 공무담임권은 공직취임의 기회 균등뿐만 아니라 취임한 뒤 승진할 때에도 균등한 기회 제공을 요구한다.
② 사립대학 교원이 국회의원으로 당선된 경우 임기개시일 전까지 그 직을 사직하도록 하는 국회법조항은 공무담임권을 제한하지 않는다.
③ 변호사 직무 분야의 응시자격요건으로 '변호사 자격 등록'을 요구함으로써, 변호사 자격 등록을 하지 않은 사람으로 하여금 경력경쟁채용시험에 응시할 수 없도록 한, 방위사업청 공고는 공무담임권을 침해하지 않는다.
④ 서울교통공사의 직원이라는 직위가 헌법 제25조가 보장하는 공무담임권의 보호영역인 '공무'의 범위에는 해당하지 않는다.

【문 13】 다음 설명 중 가장 옳지 않은 것은? (다툼이 있는 경우 판례에 의함)
① 순경과 소방사·지방소방사 및 소방간부후보생의 응시자격을 '30세 이하'로 규정한 것은 공무담임권을 침해한다.
② 공무원이 감봉의 징계처분을 받은 경우 일정기간 승진과 승급을 제한하는 조항은 공무담임권을 침해하지 않는다.
③ 공무원이 '직무와 관련 없는 과실로 인한 경우' 및 '소속상관의 정당한 직무상의 명령에 따르다가 과실로 인한 경우'를 제외하고 재직 중의 사유로 금고 이상의 형을 받은 경우, 퇴직급여 등을 감액하도록 규정한 공무원 연금법조항은 재산권을 침해한다.
④ 헌법 제7조 제1항은 "공무원은 국민전체에 대한 봉사자이며 국민에 대하여 책임을 진다."고 규정하여 공무원의 공익실현의무를 규정하고 있고, 헌법 제7조 제2항에서는 "공무원의 신분과 정치적 중립성은 법률이 정하는 바에 의하여 보장된다."고 하여 직업공무원제를 규정하고 있는데 헌법 제7조 제1항에서 규정한 공무원은 선출, 정무직 공무원을 포함한 광의의 공무원을 의미하고, 헌법 제7조 제2항의 공무원은 신분이 보장되는 경력직 공무원을 의미한다.

【문 14】 다음 설명 중 가장 옳지 않은 것은? (다툼이 있는 경우 판례에 의함)
①「지방자치법」상 일반지방자치단체는 시·도와 시·군·자치구이며, 특별시·광역시·특별자치시·특별자치도는 특별지방자치단체이다.
② 지방자치단체에게 자신의 관할구역 내에 속하는 영토, 영해, 영공을 자유로이 관리하고 관할구역 내의 사람과 물건을 독점적·배타적으로 지배할 수 있는 권리가 부여되어 있다고 할 수는 없다.
③ 일정지역 내의 지방자치단체인 시·군을 모두 폐지하여 지방자치단체의 중층구조를 단층화하는 것이 헌법상 지방자치제도의 보장에 위반되지 않는다.
④ 연간 감사계획에 포함되지 아니하고 사전조사가 수행되지 아니한 감사의 경우「지방자치법」에 따른 감사의 절차와 방법 등에 관한 관련 법령에서 감사대상이나 내용을 통보할 것을 요구하는 명시적인 규정이 없어, 광역지방자치단체가 기초지방자치단체의 자치사무에 대한 감사에 착수하기 위해서는 감사대상을 특정하여야 하나, 특정된 감사대상을 사전에 통보할 것까지 요구된다고 볼 수는 없다.

【문 15】 다음 설명 중 가장 옳지 않은 것은? (다툼이 있는 경우 판례에 의함)
① 법률에서 조례에 위임할 사항이 헌법 제75조 소정의 행정입법에 위임할 사항보다 더 포괄이라면 헌법에 위반된다.
② 대한민국국회가 지방선거의 선거비용을 지방자치단체가 부담하도록 공직선거법을 개정한 것은 지방자치단체의 자치권한을 침해한 것이라고 볼 수 없다.
③ 주민투표에 관련된 구체적인 절차와 사항에 대하여 입법하여야 할 헌법상 의무가 국회에게 발생하였다고 할 수는 없다.
④ 국가기본도에 표시된 해상경계선은 그 자체로 불문법상 해상경계선으로 인정되는 것은 아니나, 관할 행정청이 국가기본도에 표시된 해상경계선을 기준으로 하여 과거부터 현재에 이르기까지 반복적으로 처분을 내리고, 지방자치단체가 허가, 면허 및 단속 등의 업무를 지속적으로 수행하여 왔다면 국가기본도상의 해상경계선은 여전히 지방자치단체 관할 경계에 관하여 불문법으로서 그 기준이 될 수 있다.

【문 16】 다음 설명 중 가장 옳지 않은 것은? (다툼이 있는 경우 판례에 의함)
① 조례는 특별한 규정이 없으면 공포한 날부터 20일이 지나면 효력을 발생한다.
② 조례 제정·개폐청구권은 법률에 의하여 보장되는 권리가 아니라 헌법 제37조 제1항의 '헌법에 열거되지 아니한 권리'에 해당하므로 헌법상 보장된 기본권으로 볼 수 있다.
③ 지방자치단체가 조례를 제정할 수 있는 사항은 지방자치단체의 고유사무인 자치사무와 개별법령에 의하여 자치단체에 위임된 이른바 단체위임사무에 한하고, 국가사무로서 지방자치단체의 장에 위임된 이른바 기관위임사무에 관한 사항은 조례제정의 범위 밖이라고 할 것이다.
④ 광역지방자치단체가 기초지방자치단체의 자치사무에 대한 감사에 착수하기 위해서는 자치사무에 관하여 특정한 법령위반행위가 확인되었거나 위법행위가 있었으리라는 합리적 의심이 가능한 경우이어야 하고 그 감사대상을 특정하여야 하며, 위법사항을 특정하지 않고 개시하는 감사 또는 법령위반사항을 적발하기 위한 감사는 허용될 수 없다.

【문 17】 다음 설명 중 가장 옳지 않은 것은? (다툼이 있는 경우 판례에 의함)
① 공정한 재판을 받을 권리에는 공정한 헌법재판을 받을 권리도 포함되기 때문에, 헌법재판소에 중간결정을 신청할 권리는 재판청구권의 보호영역에 포함된다.
② 제도적 보장은 주관적 권리가 아닌 객관적 법규범이라는 점에서 기본권과 구별되기는 하지만 헌법에 의하여 일정한 제도가 보장되면 입법자는 그 제도를 설정하고 유지할 입법의무를 지게 된다.
③ 국회의원이 국회 내에서 행사하는 질의권·토론권 및 표결권 등은 입법권 등 공권력을 행사하는 국가기관인 국회의 구성원의 지위에 있는 국회의원에게 부여된 권한으로서 국회의원 개인에게 헌법이 보장하는 권리, 즉 기본권으로 인정된 것이라고 할 수는 없다.
④ 평화적 생존권은 이를 헌법에 열거되지 아니한 기본권으로서 특별히 새롭게 인정할 필요성이 있다거나 그 권리내용이 비교적 명확하여 구체적 권리로서의 실질에 부합한다고 보기 어려워 헌법상 보장된 기본권이라고 할 수 없다.

【문 18】 다음 설명 중 가장 옳지 않은 것은? (다툼이 있는 경우 판례에 의함)
① 외국인에게 근로의 권리에 대한 기본권 주체성을 인정한다는 것이 곧바로 우리 국민과 동일한 수준의 보장을 한다는 것을 의미하는 것은 아니다.
② 인간의 존엄과 가치 및 행복추구권은 '인간의 권리'로서 외국인도 그 주체가 될 수 있고, 평등권도 인간의 권리로서 참정권 등에 대한 성질상 제한 및 상호주의에 의한 제한이 있을 수 있을 뿐이다.
③ 축산업협동조합중앙회(이하 '축협중앙회')는 공법인성과 사법인성을 겸유한 특수한 법인으로서 기본권의 주체가 될 수 있으며, 이 경우 축협중앙회의 공법인적 특성이 축협중앙회의 기본권 행사에 제약요소로 작용하지 않는다.
④ 주택재개발정비사업조합은 노후·불량한 건축물이 밀집한 지역에서 주거환경을 개선하여 도시의 기능을 정비하고 주거생활의 질을 높여야 할 국가의 의무를 대신하여 실현하는 기능을 수행하고 있으므로 구「도시 및 주거환경정비법」상 주택재개발정비사업 조합이 공법인의 지위에서 기본권의 수범자로 기능하면서 행정심판의 피청구인이 된 경우에는 기본권의 주체가 될 수 없다.

【문 19】 다음 설명 중 가장 옳은 것은? (다툼이 있는 경우 판례에 의함)
① 인간의 존엄과 가치에서 유래하는 인격권은 자연적 생명체인 개인의 존재를 전제로 하므로 성질상 법인에는 적용될 수 없다.
② 법인 아닌 사단·재단의 경우 대표자의 정함이 있고 독립된 사회적 조직체로서 활동한다고 하더라도 그의 이름으로 헌법소원심판을 청구할 수는 없다.
③ 성질상 인간의 권리에 해당한다고 볼 수 있는 재판청구권에 관하여는 외국인의 기본권 주체성이 인정되지만, 불법체류 중인 외국인에게는 재판청구권에 관한 기본권 주체성이 인정되지 않는다.
④ 오늘날 생명공학 등의 발전과정에 비추어 인간의 존엄과 가치가 갖는 헌법적 가치질서로서의 성격을 고려할 때 인간으로 발전할 잠재성을 갖고 있는 초기배아라는 원시생명체에 대하여도 위와 같은 헌법적 가치가 소홀히 취급되지 않도록 노력해야 할 국가의 보호의무가 있음을 인정하지 않을 수 없다.

【문 20】다음 설명 중 가장 옳지 않은 것은? (다툼이 있는 경우 판례에 의함)

① 기본권 규정은 성질상 직접적으로 사법관계에 효력을 미치게 된다.
② 하나의 규제로 인해 여러 기본권이 동시에 제약을 받는 기본권경합의 경우에는 기본권침해를 주장하는 제청신청인과 제청법원의 의도 및 기본권을 제한하는 입법자의 객관적 동기 등을 참작하여 사안과 가장 밀접한 관계에 있고 또 침해의 정도가 큰 주된 기본권을 중심으로 해서 그 제한의 한계를 따져 보아야 할 것이다.
③ 선거기간 중 모임을 처벌하는 「공직선거법」 조항에 대한 입법자의 1차적 의도는 선거기간 중 집회를 금지하는 데 있으며, 헌법상 결사의 자유보다 집회의 자유가 두텁게 보호되고, 위 조항에 의하여 직접 제약되는 자유 역시 집회의 자유이므로 집회의 자유를 침해하는지를 살핀다.
④ 개인정보에 대한 공개와 이용이 문제되는 사건에서 개인정보자기결정권 침해 여부를 판단하는 이상 인간의 존엄과 가치 및 행복추구권, 사생활의 비밀과 자유의 침해여부는 별도로 판단하지 않는다.

【문 21】다음 설명 중 가장 옳지 않은 것은? (다툼이 있는 경우 판례에 의함)

① 채권자의 재산권은 채무자 및 수익자의 일반적 행동의 자유권보다 상위기본권이라고 할 수 있다.
② 근로자의 개인적 단결권과 노동조합의 집단적 단결권의 충돌 : 개인적 단결권과 집단적 단결권이 충돌하는 경우 기본권의 서열이론이나 법익형량의 원리에 입각하여 어느 기본권이 더 상위기본권이라고 단정할 수는 없다.
③ 하나의 법률관계를 둘러싸고 두 기본권이 충돌하는 경우에는 구체적인 사안에서의 사정을 종합적으로 고려한 이익형량과 함께 양 기본권 사이의 실제적인 조화를 꾀하는 해석 등을 통하여 이를 해결하여야 하고, 그 결과에 따라 정해지는 양 기본권 행사의 한계 등을 감안하여 그 행위의 최종적인 위법성 여부를 판단하여야 한다.
④ 기업의 경영에 관한 의사결정의 자유 등 영업의 자유와 근로자들이 누리는 일반적 행동자유권 등이 '근로조건' 설정을 둘러싸고 충돌하는 경우에는 근로조건과 인간의 존엄성 보장 사이의 헌법적 관련성을 염두에 두고 구체적인 사안에서의 사정을 종합적으로 고려한 이익 형량과 함께 기본권들 사이의 실제적인 조화를 꾀하는 해석 등을 통하여 이를 해결하여야 한다.

【문 22】다음 설명 중 가장 옳지 않은 것은? (다툼이 있는 경우 판례에 의함)

① 종합소득세의 납부의무 위반에 대하여 미납기간을 고려하지 않고 일률적으로 미납세액의 100분의 10에 해당하는 가산세를 부과하도록 한 구 소득세법 조항은 비례원칙과 평등원칙에 위배되지 않는다.
② 한국방송광고공사와 이로부터 출자를 받은 회사가 아니면 지상파방송사업자에 대해 방송광고 판매대행을 할 수 없도록 규정하고 있는 구 방송법 규정은 방송광고판매대행업자인 청구인의 직업수행의 자유와 평등권을 침해한다.
③ 침해의 최소성의 관점에서, 입법자는 그가 의도하는 공익을 달성하기 위하여 우선 기본권을 보다 적게 제한하는 단계인 기본권행사의 '여부'에 관한 규제로써 공익을 실현할 수 있는가를 시도하고 이러한 방법으로는 공익달성이 어렵다고 판단되는 경우에 비로소 그 다음 단계인 기본권행사의 '방법'에 관한 규제를 선택해야 한다.
④ 「감염병예방법」에 근거한 집합제한 조치로 인하여 일반음식점 영업이 제한되어 영업이익이 감소되었다고 하더라도, 일반음식점 운영자가 소유하는 영업시설·장비 등에 대한 구체적인 사용·수익 및 처분권한을 제한받는 것은 아니므로, 보상규정의 부재가 일반음식점 운영자의 재산권을 제한한다고 볼 수 없다.

【문 23】다음 설명 중 가장 옳은 것은? (다툼이 있는 경우 판례에 의함)

① 「헌법」 제29조 제2항은 헌법이 직접 군인, 군무원, 경찰공무원 등의 국가배상청구권을 제한하고 있는 개별적 헌법유보 조항으로 볼 수 있다.
② 「성폭력범죄의 처벌 등에 관한 특례법」상 공중밀집장소추행죄 조항에 규정된 '추행'은 명확성 원칙에 위반된다.
③ 노동부장관은 거짓이나 그 밖의 부정한 방법으로 고용안정·직업능력개발 사업의 지원을 받은 자 등에게 대통령령으로 정하는 바에 따라 지원받은 금액을 반환하도록 명할 수 있다고 정한 구 고용보험법은 포괄위임금지의 원칙에 위배된다.
④ 퇴역연금수급권자가 정부 투자기관이나 재정지원기관에 재취업하여 급여를 지급받는 경우 퇴역연금의 전부 또는 일부의 지급을 정지할 수 있도록 하면서 지급정지의 요건 및 내용을 대통령령으로 정하도록 위임하는 규정은 포괄위임금지원칙에 위배되지 않는다.

【문 24】 다음 설명 중 가장 옳지 않은 것은? (다툼이 있는 경우 판례에 의함)

① 기본권의 본질적 내용은 만약 이를 제한하는 경우에는 기본권 그 자체가 무의미하여지는 경우에 그 본질적인 요소를 말하는 것으로서, 이는 개별 기본권마다 다를 수 있다.
② 생명권의 제한이 정당화될 수 있는 예외적인 경우에는 생명권의 박탈이 초래된다 하더라도 곧바로 기본권의 본질적인 내용을 침해하는 것이라 볼 수는 없다.
③ 업무상과실 또는 중대한 과실로 인한 교통사고로 말미암아 피해자로 하여금 상해에 이르게 하였으나 보험 등에 가입한 경우 운전자에 대한 공소를 제기할 수 없도록 한 구「교통사고처리특례법」 조항은 교통사고 피해자의 생명·신체의 안전에 관한 국가의 기본권 보호의무를 명백히 위반한 것이다.
④ 사관생도는 군 장교를 배출하기 위하여 국가가 모든 재정을 부담하는 특수교육기관인 사관학교의 구성원으로서, 학교에 입학한 날에 육군 사관생도의 병적에 편입하고 준사관에 준하는 대우를 받는 특수한 신분관계에 있기 때문에 그 존립 목적을 달성하기 위하여 필요한 한도 내에서 일반 국민보다 상대적으로 기본권이 더 제한될 수 있다.

【문 25】 다음 설명 중 가장 옳지 않은 것은? (다툼이 있는 경우 판례에 의함)

① 산업단지의 지정권자로 하여금 산업단지계획안에 대한 주민의견청취와 동시에 환경영향평가서 초안에 대한 주민의견청취를 진행하도록 한 구「산업단지 인·허가 절차 간소화를 위한 특례법」 조항은 국가의 기본권 보호의무에 위배되었다고 할 수 없다.
② 국가기관, 지방자치단체, 각급 학교, 공직유관단체, 국회의 입법 및 법원의 재판과 관련하여 재산권, 평등권 등 기본권이 침해된 경우 그 피해자는 국가인권위원회에 그 내용을 진정할 수 있다.
③ 국민의 생명이 위협받는 재난상황이 발생하였다고 하여 대통령이 직접 구조 활동에 참여하여야 하는 등 구체적이고 특정한 행위의무까지 바로 발생한다고 보기는 어렵다.
④ 국가인권위원회는 인권의 보호와 향상에 중대한 영향을 미치는 재판이 계속 중인 경우 법원 또는 헌법재판소의 요청이 있거나 필요하다고 인정할 때에는 법원의 담당 재판부 또는 헌법재판소에 법률상의 사항에 관하여 의견을 제출할 수 있다.

제3회 사전모의고사

인간의 존엄과 가치 ~ 신체의 자유

【문 1】다음 설명 중 가장 옳지 않은 것은? (다툼이 있는 경우 판례에 의함)

① 배아생성자의 배아에 대한 결정권은 헌법상 명문으로 규정되어 있지는 아니하지만, 헌법 제10조로부터 도출되는 일반적 인격권의 한 유형으로서의 헌법상 권리라 할 것이다.

② 생명권은 비록 헌법에 명문의 규정이 없다 하더라도 인간의 생존본능과 존재목적에 바탕을 둔 선험적이고 자연법적인 권리로서 헌법에 규정된 모든 기본권의 전제로서 기능하는 기본권 중의 기본권이다.

③ 모든 인간은 헌법상 생명권의 주체가 되며, 형성 중의 생명인 태아에게도 생명에 대한 권리가 인정되어야 한다. 따라서 국가는 헌법 제10조 제2문에 따라 태아의 생명을 보호할 의무가 있고, 생명을 보호하는 입법적 조치를 취함에 있어 인간생명의 발달단계에 따라 그 보호 정도나 보호 수단을 달리하여서는 아니 된다.

④ 절대적 종신형제도는 사형제도와는 또 다른 위헌성 문제를 야기할 수 있고, 현행 형사법령 하에서도 가석방제도의 운영 여하에 따라 사회로부터의 영구적 격리가 가능한 절대적 종신형과 상대적 종신형의 각 취지를 살릴 수 있다는 점 등을 고려하면, 현행 무기징역형제도가 상대적 종신형 외에 절대적 종신형을 따로 두고 있지 않은 것이 형벌체계상 정당성과 균형을 상실하여 헌법 제11조의 평등원칙에 반한다거나 형벌이 죄질과 책임에 상응하도록 비례성을 갖추어야 한다는 책임원칙에 반한다고 단정하기 어렵다.

【문 2】다음 설명 중 가장 옳지 않은 것은? (다툼이 있는 경우 판례에 의함)

① 방송사업자가 방송심의규정을 위반한 경우 시청자에 대한 사과를 명할 수 있도록 한 「방송법」 규정은 방송사업자의 인격권을 침해한다.

② 민사법정에 출석하는 수형자에게 운동화착용을 불허하고 고무신을 신게 한 이 사건 운동화착용 불허행위는 인격권과 행복추구권을 침해하였다고 볼 수 없다.

③ 초등학교 정규교과에서 영어를 배제하거나 영어교육 시수를 제한하는 것은 학생들의 인격의 자유로운 발현권을 제한하나, 이는 균형적인 교육을 통해 초등학생의 전인적 성장을 도모하고 영어과목에 대한 지나친 사교육의 폐단을 막기 위한 것으로 초등학생들의 인격의 자유로운 발현권을 침해하지 않는다.

④ 교통사고 발생에 고의나 과실이 있는 운전자는 물론, 아무런 책임이 없는 무과실 운전자도 자신이 운전하는 차로 인하여 교통사고가 발생하기만 하면 즉시 정차하여 사상자를 구호하는 등 필요한 조치를 할 의무를 규정하고, 교통사고 발생 시 사상자 구호 등 필요한 조치를 하지 않은 자를 형사처벌하는 「도로교통법」 조항은 과잉금지원칙에 위반되어 운전자의 일반적 행동자유권을 침해한다.

【문 3】 다음 설명 중 가장 옳지 않은 것은? (다툼이 있는 경우 판례에 의함)

① 변호사에 대한 징계결정정보를 인터넷 홈페이지에 공개하도록 한 변호사법 조항과 징계결정정보의 공개범위와 시행방법을 정한 변호사법 시행령 조항은 인격권을 침해하지 않는다.
② 헌법 제10조로부터 도출되는 일반적 인격권에는 개인의 명예에 관한 권리도 포함될 수 있고, '명예'에는 사람이나 그 인격에 대한 '사회적 평가'와 주관적·내면적인 명예감정이 포함된다.
③ 이동전화번호를 구성하는 숫자가 개인의 인격 내지 인간의 존엄성과 어떠한 관련을 가져 이러한 숫자의 변경이 개인의 인격 내지 인간의 존엄성에 영향을 미친다고 보기는 어렵다.
④ 성인 남성 1인당 수용면적이 사람이 팔다리를 마음껏 뻗기 어렵고, 모로 누워 '칼잠'을 자야 할 정도로 매우 협소한 과밀한 공간에서 이루어진 수용행위는 인간으로서의 존엄과 가치를 침해한다.

【문 4】 다음 설명 중 가장 옳지 않은 것은? (다툼이 있는 경우 판례에 의함)

① 성명은 개인의 정체성과 개별성을 나타내는 인격의 상징으로서 개인이 사회 속에서 자신의 생활영역을 형성하고 발현하는 기초가 되는 것이라 할 것이므로 자유로운 성의 사용 역시 헌법상 인격권으로부터 보호된다.
② 협의상 이혼을 하고자 하는 경우 부부가 함께 관할 가정법원에 출석하여 협의이혼의사확인신청서를 제출하도록 하는 「가족관계의 등록에 관한 규칙」상 조항은 청구인의 일반적 행동자유권을 침해하지 않는다.
③ 만성신부전증환자에 대한 외래 혈액투석 의료급여수가의 기준을 정액수가로 규정한 '의료급여수가의 기준 및 일반기준'상 조항은 과잉금지원칙에 반하여 수급권자인 청구인의 의료행위선택권을 침해한다.
④ 거짓이나 그 밖의 부정한 방법으로 보조금을 교부받거나 유용하여 운영정지, 폐쇄명령 또는 과징금 처분을 받은 어린이집에 대하여 그 위반사실을 공표하도록 한 심판대상조항에 근거하여 거짓이나 그 밖의 부정한 방법으로 보조금을 교부받거나 보조금을 유용한 어린이집 대표자 등의 정보가 공표되면 공표대상자의 사회적 평가가 침해될 수 있으므로, 심판대상조항은 헌법 제10조에서 유래하는 일반적 인격권을 제한한다.

【문 5】 다음 설명 중 가장 옳지 않은 것은? (다툼이 있는 경우 판례에 의함)

① 물품을 반송하려면 세관장에게 신고하도록 하는 관세법조항은 환승 여행객의 일반적 행동자유권을 침해한다.
② 청구인이 남편의 폭행에 대항하여 손톱으로 남편의 팔을 할퀸 사건에서 청구인의 행위는 정당행위 또는 정당방위에 해당할 수 있음에도 청구인에게 폭행죄가 성립함을 전제로 피청구인이 청구인에 대하여 한 기소유예처분이 자의적인 검찰권 행사로서 청구인의 평등권과 행복추구권을 침해한다.
③ 헌법 제10조의 행복추구권은 국민이 행복을 추구하기 위하여 필요한 급부를 국가에게 적극적으로 요구할 수 있는 것을 내용으로 하는 것이 아니라, 국민이 행복을 추구하기 위한 활동을 국가권력의 간섭 없이 자유롭게 할 수 있다는 포괄적인 의미의 자유권으로서의 성격을 가진다.
④ 행복추구권은 다른 기본권에 대한 보충적 기본권으로서의 성격을 지니므로, 공무담임권이라는 우선적으로 적용되는 기본권이 존재하여 그 침해 여부를 판단하는 이상, 행복추구권 침해 여부를 독자적으로 판단할 필요가 없다.

【문 6】 다음 설명 중 가장 옳지 않은 것은? (다툼이 있는 경우 판례에 의함)

① 죽음에 임박한 환자의 연명치료 중단에 관한 자기결정은 생명단축과 관련된 결정이므로 이를 기본권으로 인정하는 것은 필연적으로 생명권 보호에 관한 헌법적 가치질서와 충돌하는 문제를 야기한다.
② 공무원의 기부금품 모집을 금지하는 「기부금품의 모집 및 사용에 관한 법률」 조항은 과잉금지원칙에 부합하여 일반적 행동자유권을 침해하지 않는다.
③ 어린이 보호구역에서 제한속도 준수의무 또는 안전운전의무를 위반하여 어린이를 상해 또는 사망에 이르게 한 경우를 가중 처벌하는 특정범죄 가중처벌 등에 관한 법률 조항은 일반적 행동자유권을 침해한다.
④ 인수자가 없는 시체를 생전의 본인의 의사와는 무관하게 해부용 시체로 제공될 수 있도록 규정한 '시체 해부 및 보존에 관한 법률' 조항은 과잉금지의 원칙에 반하기 때문에 시체 처분에 대한 자기결정권을 침해한다.

【문 7】 다음 설명 중 가장 옳은 것은? (다툼이 있는 경우 판례에 의함)

① 정비사업 조합 임원 선출과 관련하여 후보자가 금품을 제공받는 행위를 금지하고 이에 위반한 경우 처벌하는 구 도시 및 주거환경정비법 조항에 의하여 정비사업 조합 임원 후보자가 받게 되는 일반적 행동자유권의 제한은 과도한 것이다.
② 이동통신사업자가 제공하는 전기통신역무를 타인의 통신용으로 제공하는 것을 원칙적으로 금지하고, 위반 시 형사처벌하는 전기통신사업법조항은 이동통신서비스 이용자의 일반적 행동자유권을 침해한 것이다.
③ 형사재판의 피고인으로 출석하는 수형자에 대하여 사복착용을 허용하지 아니한 것은 공정한 재판을 받을 권리, 인격권, 행복추구권을 침해하지만, 민사재판의 당사자로 출석하는 수형자에 대하여 사복착용을 허용하지 아니한 것은 인격권과 행복추구권을 침해하지 아니한다.
④ 사회복무요원이 복무기관의 장의 허가 없이 다른 직무를 겸하는 것을 제한하는 병역법조항은 일반적 행동자유권을 침해한 것이다.

【문 8】 다음 설명 중 가장 옳지 않은 것은? (다툼이 있는 경우 판례에 의함)

① 일반 공중의 사용에 제공된 공공용물을 그 제공 목적대로 이용하는 일반사용 내지 보통사용에 관한 권리는 일반적 행동자유권의 보호영역에 포함되지 않는다.
② 기부금품의 모집에 허가를 받도록 한 구 기부금품모집규제법 조항은 기부금품을 모집할 일반적 행동의 자유를 침해하지 않는다.
③ 육군 장교가 민간법원에서 약식명령을 받아 확정되면 자진신고할 의무를 규정한 '2020년도 장교 진급 지시' 조항은 일반적 행동의 자유를 침해하지 않는다.
④ 운전 중 휴대용 전화를 사용할 자유는 헌법 제10조의 행복추구권에서 나오는 일반적 행동자유권의 보호영역에 속한다.

【문 9】 다음 설명 중 가장 옳지 않은 것은? (다툼이 있는 경우 판례에 의함)

① 평등위반 여부를 심사함에 있어 엄격한 심사척도에 의할 것인지, 완화된 심사척도에 의할 것인지는 입법자에게 인정되는 입법형성권의 정도에 따라 달라진다.
② 군형법이 형법상 강제추행죄나 준강제추행죄 등과 달리 강제추행죄 및 항거불능 상태를 이용한 준강제추행죄에 대하여 벌금형을 선택형으로 규정하지 아니하였다 하더라도 형벌체계의 균형성을 상실하여 평등원칙에 위배된다고 볼 수는 없다.
③ 잠정적 우대조치의 특징으로는 이러한 정책이 개인의 자격이나 실적보다는 집단의 일원이라는 것을 근거로 하여 혜택을 준다는 점, 기회의 평등보다는 결과의 평등을 추구한다는 점, 항구적 정책이 아니라 구제목적이 실현되면 종료하는 임시적 조치라는 점 등을 들 수 있다.
④ 친일반민족행위자의 후손이라는 점이 헌법 제11조 제1항 후문의 사회적 신분에 해당한다면 헌법에서 특별히 평등을 요구하고 있는 경우에 해당하여 친일반민족행위자의 후손에 대한 차별은 평등권 침해 여부의 심사에서 엄격한 기준을 적용해야 한다.

【문 10】 다음 설명 중 가장 옳지 않은 것은? (다툼이 있는 경우 판례에 의함)

① 국가를 상대로 하는 당사자소송의 경우에는 가집행선고를 할 수 없다고 규정한 법률조항의 평등원칙 위반 여부는 자의금지원칙에 따라 판단한다.
② 자격정지 이상의 형을 받은 전과가 있는 자에 대하여 선고유예를 할 수 없도록 규정한 「형법」 조항은 평등권을 침해한다.
③ 입법자가 전문자격제도의 내용인 결격사유를 정함에 있어 변호사의 경우 변리사나 공인중개사보다 더 가중된 요건을 규정하였다고 하더라도 헌법 제11조 제1항에 반하여 평등권을 침해하였다고 할 수 없다.
④ 헌법상의 평등원칙에서 파생하는 부담평등의 원칙은 조세뿐만 아니라, 보험료를 부과하는 경우에도 준수되어야 한다.

【문 11】 다음 설명 중 가장 옳지 않은 것은? (다툼이 있는 경우 판례에 의함)

① 가사사용인을 일반 근로자와 달리 퇴직급여법의 적용범위에서 배제한 것은 평등원칙에 위배된다.
② 자기 또는 배우자의 직계존속을 고소하지 못하도록 규정한 형사소송법 제224조는 헌법 제11조 제1항의 평등원칙에 위반되지 아니한다.
③ 반의사불벌죄에 있어서 처벌을 희망하는 의사를 철회할 수 있는 시기를 제1심 판결선고 전까지로 제한한 형사소송법 조항은 평등원칙에 위배되지 않는다.
④ 변호사시험의 시험장으로 서울 소재 4개 대학교를 선정한 공고가 서울 응시자에 비하여 지방 응시자를 자의적으로 차별하여 지방 응시자인 청구인들의 평등권을 침해한다고 볼 수 없다.

【문 12】 다음 설명 중 가장 옳지 않은 것은? (다툼이 있는 경우 판례에 의함)

① 국립묘지 안장 대상자의 배우자 가운데 안장 대상자 사후에 재혼한 자를 합장 대상에서 제외하는 내용의 국립묘지의 설치 및 운영에 관한 법률 조항은 평등원칙에 위배된다.
② 특별교통수단에 있어 표준휠체어만을 기준으로 휠체어 고정설비의 안전기준을 정하고 있는 교통약자의 이동편의 증진법 시행규칙은 합리적 이유 없이 표준휠체어를 이용할 수 있는 장애인과 표준휠체어를 이용할 수 없는 장애인을 달리 취급하여 청구인의 평등권을 침해한다.
③ 경찰에 관한 직무를 행하는 자 등이 그 직무를 행함에 당하여 형사피의자 또는 기타 사람에 대하여 폭행을 가하는 경우 5년 이하의 징역과 10년 이하의 자격정지에 처하도록 한 형법 제125조 제1항의 법정형이 폭행죄나 공무집행방해죄의 법정형보다 무겁다고 하더라도 형벌체계의 정당성과 균형을 잃어 평등원칙에 위반된 것이라고 볼 수 없다.
④ 개인과외교습자에게 신고의무를 부여한 '학원의 설립·운영 및 과외교습에 관한 법률' 조항은 평등원칙에 위배되지 아니한다.

【문 13】 다음 설명 중 가장 옳은 것은? (다툼이 있는 경우 판례에 의함)

① 건강보험료하한 조항이 외국인에 대하여 내국인등과 다른 보험료하한 산정기준을 적용한 것은 평등권을 침해한다.
② 같은 서훈 등급임에도 순국선열의 유족보다 애국지사 본인에게 높은 보상금 지급액 기준을 두고 있는 것은 순국선열을 경시하는 것으로서 그 유족을 자의적으로 차별한 것이다.
③ 대한민국 국적을 가지고 있는 영유아 중에서도 재외국민인 영유아를 보육료·양육수당 지원대상에서 제외하는 보건복지부지침은 국내에 거주하면서 재외국민인 영유아를 양육하는 부모들의 평등권을 침해한다.
④ 1945년 8월 15일 이후에 사망한 독립유공자의 유족으로 최초로 등록할 당시 자녀까지 모두 사망하거나 생존 자녀가 보상금을 지급받지 못하고 사망한 경우에 한하여 독립유공자의 손자녀 1명에게 보상금을 지급하도록 하는 '독립유공자예우에 관한 법률'은 독립유공자의 사망시기를 기준으로 보상금 지급을 달리하여 평등권을 침해한다.

【문 14】 다음 설명 중 가장 옳은 것은? (다툼이 있는 경우 판례에 의함)

① 외국거주 외국인유족의 퇴직공제금 수급 자격을 인정하지 아니하는 구 건설근로자의 고용개선 등에 관한 법률은 평등원칙에 위반되지 아니한다.
② 재외동포법의 적용대상에서 정부수립 이전 이주동포를 제외한 것은 합리적 이유 없이 정부수립 이전 이주동포를 차별하는 자의적인 입법이어서 헌법 제11조의 평등원칙에 위배된다.
③ 입법자가 가정폭력처벌법상 피해자보호명령조항에서 우편을 이용한 접근금지를 피해자보호명령의 종류로 정하지 아니한 것은 입법자의 재량을 벗어난 자의적인 입법으로서 평등원칙에 위반된다.
④ 예비역 복무의무자의 범위에서 일반적으로 여성을 제외하는 구 병역법 조항 및 지원에 의하여 현역복무를 마친 여성을 일반적인 여성의 경우와 동일하게 예비역 복무의무자의 범위에서 제외하는 군인사법 조항은 평등권을 침해한다.

【문 15】 다음 설명 중 가장 옳지 않은 것은? (다툼이 있는 경우 판례에 의함)

① 죄형법정주의는 이미 제정된 정의로운 법률에 의하지 아니하고는 처벌되지 아니한다는 원칙으로서 이는 무엇이 처벌될 행위인가를 국민이 예측가능한 형식으로 정하도록 하여 개인의 법적 안정성을 보호하고 성문의 형벌법규에 의한 실정법질서를 확립하여 국가형벌권의 자의적 행사로부터 개인의 자유와 권리를 보장하려는 법치국가 형법의 기본원칙이다.
② 과태료는 형벌이라고 할 수 없어 죄형법정주의의 규율대상에 해당하지 아니한다.
③ 금융회사 등의 임직원이 그 직무에 관하여 금품이나 그 밖의 이익을 수수, 요구 또는 약속한 경우 5년 이하의 징역 또는 10년 이하의 자격정지에 처하도록 규정한 「특정경제범죄 가중처벌 등에 관한 법률」상 조항은 책임과 형벌의 비례원칙에 위반된다.
④ 인체면역결핍 바이러스에 감염된 사람이 혈액 또는 체액을 통하여 다른 사람에게 전파매개행위를 하는 것을 금지하고 이를 위반한 경우를 3년 이하의 징역형으로 처벌한다고 규정한 '후천성면역결핍증 예방법' 조항은 죄형법정주의의 명확성원칙에 위배되지 않는다.

【문 16】 다음 설명 중 가장 옳지 않은 것은? (다툼이 있는 경우 판례에 의함)

① 노역장유치는 신체의 자유를 박탈하여 징역형과 유사한 형벌적 성격을 가지고 있으나, 벌금형에 부수적으로 부과되는 환형처분에 불과하여 형벌불소급원칙이 적용되지 않는다.
② 형사법이나 국민의 이해관계가 첨예하게 대립되는 법률에 있어서는 불명확한 내용의 법률용어가 허용될 수 없으며, 만일 불명확한 용어의 사용이 불가피한 경우라면 용어의 개념정의, 한정적 수식어의 사용, 적용한계조항의 설정 등 제반방법을 강구하여 동 법규가 자의적으로 해석될 수 있는 소지를 봉쇄해야 하는 것이다.
③ 형사법상 책임원칙은 형벌은 범행의 경중과 행위자의 책임 사이에 비례성을 갖추어야 하고 특별한 이유로 형을 가중하는 경우에도 형벌의 양은 행위자의 책임의 정도를 초과해서는 안 된다는 것을 의미한다.
④ 정신적인 장애로 항거불능·항거곤란 상태에 있음을 이용하여 사람을 간음한 사람을 무기 또는 7년 이상의 징역에 처한다고 규정하여 집행유예를 선고할 수 없도록 한 「성폭력범죄의 처벌 등에 관한 특례법」 조항은 책임과 형벌의 비례원칙에 위배되지 아니한다.

【문 17】 다음 설명 중 가장 옳지 않은 것은? (다툼이 있는 경우 판례에 의함)

① 동일한 범죄사실로 외국에서 형의 전부 또는 일부의 집행을 받은 자에 대하여 형을 감경 또는 면제할 수 있도록 규정한 형법 조항은 이중처벌금지원칙에 위반된다.
② 보안처분이라 하더라도 형벌적 성격이 강하여 신체의 자유를 박탈하거나 박탈에 준하는 정도로 신체의 자유를 제한하는 경우에는 소급효금지원칙을 적용하는 것이 법치주의 및 죄형법정주의에 부합한다.
③ 마약의 단순매수를 영리매수와 동일한 법정형으로 처벌하는 규정이 책임과 형벌간의 비례성원칙 및 실질적 법치국가원리에 위반된다.
④ 상관을 살해한 경우 사형만을 유일한 법정형으로 규정하고 있는 군형법 규정은 죄질과 그에 따른 행위자의 책임 사이에 비례관계가 준수되지 않아 인간의 존엄과 가치를 존중하고 보호하려는 실질적 법치국가의 이념에 어긋나고, 형벌체계상 정당성을 상실한 것이다.

【문 18】 다음 설명 중 가장 옳지 않은 것은? (다툼이 있는 경우 판례에 의함)

① 집행유예의 취소시 부활되는 본형은 집행유예의 선고와 함께 선고되었던 것으로 판결이 확정된 동일한 사건에 대하여 다시 심판한 결과 부과되는 것이 아니므로 일사부재리의 원칙과 무관하다.
② 양심적 예비군 훈련거부자에 대하여 유죄의 판결이 확정되었더라도, 동일인이 새로이 부과된 예비군 훈련을 또 다시 거부하는 경우 그에 대한 형사처벌을 가하는 법률조항은 이중처벌금지원칙에 위반된다고 할 수는 없다.
③ 국회의원으로 하여금 직무관련성이 인정되는 주식을 매각 또는 백지신탁하도록 하여 그 직무와 보유주식 간의 이해충돌을 원천적으로 방지하는 법률조항이 매각 또는 백지신탁의 대상이 되는 주식의 보유한도액을 결정함에 있어 국회의원 본인뿐만 아니라 본인과 일정한 친족관계가 있는 자들의 보유주식 역시 포함하도록 하고 있는 것은 헌법 제13조 제3항 연좌제 금지에 위배되지 아니한다.
④ 수사 중인 사건에 대하여 징계절차를 진행하지 아니할 수 있도록 징계시효 연장을 규정하면서 징계절차를 진행하지 아니함을 통보하지 아니한 경우에는 징계시효가 연장되지 않는다는 예외규정을 두지 아니한 구 지방공무원법 조항은 적법절차원칙에 위반된다.

【문 19】 다음 설명 중 가장 옳지 않은 것은? (다툼이 있는 경우 판례에 의함)

① 적법절차의 원칙은 국가기관이 국민과의 관계에서 공권력을 행사할 때 적용되는 원칙이기 때문에 탄핵소추절차에는 적용되지 않는다.
② 구 「도시 및 주거환경정비법」 조항이 정비예정구역 내 토지등소유자의 100분의 30 이상의 해제 요청이라는 비교적 완화된 요건만으로 정비예정구역 해제 절차에 나아갈 수 있도록 하였다고 하여 적법절차원칙에 위반된다고 보기는 어렵다.
③ 법관이 아닌 행정부 소속기관으로 치료감호심의위원회를 두고 보호감호의 관리 및 집행에 관한 사항을 심사·결정하도록 한 것은 위원회의 구성, 심사절차 및 심사대상 등을 고려할 필요 없이 그 자체로 적법절차원칙에 위배된다.
④ 적법절차원칙에서 도출할 수 있는 가장 중요한 절차적 요청 중의 하나로, 당사자에게 적절한 고지를 할 것, 당사자에게 의견 및 자료 제출의 기회를 부여할 것을 들 수 있다.

【문 20】 다음 설명 중 가장 옳지 않은 것은? (다툼이 있는 경우 판례에 의함)

① 법무부장관의 일방적 명령에 의하여 변호사 업무를 정지시키는 것은 당해 변호사가 자기에게 유리한 사실을 진술하거나 필요한 증거를 제출할 수 있는 청문의 기회가 보장되지 아니하여 적법절차를 존중하지 아니한 것이 된다.
② 관세법상 몰수할 것으로 인정되는 물품을 압수한 경우에 있어서 범인이 당해 관서에 출두하지 아니하거나 또는 범인이 도주하여 그 물품을 압수한 날로부터 4월을 경과한 때에는 당해 물품은 별도의 재판이나 처분 없이 국고에 귀속한다고 규정하고 있는 법률조항은 적법절차의 원칙에 위배된다.
③ 형사소송절차와 관련하여 보면 적법절차원칙은 형벌권의 실행 절차인 형사소송의 전반을 규율하는 기본원리로서, 형사피고인의 기본권이 공권력에 의하여 침해당할 수 있는 가능성을 최소화하도록 절차를 형성·유지할 것을 요구하고 있다.
④ 검사만 치료감호를 청구할 수 있고, 법원은 검사에게 치료감호청구를 요구할 수 있다고만 규정한 '치료감호 등에 관한 법률' 조항은 자의적 행정처분의 가능성을 초래하므로 적법절차원칙에 위반된다.

【문 21】 다음 설명 중 가장 옳지 않은 것은? (다툼이 있는 경우 판례에 의함)

① 형식적으로는 영장주의를 준수하였더라도 실질적인 측면에서 입법자가 합리적인 선택범위를 일탈하는 등 그 입법형성권을 남용하였다면 그러한 법률은 자의금지원칙에 위배되어 헌법에 위반된다.
② 영장주의는 구속개시의 시점에 있어서 이 신체의 자유에 대한 박탈의 허용만이 아니라 그 구속영장의 효력을 계속 유지할 것인지 아니면 정지 또는 실효시킬 것인지의 여부의 결정도 오직 이러한 법관의 판단에 의하여만 결정되어야 한다는 것을 의미한다.
③ 헌법에 규정된 영장신청권자로서의 검사는 검찰권을 행사하는 국가기관인 검사로서 공익의 대표자이자 수사단계에서의 인권옹호기관으로서의 지위에서 그에 부합하는 직무를 수행하는 자를 의미하는 것이지, 검찰청법상 검사만을 지칭하는 것으로 보기 어렵다.
④ 각급선거관리위원회 위원·직원의 선거범죄 조사에 있어서 피조사자에게 자료제출의무를 부과하고 허위 자료를 제출한 경우 형사처벌하도록 한 공직선거법은 피조사자에 대하여 자발적 협조를 전제로 자료를 제출할 수 있도록 한 것이 아니라 행정조사의 실질을 가지는 것으로 영장주의가 적용된다.

【문 22】 다음 설명 중 가장 옳지 않은 것은? (다툼이 있는 경우 판례에 의함)

① 체포 또는 구속을 당한 자의 가족 등 법률이 정하는 자에게는 그 이유와 일시·장소가 지체 없이 통지되어야 한다.
② 누구든지 체포 또는 구속을 당한 때에는 적부의 심사를 법원에 청구할 권리를 가진다.
③ 특별검사가 참고인에게 지정된 장소까지 동행할 것을 명령할 수 있게 하고 참고인이 정당한 이유 없이 위 동행명령을 거부한 경우 천만 원 이하의 벌금형에 처하도록 규정한 법률조항은 영장주의에 위배되지 아니한다.
④ 헌법상 무죄추정의 원칙은 형사재판에 있어서 유죄의 판결이 확정될 때까지 피의자나 피고인은 원칙적으로 죄가 없는 자로 다루어져야 하고, 그 불이익은 필요최소한에 그쳐야 한다는 것을 의미한다.

【문 23】 다음 설명 중 가장 옳지 않은 것은? (다툼이 있는 경우 판례에 의함)
① 교통·에너지·환경세의 과세물품 및 수량을 신고하도록 한 교통·에너지·환경세법 제7조 제1항은 진술거부권을 제한하는 것이다.
② 무죄추정의 원칙의 불이익에는 형사절차상의 처분뿐만 아니라 그 밖의 기본권제한과 같은 처분도 포함된다.
③ 변호사가 공소제기되어 그 재판 결과 등록 취소될 가능성이 매우 크고, 장차 의뢰인이나 공공의 이익을 해칠 구체적인 위험성이 있는 경우 법무부장관이 업무정지를 명할 수 있도록 한 변호사법 조항은 헌법에 위반되지 아니한다.
④ 형사 기소된 국가공무원을 직위해제할 수 있도록 한 법률조항은 무죄추정의 원칙에 위배된다고 볼 수 없다.

【문 24】 다음 설명 중 가장 옳지 않은 것은? (다툼이 있는 경우 판례에 의함)
① 피의자가 갖는 변호인의 조력을 받을 권리는 헌법상 기본권이지만, 변호인의 변호권을 헌법상 기본권이라고 볼 수는 없다.
② 주취운전의 혐의자에게 호흡측정기에 의한 주취여부의 측정에 응할 것을 요구하고 이에 불응할 경우 처벌한다고 하여도 이는 형사상 불리한 '진술'을 강요하는 것에 해당한다고 할 수 없으므로 헌법 제12조 제2항의 진술거부권 조항에 위배되지 아니한다.
③ 변호인의 조력을 받을 권리에는 변호인을 선임하고, 변호인과 접견하며, 변호인의 조언과 상담을 받고, 변호인을 통해 방어권 행사에 필요한 사항들을 준비하고 행사하는 것 등이 모두 포함된다.
④ 진술거부권은 형사절차에서만 보장되는 것이 아니고 행정절차이거나 국회에서의 질문 등 어디에서나 그 진술이 자기에게 형사상 불리한 경우에는 묵비권을 가지고 이를 강요받지 아니할 국민의 기본권으로 보장된다.

【문 25】 다음 설명 중 가장 옳은 것은? (다툼이 있는 경우 판례에 의함)
① 교도소장이 수용자의 변호인이 수용자에게 보낸 서신을 개봉한 후 교부한 행위는 변호인의 조력을 받을 권리를 침해한 것이다.
② 누구든지 체포 또는 구속을 당한 때에는 즉시 변호인의 조력을 받을 권리를 가진다. 다만, 형사피의자가 스스로 변호인을 구할 수 없을 때에는 법률이 정하는 바에 의하여 국가가 변호인을 붙인다.
③ 구치소 내의 변호인접견실에 CCTV를 설치하여 미결수용자와 변호인 간의 접견을 관찰한 행위와 교도관이 미결수용자와 변호인 간에 주고받는 서류를 확인하고, 소송관계서류처리부에 그 제목을 기재하여 등재한 행위는 변호인의 조력을 받을 권리를 침해한 것이다.
④ '피고인 등'에 대하여 차폐시설을 설치하고 신문할 수 있도록 한 법률조항은 변호인의 조력을 받을 권리를 침해한다고 할 수 없다.

| 박문각 이준현 채움팀 | 제4회 사전모의고사 | 헌법 담당: 정인홍 교수 |

거주이전의 자유 ~ 집회결사의 자유

【문 1】 다음 설명 중 가장 옳은 것은? (다툼이 있는 경우 판례에 의함)

① 대한민국의 국적을 이탈할 수 있는 '국적변경의 자유'는 거주·이전의 자유의 내용에 포섭되지 않는다.
② 영내에 기거하는 군인은 그가 속한 세대의 거주지에서 등록하여야 한다고 규정하고 있는 「주민등록법」은 영내 기거 현역병의 거주·이전의 자유를 제한한다.
③ 거주·이전의 자유는 국가의 간섭없이 자유롭게 거주와 체류지를 정할 수 있는 자유로서 정치·경제·사회·문화 등 모든 생활영역에서 개성신장을 촉진함으로써 헌법상 보장되고 있는 다른 기본권들의 실효성을 증대시켜주는 기능을 한다.
④ 법무부령이 정하는 금액 이상의 추징금 미납자에 대해 출국금지를 규정한 구 「출입국관리법」 조항은 기본권에 대한 침해가 적은 수단이 마련되어 있음에도 불구하고 추징금 납부를 강제하기 위한 압박 수단으로 출국금지를 하는 것으로, 이는 필요한 정도를 넘는 과도한 출국의 자유를 제한하는 것이어서 과잉금지원칙에 위배된다.

【문 2】 다음 설명 중 가장 옳지 않은 것은? (다툼이 있는 경우 판례에 의함)

① 직업의 선택 혹은 수행의 자유는 각자의 생활의 기본적 수요를 충족시키는 방편이 되고, 또한 개성신장의 바탕이 된다는 점에서 주관적 공권의 성격이 두드러진 것이기는 하나 다른 한편 국가의 사회질서와 경제질서가 형성된다는 점에서 사회적 시장경제질서라고 하는 객관적 법질서의 구성요소이기도 하다.
② 게임 내에서 사용되는 가상의 화폐로서 대통령령이 정하는 게임머니 등과 같이 일정한 기준에 해당하는 게임결과물에 대한 환전업 등을 금지하고 처벌하는, '게임산업진흥에 관한 법률' 조항들은 직업수행의 자유를 침해한다고 볼 수 없다.
③ 헌법은 직업의 자유를 보장하고 국민의 보건에 관한 국가의 의무를 인정하고 있으나, 시·도지사들이 한약업사 시험을 시행하여야 할 헌법상 작위의무가 규정되어 있다고 볼 수 없다.
④ 소송사건의 대리인인 변호사라 하더라도 소송계속 사실 소명자료를 제출하지 못하면 수형자와 변호사접견을 하지 못하도록 규정한 '형의 집행 및 수용자의 처우에 관한 법률 시행규칙' 제29조의2 제1항 제2호 중 '수형자 접견'에 관한 부분은 변호사의 직업수행의 자유를 침해하지 아니한다.

【문 3】 다음 설명 중 가장 옳지 않은 것은? (다툼이 있는 경우 판례에 의함)

① '일반의 법률사건에 관하여 화해사무를 취급한 자'를 형사처벌하도록 하는 구 변호사법은 변호사 아닌 자의 법률사무 취급을 포괄적으로 금지하여 일반 국민의 직업선택의 자유를 침해한다.
② 간행물 판매자에게 정가 판매 의무를 부과하고, 가격할인의 범위를 가격할인과 경제상의 이익을 합하여 정가의 15퍼센트 이하로 제한하는 출판문화산업 진흥법조항은 직업의 자유를 침해한다고 할 수 없다.
③ 학원설립·운영자는 학원법 위반으로 벌금형을 선고받을 경우 이 사건 효력상실 조항에 따라 그 등록은 효력을 잃게 되고, 다시 등록을 하지 않는 이상 학원을 설립·운영할 수 없게 된다. 이는 일정한 직업을 선택함에 있어 기본권 주체의 능력과 자질에 따른 제한으로서 이른바 '주관적 요건에 의한 좁은 의미의 직업선택의 자유의 제한'에 해당한다.
④ 교통사고로 사람을 사상한 후 필요한 조치를 하지 않은 경우 행정자치부령으로 정하는 기준에 따라 운전면허를 취소하거나 1년 이내의 범위에서 운전면허의 효력을 정지시킬 수 있다고 규정한 구「도로교통법」조항은 과잉금지원칙에 반하여 직업의 자유를 침해한다고 할 수 없다.

【문 4】 다음 설명 중 가장 옳은 것은? (다툼이 있는 경우 판례에 의함)

① 금고 이상의 실형을 선고받고 그 집행이 종료된 날부터 3년이 경과되지 않은 경우 중개사무소 개설등록을 취소하도록 하는 공인중개사법 조항은 직업선택의 자유를 침해한다.
② 유사군복을 판매 목적으로 소지하는 행위에 대하여 처벌하는 군복 및 군용장구의 단속에 관한 법률 조항은 과잉금지원칙을 위반하여 직업의 자유를 침해한다.
③ 세무사 자격 보유 변호사로 하여금 세무사로서 세무사의 업무를 할 수 없도록 규정한 세무사법 조항은 세무사 자격 보유 변호사의 직업선택의 자유를 침해한다.
④ 거짓이나 그 밖의 부정한 수단으로 운전면허를 받은 경우 모든 범위의 운전면허를 필요적으로 취소하도록 한 구 도로교통법 조항은 직업의 자유를 침해하지 아니한다.

【문 5】 다음 설명 중 가장 옳지 않은 것은? (다툼이 있는 경우 판례에 의함)

① 사생활의 비밀은 국가가 사생활영역을 들여다보는 것에 대한 보호를 제공하는 기본권이며, 사생활의 자유는 국가가 사생활의 자유로운 형성을 방해하거나 금지하는 것에 대한 보호를 의미한다.
② 강제추행죄로 유죄판결이 확정된 자는 신상정보 등록대상자로서 성명, 주민등록번호 등을 제출하여야 하고, 이 정보가 변경된 경우 그 사유와 변경내용을 제출하여야 한다고 규정한 조항은 청구인의 개인정보자기결정권을 침해한다.
③ 점유할 권리 없는 자의 점유라 하더라도 그 주거의 평온은 보호되어야 할 것이므로, 권리자가 그 권리를 실행함에 있어 법에 정하여진 절차에 의하지 아니하고 그 건조물 등에 침입한 경우에는 주거침입죄가 성립한다.
④ 개인정보자기결정권은 자신에 관한 정보가 언제 누구에게 어느 범위까지 알려지고 또 이용되도록 할 것인지를 그 정보주체가 스스로 결정할 수 있는 권리이다.

【문 6】 다음 설명 중 가장 옳지 않은 것은? (다툼이 있는 경우 판례에 의함)

① 교원의 교원단체 및 노동조합 가입에 관한 정보는 '개인정보 보호법'상의 민감정보로서 특별히 보호되어야 할 성질의 것이다.
② 야당 소속 후보자 지지 혹은 정부 비판은 정치적 견해로서 개인의 인격주체성을 특정짓는 개인정보에 해당하지만, 그것이 지지 선언 등의 형식으로 공개적으로 이루어진 것이라면 개인정보자기결정권의 보호범위 내에 속하지 않는다.
③ 상병명 등을 포함하지 아니한 요양급여일자, 요양기관명에 국한된 정보라고 하더라도, '개인정보 보호법'제23조가 규정한 '건강에 관한 정보'로서 민감정보에 해당한다.
④ 피고인이나 변호인에 의한 공판정에서의 녹취는 진술인의 인격권 또는 사생활의 비밀과 자유에 대한 침해를 수반하고, 실체적 진실발견 등 다른 법익과 충돌할 개연성이 있으므로, 녹취를 금지해야 할 필요성이 녹취를 허용함으로써 달성하고자 하는 이익보다 큰 경우에는 녹취를 금지 또는 제한함이 타당하다.

【문 7】 다음 설명 중 가장 옳지 않은 것은? (다툼이 있는 경우 판례에 의함)

① 변호사의 업무와 관련된 수임사건의 건수 및 수임액이 변호사의 내밀한 개인적 영역에 속하는 것이라고 보기 어렵다.
② 국민기초생활보장법에 따라 급여를 신청할 때 금융거래정보자료제공동의서를 제출토록 하는 것은 개인정보자기결정권을 침해하지 아니한다.
③ 교육감이 졸업생 관련 증명업무를 위해 졸업생의 성명, 생년월일 및 졸업일자에 대한 정보를 교육정보시스템에 보유하는 행위는 개인정보보호법제가 완비되지 않은 상황에서 그 보유의 목적과 수단의 적정성을 인정할 수 없어 졸업생의 개인정보자기결정권을 침해한다.
④ 본인의 승낙을 받고 승낙의 범위 내에서 그의 사생활에 관한 사항을 공개할 경우 이는 위법한 것이라 할 수 없다 할 것이나, 본인의 승낙을 받은 경우에도 승낙의 범위를 초과하여 승낙 당시의 예상과는 다른 목적이나 방법으로 이러한 사항을 공개할 경우 이는 위법한 것이라 아니할 수 없다.

【문 8】 다음 설명 중 가장 옳은 것은? (다툼이 있는 경우 판례에 의함)

① 송·수신이 완료된 전기통신에 대한 압수·수색 사실을 수사대상이 된 가입자에게만 통지하도록 하고, 그 상대방에 대하여는 통지하지 않도록 한 법조항은 개인정보자기결정권을 침해한다.
② 보안관찰처분대상자가 교도소 등에서 출소한 후 7일 이내에 출소사실을 신고하도록 하고 이를 위반할 경우 처벌하도록 정한 법률조항은, 보다 완화된 방법으로도 입법목적을 충분히 달성할 수 있다는 점에서 과잉금지원칙에 반하여 그 대상자의 개인정보자기결정권을 침해하는 것이다.
③ 통신의 비밀이란 서신·우편·전신의 통신수단을 통하여 개인 간에 의사나 정보의 전달과 교환(의사소통)이 이루어지는 경우, 통신의 내용과 통신이용의 상황이 개인의 의사에 반하여 공개되지 아니할 자유를 의미한다.
④ 수용자가 집필한 문서의 내용이 사생활의 비밀 또는 자유를 침해하는 등 우려가 있을 때 교정시설의 장이 문서의 외부반출을 금지하도록 규정한 법률 조항은, 집필문을 창작하거나 표현하는 것을 금지하거나 이에 대한 허가를 요구하는 조항이므로, 제한되는 기본권은 통신의 자유가 아니라 표현의 자유로 보아야 한다.

【문 9】 다음 설명 중 가장 옳지 않은 것은? (다툼이 있는 경우 판례에 의함)

① 불법감청에 의하여 지득 또는 채록된 전기통신의 내용은 재판절차에서 증거로 사용될 수 없으나 징계절차에서는 증거로 사용할 수 있다.
② 교도소장이 수용자에게 온 서신을 개봉한 행위 및 법원, 검찰청 등이 수용자에게 보낸 문서를 열람한 행위는 통신의 자유를 침해하지 아니한다.
③ 인터넷회선 감청은 서버에 저장된 정보가 아니라, 인터넷상에서 발신되어 수신되기까지의 과정 중에 수집되는 정보, 즉 전송 중인 정보의 수집을 위한 수사이므로, 압수·수색과 구별된다.
④ 전기통신사업자는 검사, 사법경찰관 또는 정보수사기관의 장에게 통신사실 확인자료를 제공한 때에는 자료제공현황 등을 연 2회 과학기술정보통신부장관에게 보고하고, 해당 통신사실 확인자료 제공사실등 필요한 사항을 기재한 대장과 통신사실확인자료제공요청서등 관련자료를 통신사실확인자료를 제공한 날부터 7년간 비치하여야 한다.

【문 10】 헌법상 재산권으로 인정되는 것으로만 묶은 것은? (다툼이 있는 경우 헌법재판소 결정에 의함)

㉠ 소멸시효의 기대이익
㉡ 정당한 지목을 등록함으로써 얻는 이익
㉢ 구 민법상 법정혈족관계로 인정되던 계모자 사이의 상속권
㉣ 학교안전공제회가 관리·운용하는 학교안전공제 및 사고예방 기금
㉤ 주주권

① ㉠㉣㉤
② ㉡㉢㉤
③ ㉠㉡㉢㉣
④ ㉡㉢㉣㉤

【문 11】 다음 설명 중 가장 옳지 않은 것은? (다툼이 있는 경우 판례에 의함)

① 공용수용은 국민의 재산권을 그 의사에 반하여 강제적으로라도 취득해야 할 공익적 필요성이 있을 것, 법률에 의거할 것, 정당한 보상을 지급할 것의 요건을 모두 갖추어야 한다.
② 토지의 협의취득 또는 수용 후 당해 공익사업이 다른 공익사업으로 변경되는 경우에 당해 토지의 원소유자 또는 그 포괄승계인의 환매권을 제한하고, 환매권 행사기간을 변환고시일부터 기산하도록 한 구 '공익사업을 위한 토지 등의 취득 및 보상에 관한 법률' 조항은 재산권을 침해하지 않는다.
③ 토지의 가격이 취득일 당시에 비하여 현저히 상승한 경우 환매금액에 대한 협의가 성립하지 아니한 때에는 사업시행자로 하여금 환매금액의 증액을 청구할 수 있도록 한 공익사업을 위한 토지 등의 취득 및 보상에 관한 법률 조항이 이 재산권의 내용에 관한 입법형성권의 한계를 일탈하여 환매권자의 재산권을 침해한다고 볼 수 없다.
④ 장해보상연금 수급권자의 의사나 귀책사유 없이 요양 종결 후 상당한 기간이 경과한 후에 장해급여를 청구한 경우에도 예외 없이 장해등급 재판정을 1회 실시하도록 한, 산업재해보상보험법조항은 합리적인 입법형성의 범위를 넘어 장해급여 수급권자의 재산권을 침해한다.

【문 12】 다음 설명 중 가장 옳지 않은 것은? (다툼이 있는 경우 판례에 의함)

① 전기통신금융사기의 피해자가 피해구제 신청을 하는 경우 사기이용계좌를 지급정지하는 '전기통신금융사기 피해방지 및 피해금 환급에 관한 특별법' 조항은 재산권을 침해한다.
② 재산권은 자유의 실현과 물질적 삶의 기초이고, 자유실현의 물질적 바탕을 보호하는 재산권의 자유보장적 기능으로 말미암아 자유와 재산권은 불가분의 관계이자 상호보완관계에 있다.
③ 국민연금법상 연금수급권 내지 연금수급기대권은 사회보장적 급여이면서 동시에 헌법 제23조에 의하여 보장되는 재산권으로서의 성격을 갖는다.
④ 일본국에 의하여 광범위하게 자행된 반인도적 범죄행위에 대하여 일본군위안부 피해자들이 일본에 대하여 가지는 배상청구권은 헌법상 보장되는 재산권이다.

【문 13】 다음 설명 중 가장 옳지 않은 것은? (다툼이 있는 경우 판례에 의함)

① 헌법 제23조 제3항에 규정된 '정당한 보상'의 원칙이 모든 경우에 예외 없이 개별적 시가에 의한 보상을 요구하는 것이라고 할 수 없다.
② 예비군 교육훈련에 참가한 예비군대원이 훈련 과정에서 식비, 여비 등을 스스로 지출함으로써 생기는 경제적 부담은 헌법에서 보장하는 재산권의 범위에 포함된다.
③ 자신의 토지를 장래에 건축이나 개발목적으로 사용할 수 있으리라는 기대가능성이나 신뢰 및 이에 따른 지가상승의 기회는 원칙적으로 재산권의 보호범위에 속하지 않는다.
④ 과세대상인 자본이득의 범위를 실현된 소득에 국한할 것인가 혹은 미실현이득을 포함시킬 것인가의 여부는, 과세목적·과세소득의 특성·과세기술상의 문제 등을 고려하여 판단할 입법정책의 문제일 뿐, 헌법상의 조세개념에 저촉되거나 그와 양립할 수 없는 모순이 있는 것으로는 볼 수 없다.

【문 14】 다음 설명 중 가장 옳지 않은 것은? (다툼이 있는 경우 판례에 의함)

① 피상속인에 대한 부양의무를 이행하지 않은 직계존속의 경우를 상속결격사유로 규정하지 않은 민법 조항은 다른 상속인의 재산권을 침해한다고 보기 어렵다.
② 집합투자기구로부터의 이익에 대한 소득금액을 계산할 때 손익 통산을 허용하지 않는 소득세법 조항은 입법재량의 한계를 벗어나 납세의무자의 재산권을 침해한다고 볼 수 없다.
③ 영화관 관람객이 입장권 가액의 100분의 3을 부담하도록 하고 영화관 경영자는 이를 징수하여 영화진흥위원회에 납부하도록 강제하는 내용의 영화상영관 입장권 부과금 제도는 영화관 관람객의 재산권을 침해한다.
④ 보세판매장 특허수수료는 행정관청이 보세판매장 특허를 부여해 줌으로써 특정인이 얻게 되는 독점적 권리에 대한 반대급부로서, 영업이익이 아닌 매출액을 기준으로 차등 요율을 적용하여 보세판매장 특허수수료를 정한 규칙 조항은 재산권을 침해한다고 볼 수 없다.

【문 15】 다음 설명 중 가장 옳은 것은? (다툼이 있는 경우 판례에 의함)

① 개성공단에서 영업을 계속하지 못하여 발생한 영업 손실이나 주식 등 권리의 가치 하락은 헌법 제23조의 재산권보장의 범위에 속한다.
② 소방시설로 인하여 이익을 받는 자의 건축물을 과세대상으로 소방지역자원시설세를 부과하면서, 대형 화재위험 건축물에 대하여는 일반세액의 3배를 중과세 하는 지방세법 조항은 헌법 제37조 제2항에 반하여 재산권을 침해한다.
③ 관리처분계획인가의 고시가 있으면 별도의 영업손실보상 없이 재건축사업구역 내 임차권자의 사용·수익을 중지시키는 '도시 및 주거환경정비법' 조항은 임차권자의 재산권을 침해하지 아니한다.
④ 퇴직연금 수급자가 유족연금을 함께 받게 될 경우 그 유족연금액의 2분의 1을 떼고 지급하는 것은 재산권을 침해한다.

【문 16】 다음 설명 중 가장 옳지 않은 것은? (다툼이 있는 경우 판례에 의함)

① 양심의 자유에는 널리 사물의 시시비비나 선악과 같은 윤리적 판단에 국가가 개입해서는 아니 되는 내심적 자유는 물론, 윤리적 판단을 국가권력에 의하여 외부에 표명하도록 강제받지 아니할 자유까지 포괄한다.
② 양심 실현의 자유는 타인의 기본권이나 다른 헌법적 질서와 저촉되는 경우 헌법 제37조 제2항에 따라 국가안전보장·질서유지 또는 공공복리를 위하여 법률에 의하여 제한될 수 있는 상대적 자유라고 할 수 있다.
③ 육군참모총장이 상벌사항을 파악하는 일환으로 육군 장교에게 민간법원에서 약식명령을 받아 확정된 사실을 자진신고 하도록 명령하는 것은 개인의 인격형성에 관계되는 내심의 가치적·윤리적 판단이 개입될 여지가 없는 단순한 사실관계의 확인에 불과하다.
④ 특정한 내적인 확신 또는 신념이 양심으로 형성된 이상 그 내용 여하를 떠나 양심의 자유에 의해 보호되는 양심이 될 수 있으므로, 헌법상 양심의 자유에 의해 보호받는 양심으로 인정할 것인지의 판단은 그것이 깊고, 확고하며, 진실된 것인지 여부에 따르면 된다. 따라서 양심적 병역거부를 주장하는 사람은 자신의 양심을 외부로 표명하여 증명할 의무를 지지 않는다.

【문 17】 다음 설명 중 가장 옳은 것은? (다툼이 있는 경우 판례에 의함)

① 양심상의 결정이 이성적·합리적인지, 타당한지 또는 법질서나 사회규범, 도덕률과 일치하는지 여부는 양심의 존재를 판단하는 기준이 될 수 있다.
② 학교폭력의 가해학생에 대한 조치로 피해학생에 대한 서면 사과를 규정한 것은 가해학생에게 반성과 성찰의 기회를 제공하고 피해학생의 피해 회복과 정상적인 학교생활로의 복귀를 돕기 위한 교육적 조치로 볼 수 있으므로 가해학생의 양심의 자유를 침해한다고 보기 어렵다.
③ 이적표현물의 제작이나 반포행위를 금지하는 것은 표현물에 담긴 사상, 내용을 자유롭게 표명하고 타인에게 전파하고자 하는 표현의 자유를 제한할 뿐, 내적 영역에서의 양심 형성과는 관련이 없으므로 양심의 자유를 제한하지 않는다.
④ 병역법 제88조 제1항의 '정당한 사유'란 입영통지에 기해 지정된 기일과 장소에 집결할 의무를 부과받았음에도 즉시 이에 응하지 못한 것을 정당화할 만한 사유로서, 병역법에서 입영을 일시적으로 연기하거나 지연시키기 위한 요건으로 인정된 사유, 즉 질병, 재난 등과 같은 개인의 책임으로 돌리기 어려운 사유로 한정된다고 보아야 한다.

【문 18】 다음 설명 중 가장 옳은 것은? (다툼이 있는 경우 판례에 의함)

① 종교적 집회·결사의 자유는 그 자체가 내심의 자유의 핵심이기 때문에 헌법 제37조 제2항의 과잉금지의 원칙이 적용되지 않는다.
② 선교활동의 자유는 국민에게 그가 선택한 임의의 장소에서 자유롭게 행사할 수 있는 권리까지 보장한다.
③ 국가 또는 지방자치단체 외의 자가 양로시설을 설치하고자 하는 경우 신고하도록 규정하고 이를 위반한 경우 처벌하는 「노인복지법」조항을 종교단체에서 구호활동의 일환으로 운영하는 양로시설에도 적용하는 것은, 종교의 특수성을 몰각하는 것으로 종교의 자유를 침해한다.
④ 육군훈련소장이 훈련병에게 개신교, 불교, 천주교, 원불교 종교행사 중 하나에 참석하도록 한 것은 국가가 종교를 군사력 강화라는 목적을 달성하기 위한 수단으로 전락시키거나, 반대로 종교단체가 군대라는 국가권력에 개입하여 선교행위를 하는 등 영향력을 행사할 수 있는 기회를 제공하므로, 국가와 종교의 밀접한 결합을 초래한다는 점에서 헌법상 정교분리원칙에 위배된다.

【문 19】 다음 설명 중 가장 옳지 않은 것은? (다툼이 있는 경우 판례에 의함)

① 종교활동은 헌법상 종교의 자유와 정교분리의 원칙에 의하여 국가의 간섭으로부터 그 자유가 보장되어 있다. 따라서 국가기관인 법원으로서도 종교단체 내부관계에 관한 사항에 대하여는 그것이 일반 국민으로서의 권리의무나 법률관계를 규율하는 것이 아닌 이상 원칙적으로 실체적인 심리·판단을 하지 아니함으로써 당해 종교단체의 자율권을 최대한 보장하여야 한다.
② 종교시설의 건축행위에만 기반시설부담금을 면제한다면 국가가 종교를 지원하여 종교를 승인하거나 우대하는 것으로 비칠 소지가 있어 헌법 제20조 제2항의 국교금지·정교분리에 위배될 수도 있다.
③ 군종장교가 최소한 성직자의 신분에서 주재하는 종교활동을 수행함에 있어 소속종단의 종교를 선전하거나 다른 종교를 비판하는 것은 국가공무원으로서 종교적 중립을 준수할 의무를 위반한 직무상의 위법이 있다.
④ 지방자치단체가 유서 깊은 천주교 성당 일대를 문화관광지로 조성하기 위하여 상급 단체로부터 문화관광지 조성계획을 승인받은 후 사업부지 내 토지 등을 수용재결한 것은 헌법의 정교분리원칙에 위배되지 않는다.

【문 20】 헌법상 검열로 인정되는 것으로만 묶은 것은? (다툼이 있는 경우 헌법재판소 결정에 의함)

> ㉠ 방영금지가처분
> ㉡ 의료광고 사전심의
> ㉢ 영상물등급위원회에 의한 등급분류보류제도
> ㉣ 인터넷게시판에서의 본인확인제
> ㉤ 옥외광고물의 사전허가제

① ㉠㉣   ② ㉡㉢
③ ㉠㉡㉤   ④ ㉢㉣㉤

【문 21】 다음 설명 중 가장 옳지 않은 것은? (다툼이 있는 경우 판례에 의함)

① '허위사실의 표현'도 헌법 제21조가 규정하는 언론·출판의 자유의 보호영역에는 해당한다.
② 비의료인의 의료에 관한 광고를 금지하고 처벌하는 것은 국민의 생명권 등을 보호하는 것이어서 표현의 자유를 침해하지 않는다.
③ 인터넷언론사에 대하여 선거일 전 90일부터 선거일까지 후보자 명의의 칼럼이나 저술을 게재하는 보도를 제한하는 구 인터넷 선거보도 심의기준 등에 관한 규정은 인터넷 선거보도의 공정성과 선거의 공정성을 확보하려는 것이므로 후보자인 청구인의 표현의 자유를 침해하지 않는다.
④ 정보통신망을 통해 일반에게 공개된 정보로 사생활 침해, 명예훼손 등 타인의 권리가 침해된 경우 그 침해를 받은 자가 삭제요청을 하면 정보통신서비스 제공자는 권리의 침해 여부를 판단하기 어렵거나 이해당사자 간에 다툼이 예상되는 경우에는 30일 이내에서 해당 정보에 대한 접근을 임시적으로 차단하는 조치를 하여야 한다고 규정한 「정보통신망 이용촉진 및 정보보호 등에 관한 법률」 제44조의2 제2항 중 '임시조치'에 관한 부분 및 같은 조 제4항이 정보게재자의 이의제기권이나 복원권 등을 규정하지 않고 있더라도, 이를 표현의 자유 침해라고 볼 수는 없다.

【문 22】 다음 설명 중 가장 옳지 않은 것은? (다툼이 있는 경우 판례에 의함)

① 정기간행물을 발행하고자 하는 자에게 일정한 물적 시설을 갖추어 등록할 것을 요구하는 「정기간행물의 등록 등에 관한 법률」 규정에서 '해당 시설'을 자기 소유이어야 하는 것으로 해석하는 한 헌법에 위반된다.
② 공공기관은 전자적 형태로 보유·관리하지 아니하는 정보에 대하여 청구인이 전자적 형태로 공개하여 줄 것을 요청한 경우에는 그 정보를 전자적 형태로 변환하여 공개하여야 한다.
③ 방송통신심의위원회가 2019. 2. 11. 주식회사 케이티 외 9개 정보통신서비스제공자 등에 대하여 895개 웹사이트에 대한 이용자들의 접속을 차단하도록 시정을 요구한 행위는 통신의 비밀과 자유 및 알 권리를 침해하지 않는다.
④ 「국가공무원 복무규정」 제8조의2 제2항 등은 "공무원이 직무를 수행할 때 정치적 주장을 표시 또는 상징하는 복장을 하거나 관련 물품을 착용해서는 아니 된다."라고 규정하고 있는바, 정치적 주장을 표시·상징하는 복장 등 관련 물품을 착용하는 행위는 복장 등 비언어적인 방법을 통해 정치적 의사표현을 행하는 것이라 할 수 있다.

【문 23】 다음 설명 중 가장 옳지 않은 것은? (다툼이 있는 경우 판례에 의함)

① 집회의 자유는 표현의 자유와 더불어 민주적 공동체가 기능하기 위하여 불가결한 근본요소에 속하므로, 폭력을 사용한 의견의 강요라고 하여 헌법적으로 보호되지 않는다고 볼 수 없다.
② 개인이 집회의 자유를 집단적으로 행사함으로써 불가피하게 발생하는 일반대중에 대한 불편함이나 법익에 대한 위험은 보호법익과 조화를 이루는 범위 내에서 국가와 제3자에 의하여 수인되어야 한다.
③ 헌법 제21조 제2항은 집회에 대한 허가제는 집회에 대한 검열제와 마찬가지이므로 이를 절대적으로 금지하겠다는 헌법개정권력자인 국민들의 헌법가치적 합의이며 헌법적 결단이다.
④ 시위의 자유 또한 집회의 자유를 규정한 헌법 제21조 제1항에 의하여 보호되는 기본권이다.

【문 24】 다음 설명 중 가장 옳지 않은 것은? (다툼이 있는 경우 판례에 의함)

① 우리 헌법상 집회의 자유는 우선, 국가에 대한 방어권으로서 집회의 주체, 주관, 진행, 참가 등에 관하여 국가권력의 간섭이나 방해를 배제할 수 있는 주관적 권리로서의 성격을 가지며, 아울러 자유민주주의를 실현하려는 사회공동체에 있어서는 불가결한 객관적 가치질서로서의 이중적 성격을 갖는다.

② 집회나 시위 해산을 위한 살수차 사용은 집회의 자유 및 신체의 자유에 대한 중대한 제한을 초래하므로 살수차 사용요건이나 기준은 법률에 근거를 두어야 하고, 살수차와 같은 위해성 경찰장비는 본래의 사용방법에 따라 지정된 용도로 사용되어야 하며 다른 용도나 방법으로 사용하기 위해서는 반드시 법령에 근거가 있어야 한다.

③ 집회는 일정한 장소를 전제로 하여 특정 목적을 가진 다수인이 일시적으로 회합하는 것을 말하는 것으로, 여기서의 다수인이 가지는 공동의 목적은 '내적인 유대 관계'로 족하지 않고 공통의 의사형성과 의사표현이라는 공동의 목적이 포함되어야 한다.

④ 근접촬영과 달리 먼 거리에서 집회·시위 현장을 전체적으로 촬영하는 소위 조망촬영이 기본권을 덜 침해하는 방법이라는 주장도 있으나, 최근 기술의 발달로 조망촬영과 근접촬영 사이에 기본권 침해라는 결과에 있어서 차이가 있다고 보기 어려워, 경찰이 집회·시위에 대해 조망촬영이 아닌 근접촬영을 하였다는 이유만으로 헌법에 위반되는 것은 아니다.

【문 25】 다음 설명 중 가장 옳지 않은 것은? (다툼이 있는 경우 판례에 의함)

① 변리사의 변리사회 가입의무를 규정한 「변리사법」상 조항은 결사의 자유를 침해한다.

② 대한민국을 방문하는 외국의 국가 원수를 경호하기 위하여 지정된 경호구역 안에서 서울종로경찰서장이 안전 활동의 일환으로 삼보일배행진을 제지한 행위는 집회의 자유 등을 침해하였다고 할 수 없다.

③ 헌법 제21조 제1항이 보장하고 있는 결사의 자유에 의하여 보호되는 '결사'의 개념에는 법률이 특별한 공공목적에 의하여 구성원의 자격을 정하고 있는 특수단체의 조직활동까지 포함되는 것으로 볼 수는 없다.

④ 법인 등 결사체도 그 조직과 의사형성에 있어서, 그리고 업무수행에 있어서 자기결정권을 가지고 있어 결사의 자유의 주체가 된다.

제5회 사전모의고사

학문과 예술의 자유 ~ 국민의 기본의무

【문 1】 다음 설명 중 가장 옳은 것은? (다툼이 있는 경우 판례에 의함)

① 대학 본연의 기능인 학술의 연구나 교수, 학생선발·지도 등과 관련된 교무·학사행정의 영역에서는 대학구성원의 결정이 우선한다고 볼 수 있으나, 대학의 재정, 시설 및 인사 등의 영역에서는 학교법인이 기본적인 윤곽을 결정하게 되므로, 대학구성원에게는 이러한 영역에 대한 참여권이 인정될 여지가 없다.

② 구 「영화진흥법」이 제한상영가 상영등급분류의 구체적 기준을 영상물등급위원회의 규정에 위임하고 있는 것은 그 내용이 사회현상에 따라 급변하는 내용들이고, 특별히 전문성이 요구되는 기술적인 사항에 해당한다고 할 것이므로 포괄위임금지원칙에 위배되지 않는다.

③ 헌법 제22조 제2항은 발명가의 권리를 법률로써 보호하도록 하고 있고, 이에 따라 「특허법」은 특허권자에게 업(業)으로서 그 특허발명을 실시할 권리를 독점적으로 부여하고 있다. 따라서 특허권자가 그 특허발명의 방법에 의하여 생산한 물건에 발명의 명칭과 내용을 표시하는 것은 특허실시권에 내재된 요소이며, 그러한 표시를 제한하는 것은 곧 특허권에 대한 제한이라고 보아야 한다.

④ 이미 출원공개된 디자인에 대하여 신규성 상실의 예외를 인정하지 않는 디자인보호법조항은 입법형성권의 한계를 일탈하였다.

【문 2】 다음 설명 중 가장 옳지 않은 것은? (다툼이 있는 경우 판례에 의함)

① 사회적 기본권은 입법과정이나 정책결정과정에서 사회적 기본권에 규정된 국가목표의 무조건적인 최우선적 배려를 요청하는 것이다.

② '인간다운 생활을 할 권리'는 여타 사회적 기본권에 관한 헌법규범들의 이념적인 목표를 제시하고 있는 동시에 국민이 인간적 생존의 최소한을 확보하는 데 있어서 필요한 최소한의 재화를 국가에게 요구할 수 있는 권리를 내용으로 하고 있다.

③ 공무원 또는 공무원이었던 자가 유족없이 사망하였을 경우 급여의 수급자를 유족이 아닌 직계비속으로만 한정하여 유족 및 유족이 아닌 직계비속 이외의 다른 상속권자들의 법상의 급여청구권에 대한 상속권을 제한하고 있는 것은 공공복리를 위하여 입법형성권의 범위에서 이루어진 합리적인 제한으로서 헌법에 위반되지 아니한다.

④ 「노인장기요양보험법」은 요양급여의 실시와 그에 따른 급여비용 지급에 관한 기본적이고도 핵심적인 사항을 이미 법률로 규정하고 있으므로, '시설 급여비용의 구체적인 산정방법 및 항목 등에 관하여 필요한 사항'을 보건복지부령에 위임하였다고 하여 그 자체로 법률유보원칙에 반한다고 볼 수는 없다.

【문 3】 다음 설명 중 가장 옳지 않은 것은? (다툼이 있는 경우 판례에 의함)
① 국민연금의 급여수준은 수급권자가 최저생활을 유지하는 데 필요한 금액을 기준으로 결정해야 한다.
② 「국가유공자 등 예우 및 지원에 관한 법률」이 보상 받을 권리의 발생시기를 국가보훈처장에게 등록신청을 한 날이 속하는 달부터 발생하도록 하더라도 인간다운 생활을 할 권리를 침해하지 아니한다.
③ 「산업재해보상보험법」에서 업무상 재해의 인정요건 중 하나로 '업무와 재해 사이에 상당인과관계'를 요구하고 근로자 측에게 그에 대한 입증을 부담시키는 것은 사회보장수급권을 침해한다.
④ '개별가구 또는 개인의 여건'에 관한 조건 부과 유예 대상자로 '대학원에 재학 중인 사람'과 '부모에게 버림받아 부모를 알 수 없는 사람'을 규정하고 있지 않은 「국민기초생활 보장법」 시행령 조항은 인간다운 생활을 할 권리를 침해하지 않는다.

【문 4】 다음 설명 중 가장 옳은 것은? (다툼이 있는 경우 판례에 의함)
① 유족급여수급권은 공무원의 사망이라는 위험에 대비하여 그 유족의 생활안정과 복지향상을 도모하기 위한 사회보장적 급여의 성격을 가지므로 입법자는 구체적인 내용을 형성함에 있어서 국가의 재정능력과 전반적인 사회보장수준, 국민 전체의 소득 및 생활수준, 그 밖의 여러 가지 사회적·경제적 여건 등을 종합하여 합리적인 수준에서 결정할 수 있는 광범위한 형성의 자유를 가진다.
② 모든 국민은 인간다운 생활을 할 권리를 가지며 국가는 생활능력 없는 국민을 보호할 의무가 있다는 헌법의 규정은 모든 국가기관을 기속하며 그 기속의 의미는 동일하다.
③ 공무원연금법에 따른 퇴직연금일시금을 지급받은 사람 및 그 배우자를 기초연금 수급권자의 범위에서 제외하는 기초연금법 조항은 공무원연금법에 따른 퇴직연금일시금을 받은 사람과 그 배우자의 인간다운 생활을 할 권리를 침해한다.
④ 기초연금 수급액을 '국민기초생활 보장법'상 이전소득에 포함시키도록 하는 구 '국민기초생활 보장법 시행령' 조항은 '국민기초생활 보장법'상 수급자인 노인들의 인간다운 생활을 할 권리를 침해한다.

【문 5】 다음 설명 중 가장 옳지 않은 것은? (다툼이 있는 경우 판례에 의함)
① 모든 국민은 그 보호하는 자녀에게 적어도 초등교육과 법률이 정하는 교육을 받게 할 의무를 진다.
② 학교교육 및 평생교육을 포함한 교육제도와 그 운영, 교육재정 및 교원의 지위에 관한 기본적인 사항은 법률로 정한다.
③ 헌법 제31조 제3항의 의무교육 무상의 원칙은 교육을 받을 권리를 보다 실효성 있게 보장하기 위하여 의무교육 비용을 학령아동의 보호자 개개인의 직접적 부담에서 공동체 전체의 부담으로 이전하라는 명령일 뿐, 의무교육의 비용을 오로지 국가 또는 지방자치단체의 예산으로 해결해야 함을 의미하는 것은 아니다.
④ 사립학교법상 교비회계의 세입세출에 관한 사항을 대통령령으로 정하도록 한 규정이 포괄위임금지원칙에 위반되지 않고, 교비회계의 다른 회계로의 전용을 금지하는 규정과 위 금지규정을 위반한 경우 처벌하는 규정은 사립학교 운영의 자유를 침해한다.

【문 6】 다음 설명 중 가장 옳지 않은 것은? (다툼이 있는 경우 판례에 의함)
① 학생은 국가의 간섭을 받지 아니하고 자신의 능력과 개성, 적성에 맞는 학교를 자유롭게 선택할 권리를 가진다.
② 의무교육제도는 교육의 자주성·전문성·정치적 중립성 등을 지도원리로 하여 국민의 교육을 받을 권리를 뒷받침하기 위한, 헌법상의 교육기본권에 부수되는 제도보장이다.
③ 대학교육기관의 교원에 대한 기간임용제와 정년보장제는 국가가 문화국가의 실현을 위한 학문진흥의 의무를 이행함에 있어서나 국민의 교육권의 실현·방법 면에서 각각 장단점이 있어서, 그 판단·선택은 헌법재판소에서 이를 가늠하는 것이 옳다.
④ 헌법 제31조 제1항에서 말하는 "능력에 따라 균등하게 교육을 받을 권리"란 법률이 정하는 일정한 교육을 받을 전제조건으로서의 능력을 갖추었을 경우 차별 없이 균등하게 교육을 받을 기회가 보장된다는 것이지 일정한 능력, 예컨대 지능이나 수학능력 등이 있다고 하여 제한 없이 다른 사람과 차별하여 어떠한 내용과 종류와 기간의 교육을 받을 권리가 보장된다는 것은 아니다.

【문 7】 다음 설명 중 가장 옳지 않은 것은? (다툼이 있는 경우 판례에 의함)

① 학교용지부담금의 부과대상을 개발사업자로 정하고 있는 법률조항은 의무교육의 무상원칙에 위배된다.
② 무상의 중등교육을 받을 권리는 법률에서 중등교육을 의무교육으로서 시행하도록 규정하기 전에는 헌법상 권리로서 보장되는 것은 아니다.
③ 대학의 자율은 대학시설의 관리·운영만이 아니라 전반적인 것이라야 하므로 연구와 교육의 내용, 그 방법과 대상, 교과과정의 편성, 학생의 선발과 전형 및 특히 교원의 임면에 관한 사항도 자율의 범위에 속한다.
④ 교원지위법정주의에 의하여 입법자가 법률로 정하여야 할 교원지위의 기본적 사항에는 대학교원의 신분이 부당하게 박탈되지 않도록 하는 최소한의 절차적 보장에 관한 사항이 포함되어야 한다.

【문 8】 다음 설명 중 가장 옳은 것은? (다툼이 있는 경우 판례에 의함)

① 11개 대학교의 '2017학년도 신입생 수시모집 입시요강'이 검정고시로 고등학교 졸업학력을 취득한 사람들의 수시모집 지원을 제한하는 것은 교육을 받을 권리를 침해한다.
② 국·공립학교와는 달리 사립학교의 경우에 학교운영위원회의 설치를 임의적인 사항으로 하는 것은 자의금지원칙위반으로 평등권과 학부모의 교육참여권을 침해하는 것이다.
③ 저소득학생 특별전형의 모집인원을 모두 수능위주전형으로 선발하도록 정한 서울대학교 총장의 '서울대학교 2023학년도 대학 신입학생 입학전형 시행계획'은 균등하게 교육을 받을 권리를 침해한다.
④ 학교폭력 가해학생에 대해서 수개의 조치를 병과하고 출석정지기간의 상한을 두지 않은 「학교폭력예방 및 대책에 관한 법률」 조항은 피해학생의 보호에만 치중하여 가해학생에 대해 무기한 내지 지나치게 장기간의 출석정지조치가 취해지는 경우 가해 학생에게 가혹한 결과가 초래될 수 있어 학교폭력 가해학생의 자유롭게 교육을 받을 권리를 침해한다.

【문 9】 다음 설명 중 가장 옳지 않은 것은? (다툼이 있는 경우 판례에 의함)

① 노동조합을 비과세대상으로 규정하지 않았다 하여 근로의 권리에 반한다고 볼 여지는 없다.
② 근로연도 중도퇴직자의 중도퇴직 전 근로에 대해 유급휴가를 보장하지 않음으로써 근로의 권리를 침해하는지 여부는 현저히 불합리하여 헌법상 용인될 수 있는 재량의 범위를 명백히 일탈하고 있는지 여부에 달려있다.
③ 근로의 권리는 국가의 개입·간섭을 받지 않고 자유로이 근로를 할 자유와 국가에 대하여 근로의 기회를 제공하는 정책을 수립해 줄 것을 요구할 수 있는 권리 등을 기본적인 내용으로 하므로 개인인 근로자는 물론 노동조합도 그 주체가 될 수 있다.
④ 근로자가 퇴직급여를 청구할 수 있는 권리는 헌법상 바로 도출되는 것이 아니라 퇴직급여법 등 관련 법률이 구체적으로 정하는 바에 따라 비로소 인정될 수 있는 것이므로 계속근로기간 1년 미만인 근로자가 퇴직급여를 청구할 수 있는 권리가 헌법 제32조 제1항에 의하여 보장된다고 보기는 어렵다.

【문 10】 다음 설명 중 가장 옳지 않은 것은? (다툼이 있는 경우 판례에 의함)

① 국가기관 등의 취업지원 실시기관이 시행하는 공무원 채용시험의 가점 대상이 되는 공무원의 범위에서 지도직 공무원을 배제하도록 규정한 구 '국가유공자 등 예우 및 지원에 관한 법률 시행령' 조항이 국가유공자에 대한 근로기회 우선보장 의무를 규정한 헌법 제32조 제6항을 위반하였다고 볼 수 없다.

② 법률이 정하는 주요방위산업체에 종사하는 근로자의 단결권은 법률이 정하는 바에 의하여 이를 제한하거나 인정하지 아니할 수 있다.

③ 4주간을 평균하여 1주간의 소정근로시간이 15시간 미만인 근로자, 즉 이른바 '초단시간근로자'를 퇴직급여제도의 적용대상에서 제외하고 있는 '근로자퇴직급여 보장법' 조항은, 근로조건의 기준은 인간의 존엄성을 보장하도록 법률로 정하도록 한 헌법 제32조 제3항에 위배되지 않는다.

④ 노동조합 및 노동관계조정법상 근로자란 타인과의 사용종속관계하에서 근로를 제공하고 그 대가로 임금 등을 받아 생활하는 사람을 의미하며, 특정한 사용자에게 고용되어 현실적으로 취업하고 있는 사람뿐만 아니라 일시적으로 실업 상태에 있는 사람이나 구직 중인 사람을 포함하여 노동3권을 보장할 필요성이 있는 사람도 여기에 포함되는 것으로 보아야 한다.

【문 11】 다음 설명 중 가장 옳지 않은 것은? (다툼이 있는 경우 판례에 의함)

① 근로3권은 '사회적 보호기능을 담당하는 자유권' 또는 '사회권적 성격을 띤 자유권'이라고 말할 수 있다.

② 근로기본권은 근로자의 근로조건을 개선함으로써 그들의 경제적·사회적 지위의 향상을 기하기 위한 것으로서 자유권적 기본권으로서의 성격보다는 생존권 내지 사회권적 기본권으로서의 측면이 보다 강한 것으로서 그 권리의 실질적 보장을 위해서는 국가의 적극적인 개입과 뒷받침이 요구되는 기본권이다.

③ 행정관청이 노동조합에게 결산결과와 운영상황을 보고하도록 요청했는데 노동조합이 보고를 안 한 경우에 500만 원 이하의 과태료에 처하도록 한 법률조항은 과잉금지원칙을 위반하여 노동조합의 단결권을 침해한다.

④ 단결권에는 근로자단체가 존립하고 활동할 수 있는 집단적 단결권도 포함되므로, 교원노조를 설립하거나 그에 가입하여 활동할 수 있는 자격을 초·중등학교에 재직 중인 교원으로 한정하는 것은, 해직 교원이나 실업·구직 중에 있는 교원 및 이들을 조합원으로 하여 교원노조를 조직·구성하려고 하는 교원노조의 단결권을 제한하는 것이다.

【문 12】 다음 설명 중 가장 옳은 것은? (다툼이 있는 경우 판례에 의함)

① 헌법상 보장된 근로자의 단결권은 단결할 자유만을 가리킬 뿐이고, 단결하지 아니할 자유 이른바 소극적 단결권은 이에 포함되지 않는다.

② 근로3권이 보장되는 공무원의 범위를 사실상 노무에 종사하는 공무원에 한정하고 있는 것은 근로3권의 향유주체가 될 수 있는 공무원의 범위를 정하도록 하기 위하여 헌법 제33조 제2항이 입법권자에게 부여하고 있는 형성적 재량권의 범위를 벗어난 것이다.

③ 당해 사업장에 종사하는 근로자의 3분의 2 이상을 대표하는 노동조합의 경우에 단체협약을 매개로 한 조직강제를 용인하는 「노동조합 및 노동관계조정법」조항은 근로자의 단결선택권의 본질적인 내용을 침해하는 것이다.

④ 사용자는 쟁의행위에 참가하여 근로를 제공하지 아니한 근로자에 대하여 그 기간 중의 임금을 지급할 의무가 있다.

【문 13】 다음 설명 중 가장 옳지 않은 것은? (다툼이 있는 경우 판례에 의함)
① 최저임금 산입을 위하여 임금지급 주기에 관한 취업규칙을 변경하는 경우 노동조합 또는 근로자 과반수의 동의를 받을 필요 없도록 규정한 최저임금법 규정은 단체교섭권을 침해한다고 볼 수 없다.
② 환경권은 생명·신체의 자유를 보호하는 토대를 이루며, 궁극적으로 '삶의 질' 확보를 목표로 하는 권리이다.
③ 대통령선거와 국회의원선거에서 확성장치의 사용과 관련하여 확성장치의 수만 규정하고 있을 뿐 확성장치의 소음 규제기준을 마련하고 있지 아니한 「공직선거법」 조항은 과잉금지원칙에 위배되어 건강하고 쾌적한 환경에서 생활할 권리를 침해한다.
④ 동물보호법, '장사 등에 관한 법률', '동물장묘업의 시설설치 및 검사기준' 등 관계규정에서 동물장묘시설의 설치제한 지역을 상세하게 규정하고, 매연, 소음, 분진, 악취 등 오염원 배출을 규제하기 위한 상세한 시설 및 검사기준을 두고 있는 등의 사정을 고려할 때, 동물장묘업 등록에 관하여 '장사 등에 관한 법률' 제17조 외에 다른 지역적 제한 사유를 규정하지 않았다는 사정만으로 청구인들의 환경권을 보호하기 위한 입법자의 의무를 과소하게 이행하였다고 평가할 수는 없다.

【문 14】 다음 설명 중 가장 옳은 것은? (다툼이 있는 경우 판례에 의함)
① 8촌 이내의 혈족 사이에서는 혼인할 수 없도록 하는 민법 제809조 제1항은 혼인의 자유를 침해한다.
② 독서실과 같이 정온을 요하는 사업장의 실내소음 규제기준을 만들어야 할 입법의무는 헌법의 해석상 곧바로 도출된다.
③ 악취가 배출되는 사업장이 있는 지역을 악취관리지역으로 지정함으로써 악취방지를 위한 예방적·관리적 조처를 할 수 있도록 한 것은 헌법상 국가와 국민의 환경보전의무를 바탕으로 주민의 건강과 생활환경의 보전을 위하여 사업장에서 배출되는 악취를 규제·관리하기 위한 적합한 수단으로 볼 수 없다.
④ 환경침해는 사인에 의해서 빈번하게 유발되므로 입법자가 그 허용 범위에 관해 정할 필요가 있는 점, 환경피해는 생명·신체의 보호와 같은 중요한 기본권적 법익 침해로 이어질 수 있는 점 등을 고려할 때, 일정한 경우 국가는 사인인 제3자에 의한 국민의 환경권 침해에 대해서도 적극적으로 기본권 보호 조치를 취할 의무를 부담한다.

【문 15】 다음 설명 중 가장 옳지 않은 것은? (다툼이 있는 경우 판례에 의함)
① 법적으로 승인되지 아니한 사실혼은 헌법 제36조 제1항의 보호범위에 포함된다고 보기 어렵다.
② '혼인 중 여자와 남편 아닌 남자 사이에서 출생한 자녀에 대한 생부의 출생신고'를 허용하는 규정을 두지 아니한 '가족관계의 등록 등에 관한 법률' 조항들은 평등권을 침해한다.
③ 중혼 취소청구권의 소멸에 관하여 아무런 규정을 두지 않았다 하더라도, 후혼배우자의 인격권 및 행복추구권을 침해하지 아니한다.
④ 육아휴직을 신청할 수 있는 대상 군인을 제한하는 것은 사회권적 기본권으로서의 양육권을 제한하는 것으로 볼 수 있다.

【문 16】 다음 설명 중 가장 옳지 않은 것은? (다툼이 있는 경우 판례에 의함)

① 국민의 보건에 관한 권리는 국민이 자신의 건강을 유지하는데 필요한 국가적 급부와 배려까지 요구할 수 있는 권리를 포함하는 것은 아니다.
② 무면허 의료행위를 일률적, 전면적으로 금지하고 이를 위반한 경우 그 치료결과에 관계없이 형사처벌을 받게 하는 「의료법」 조항은 헌법 제10조가 규정하는 인간으로서의 존엄과 가치를 보장하고 헌법 제36조 제3항이 규정하는 국민보건에 관한 국가의 보호의무를 다하고자 하는 것으로서, 국민의 생명권, 건강권, 보건권 및 그 신체활동의 자유 등을 보장하는 규정이지, 이를 제한하는 규정이라고 할 수 없다.
③ 이름은 인간의 모든 사회적 생활관계 형성의 기초가 된다는 점에서 중요한 사회질서에 속한다. 이름의 특정은 사회 전체의 법적 안정성의 기초이므로 이를 위해 국가는 개인이 사용하는 이름에 대해 일정한 규율을 가할 수 있다.
④ 국가의 국민보건에 관한 보호의무를 명시한 헌법 제36조 제3항에 의한 권리를 헌법소원을 통하여 주장할 수 있는 자는 직접 자신의 보건이나 의료문제가 국가에 의해 보호받지 못하고 있는 의료 수혜자적 지위에 있는 국민이라고 할 것이므로, 의료시술자적 지위에 있는 안과의사가 자기 고유의 업무범위를 주장하여 다투는 경우에는 위 헌법규정을 원용할 수 없다.

【문 17】 다음 설명 중 가장 옳은 것은? (다툼이 있는 경우 판례에 의함)

① 「청원법」 규정에 의하면 청원기관의 장은 공개청원의 공개 결정일부터 60일간 청원사항에 관하여 국민의 의견을 들어야 한다.
② 청원은 청원인의 성명과 주소 또는 거소를 적고 서명한 문서로 하여야 하고, 전자문서로 한 청원은 효력이 없다.
③ 청원권의 보호범위에는 청원사항의 처리결과에 심판서나 재결서에 준하여 이유를 명시할 것을 요구하는 것이 포함된다.
④ 헌법은 제26조에서 "모든 국민은 법률이 정하는 바에 의하여 국가기관에 문서로 청원할 권리를 가진다. 국가는 청원에 대하여 심사할 의무를 진다."고 하여 청원권을 기본권으로 보장하고 있으므로, 모든 국민은 공권력과의 관계에서 일어나는 여러 가지 이해관계 또는 국정에 관해서 자신의 의견이나 희망을 해당 기관에 진술할 수 있으며, 청원을 수리한 국가기관은 청원에 대하여 심사하여야 할 의무를 지게 된다.

【문 18】 다음 설명 중 가장 옳은 것은? (다툼이 있는 경우 판례에 의함)

① 국회에 청원을 하려는 자는 반드시 의원의 소개를 받아야 한다.
② 국민이 여러 가지 이해관계 또는 국정에 관해서 자신의 의견이나 희망을 해당 기관에 직접 진술하는 외에 그 본인을 대리하거나 중개하는 제3자를 통해 진술하더라도 이는 청원권으로서 보호된다.
③ 청원서를 접수한 국가기관은 청원사항을 성실·공정·신속히 심사하고 청원인에게 그 청원을 어떻게 처리하였는지 알 수 있을 정도로 결과 통지하여야 하므로, 만일 그 처리 내용이 청원인이 기대한 바에 미치지 않는다면 헌법소원의 대상이 되는 공권력의 불행사에 해당한다.
④ 「청원법」은 국민이 편리하게 청원권을 행사하고 국민이 제출한 청원이 객관적이고 공정하게 처리되도록 함을 그 목적으로 하므로, 동일인이 같은 내용의 청원서를 같은 청원기관에 2건 이상 제출한 반복청원의 경우라도 청원기관의 장은 나중에 제출된 청원서를 반려하거나 종결처리하여서는 아니 된다.

【문 19】 다음 설명 중 가장 옳지 않은 것은? (다툼이 있는 경우 판례에 의함)

① 헌법상 보장되는 기본권인 '공정한 재판을 받을 권리'에는 '공정한 헌법재판을 받을 권리'도 포함된다.
② 의견제출 기한 내에 감경된 과태료를 자진납부한 경우 해당 질서위반행위에 대한 과태료 부과 및 징수절차는 종료한다고 규정한 조항은 재판청구권을 침해한다.
③ 법정소동죄 등을 규정한 형법 제138조에서의 법원의 재판에 헌법재판소의 심판이 포함된다고 보는 해석론은 피고인에게 불리한 확장해석이나 유추해석이 아니라고 볼 수 있다.
④ 소액사건은 소액사건심판법이 절차의 신속성과 경제성에 중점을 두어 규정한 심리절차의 특칙에 따라 소송당사자가 소송절차를 남용할 가능성이 다른 민사사건에 비하여 크다고 할 수 있는바, 소송기록에 의하여 청구가 이유 없음이 명백한 때 법원이 변론 없이 청구를 기각할 수 있도록 규정한 소액사건심판법 조항은 소액사건에서 남소를 방지하고 이러한 소송을 신속히 종결하고자 필요적 변론 원칙의 예외를 규정한 것이므로 재판청구권의 본질적 내용을 침해한다고 볼 수 없다.

【문 20】 다음 설명 중 가장 옳은 것은? (다툼이 있는 경우 판례에 의함)

① 재판의 심리와 판결은 공개한다. 다만, 심리는 국가의 안전보장 또는 공공복리를 방해하거나 선량한 풍속을 해할 염려가 있을 때에는 법원의 결정으로 공개하지 아니할 수 있다.
② 피고인 스스로 치료감호를 청구할 수 있는 권리는 헌법상 재판청구권의 보호범위에 포함된다.
③ 현역병의 군대 입대 전 범죄에 대한 군사법원의 재판권을 규정하고 있는 군사법원법 조항은 재판청구권을 침해한다.
④ 군인이 상관의 지시나 명령에 대하여 재판청구권을 행사하는 경우에 그것이 위법·위헌인 지시와 명령을 시정하려는데 목적이 있을 뿐, 군 내부의 상명하복관계를 파괴하고 명령불복종 수단으로서 재판청구권의 외형만을 빌리거나 그 밖에 다른 불순한 의도가 있지 않다면, 정당한 기본권의 행사이므로 군인의 복종의무를 위반하였다고 볼 수 없다.

【문 21】 재판청구권에 관한 설명 중 옳은 것을 모두 고른 것은? (다툼이 있는 경우 판례에 의함)

㉠ 변호사와 접견하는 경우에도 수용자의 접견은 원칙적으로 접촉차단시설이 설치된 장소에서 하도록 규정하고 있는 「형의 집행 및 수용자의 처우에 관한 법률 시행령」 조항은 재판청구권을 지나치게 제한하고 있으므로, 헌법에 위반된다.
㉡ 즉시항고 제기기간을 3일로 제한하고 있는 「형사소송법」 규정은 당사자의 재판청구권을 침해한다.
㉢ 약식명령은 경미하고 간이한 사건을 대상으로 하지만 형사피해자가 약식명령을 고지받지 못하는 것은 형사재판절차에서의 참여기회를 봉쇄하는 것이므로 형사피해자의 재판절차진술권을 침해하는 것이다.
㉣ 영상물에 수록된 미성년 피해자 진술에 있어서 원진술자인 미성년 피해자에 대한 피고인의 반대신문권을 실질적으로 배제하여 피고인의 방어권을 과도하게 제한하는 구 「성폭력범죄의 처벌 및 피해자보호 등에 관한 법률」 조항은 수단의 적합성 요건을 갖추지 못하였다.

① ㉠㉡ ② ㉠㉢
③ ㉡㉣ ④ ㉢㉣

【문 22】 다음 설명 중 가장 옳지 않은 것은? (다툼이 있는 경우 판례에 의함)

① 헌법상 형사보상청구권은 구금되었던 형사피고인뿐만 아니라 구금되었던 형사피의자에게도 인정된다.
② 형사보상의 청구에 대하여 한 보상의 결정에 대하여는 불복을 신청할 수 없도록 하여 형사보상의 결정을 단심재판으로 규정한 형사보상법 조항은 청구인들의 형사보상청구권 및 재판청구권을 침해한다.
③ 「형사보상 및 명예회복에 관한 법률」은 법원의 형사보상 결정에 대하여는 1주일 이내에 즉시항고를 할 수 있으나, 형사보상 청구기각 결정에 대하여는 즉시항고를 할 수 없다고 규정하고 있다.
④ 사형 집행에 대한 보상을 할 때에는 집행 전 구금에 대한 보상금 외에 3천만 원 이내에서 모든 사정을 고려하여 법원이 타당하다고 인정하는 금액을 더하여 보상하며, 이 경우 본인의 사망으로 인하여 발생한 재산상의 손실액이 증명되었을 때에는 그 손실액도 보상한다.

【문 23】 다음 설명 중 가장 옳은 것은? (다툼이 있는 경우 판례에 의함)

① 범죄피해자구조청구권의 주체는 자연인과 법인이며, 외국인은 상호보증이 있는 경우에 한하여 주체가 될 수 있다.
② 어떠한 행정처분이 후에 항고소송에서 위법한 것으로서 취소되었다면 그로써 곧 당해 행정처분이 공무원의 고의 또는 과실에 의한 불법행위를 구성한다고 단정할 수 있다.
③ 범죄피해자구조대상이 되는 범죄피해의 범위에는 형법 제20조 또는 제21조 제1항에 따라 처벌되지 아니하는 행위, 과실에 의한 행위는 제외한다.
④ 「범죄피해자 보호법」 제17조 제2항의 유족구조금은 사람의 생명 또는 신체를 해치는 죄에 해당하는 행위로 인하여 사망한 피해자 또는 그 유족들에 대한 손해배상을 목적으로 하는 것으로서, 위 범죄행위로 인한 손해를 전보하기 위하여 지급된다는 점에서 불법행위로 인한 적극적 손해의 배상과 같은 종류의 금원이라고 봄이 타당하다.

【문 24】 다음 설명 중 가장 옳지 않은 것은? (다툼이 있는 경우 판례에 의함)

① 국민투표는 선거와 달리 국민이 직접 국가의 정치에 참여하는 절차이므로, 국민투표권은 대한민국 국민의 자격이 있는 사람에게 반드시 인정되어야 하는 권리이다.
② 국민투표법은 헌법 제72조의 규정에 의한 외교·국방·통일 기타 국가안위에 관한 중요정책과 헌법 제130조의 규정에 의한 헌법개정안에 대한 국민투표에 관하여 필요한 사항을 규정하고 있다.
③ 선거권 및 국민투표권은 대한민국 국적을 가진 자연인인 대한민국 국민에게만 인정되는 것이고, 그 권리의 성질상 법인이나 단체는 선거권 및 국민투표권 행사의 주체가 될 수 없다.
④ 헌법상 국민에게 특정 국가정책에 관하여 국민투표에 회부할 것을 요구할 권리가 인정된다.

【문 25】 다음 설명 중 가장 옳지 않은 것은? (다툼이 있는 경우 판례에 의함)

① 부담금은 조세에 대한 관계에서 예외적으로 인정되어야 하지만, 어떤 공적 과제에 관한 재정조달을 조세로 할 것인지 아니면 부담금으로 할 것인지에 관한 입법자의 자유로운 선택권은 허용된다.
② 「의료사고 피해구제 및 의료분쟁 조정 등에 관한 법률」의 해당 조항이 보건의료기관개설자에게 부과하도록 하는 대불비용 부담금은 보건의료기관개설자라는 특정한 집단이 반대급부 없이 납부하는 공과금의 성격을 가지므로 재정조달목적 부담금에 해당한다.
③ 경유차 소유자로부터 부과·징수하도록 한 「환경개선비용 부담법」상 환경개선부담금은 '경유차 소유자'라는 특정 부류의 집단에만 특정한 반대급부 없이 강제적·일률적으로 부과되는 정책실현목적의 유도적 부담금으로 분류될 수 있다.
④ 국방의 의무를 부담하는 국민 중 병역의무의 범위를 정하는 문제는, 국가의 안보상황·재정능력을 고려하여 급변하는 국내외 정세에 탄력적으로 대응하면서 국군이 최적의 전투력을 유지할 수 있도록 합목적으로 정해야 할 사항이므로, 헌법재판소로서는 제반 사정을 고려하여 법률로 국방의 의무를 구체적으로 형성해야 하는 국회의 광범위한 입법재량을 존중할 필요성이 크다.

제6회 사전모의고사

통치구조의 원리와 형태 ~ 국회

【문 1】 다음 설명 중 가장 옳지 않은 것은? (다툼이 있는 경우 판례에 의함)

① 다원주의적 가치관을 전제로 개인의 자율적 이성을 존중하고 자율적인 정치적 절차를 보장하는 것이 공동체의 올바른 정치적 의사형성으로 이어진다는 신뢰가 우리 헌법상 민주주의 원리의 근본바탕이 된다.
② 자유민주적 기본질서란 모든 폭력적 지배와 자의적 지배, 즉 반국가단체의 일인독재 내지 일당독재를 배제하고 다수의 의사에 의한 국민의 자치, 자유·평등의 기본원칙에 의한 법치주의적 통치질서를 말한다.
③ 특정한 국가기관을 구성함에 있어 입법부, 행정부, 사법부가 그 권한을 나누어 가지거나 기능적인 분담을 하는 것은 권력분립의 원칙에 반하는 것이 아니라 권력분립의 원칙을 실현하는 것으로 볼 수 있다.
④ 행정청이 행정처분 단계에서 당해 처분의 근거가 되는 법률이 위헌이라고 판단하여 그 적용을 거부하는 것은 권력분립의 원칙상 허용될 수 있지만, 행정처분에 대한 소송절차에서 행정청은 당해 처분의 근거가 되는 법률의 위헌 여부에 대한 심판의 제청을 신청할 수 없다.

【문 2】 다음 설명 중 가장 옳지 않은 것은? (다툼이 있는 경우 판례에 의함)

① 국민주권주의는 국가권력의 민주적 정당성을 요구하는 것이므로, 국민전체가 직접 국가기관으로서 통치권을 행사하여야 한다는 것을 의미한다.
② 자유위임은 의회 내에서의 정치의사형성에 정당의 협력을 배척하는 것이 아니며, 의원이 정당과 교섭단체의 지시에 기속되는 것을 배제하는 근거가 되는 것도 아니다.
③ 헌법의 기본원리인 대의제 민주주의 하에서 국회의원 선거권이란 것은 국회의원을 보통·평등·직접·비밀선거에 의하여 국민의 대표자인 국회의원을 선출하는 권리에 그친다.
④ 전통적으로 권력분립원칙은 입법권, 행정권, 사법권의 분할과 이들 간의 견제와 균형의 원리이므로, 설령 고위공직자범죄수사처의 설치로 말미암아 고위공직자범죄수사처와 기존의 다른 수사기관과의 관계가 문제된다 하더라도 동일하게 행정부 소속인 고위공직자범죄수사처와 다른 수사기관 사이의 권한 배분의 문제는 헌법상 권력분립원칙의 문제라고 볼 수 없다.

【문 3】 다음 설명 중 가장 옳지 않은 것은? (다툼이 있는 경우 판례에 의함)

① 헌법상 권력분립의 원리는 지방의회와 지방자치단체의 장 사이에서도 상호견제와 균형의 원리로서 실현되고 있다.
② 지방자치제도는 중앙정부와 지방자치단체 간에 권력을 기능적으로 나누어 가짐으로써 오늘날 민주주의 헌법이 통치기구의 구성원리로 보편적으로 받아들이고 있는 권력분립의 실현에도 기여한다.
③ 민주주의 원리의 한 내용인 국민주권주의는 모든 국가권력이 국민의 의사에 기초해야 한다는 의미일 뿐 국민이 정치적 의사결정에 관한 모든 정보를 제공받고 직접 참여하여야 한다는 의미는 아니다.
④ 국회의원이 계속 특정 상임위원회에서 활동하기를 원하고 있다면 그 위원회와 관련하여 위법하거나 부당한 행위를 한 사실이 인정되는 경우가 아닌 한 본인의 의사에 반하여 강제로 위원회에서 사임시킬 수는 없다.

【문 4】 다음 설명 중 가장 옳지 않은 것은? (다툼이 있는 경우 판례에 의함)

① 헌법상 권력분립의 원칙이란 국가권력의 기계적 분립과 엄격한 절연을 의미하는 것이다.
② 대통령령으로 규정한 내용이 헌법에 위반될 경우라도 그 대통령령의 규정이 위헌으로 되는 것은 별론으로 하고, 그로 인하여 정당하고 적법하게 입법권을 위임한 수권법률조항까지도 위헌으로 되는 것은 아니다.
③ 행정과 사법은 법률에 기속되므로, 국회가 특정한 사항에 대하여 행정부에 위임하였음에도 불구하고 행정부가 정당한 이유 없이 이를 이행하지 않는다면 권력분립의 원칙과 법치국가의 원칙에 위배되는 것이다.
④ 지방자치기관도 정치적 권력기관이긴 하지만, 중앙·지방 간 권력의 수직적 분배라고 하는 지방자치제의 권력분립적 속성상, 중앙정치기관의 구성과는 다소 상이한 방법으로 국민주권·민주주의원리가 구현될 수도 있다.

【문 5】 다음 설명 중 가장 옳은 것은? (다툼이 있는 경우 판례에 의함)

① 국회의원 총선거 후 처음 선출된 의장과 부의장의 임기는 의원의 임기 개시 후 2년이 되는 날까지로 하며, 보궐선거로 당선된 의장 또는 부의장의 임기는 선출된 날로부터 2년으로 한다.
② 국회는 휴회 중이라도 대통령의 요구가 있을 때, 의장이 긴급한 필요가 있다고 인정할 때 또는 재적의원 3분의 1 이상의 요구가 있을 때에는 국회의 회의를 재개한다.
③ 국회의원은 일부 예외를 제외하고, 직무 외에 영리를 목적으로 하는 업무에 종사할 수 없고, 의원이 당선 전부터 위 예외 외의 영리업무에 종사하고 있는 경우에는 임기 개시 후 1년 이내에 그 영리업무를 휴업하거나 폐업하여야 한다.
④ 위원회는 중요한 안건의 심사와 국정감사 및 국정조사에 필요한 경우 증인·감정인·참고인으로부터 증언·진술을 청취하고 증거를 채택하기 위하여 위원회 의결로 청문회를 열 수 있고, 법률안 심사를 위한 청문회는 재적위원 3분의 1 이상의 요구로 개회할 수 있다.

【문 6】 다음 설명 중 가장 옳지 않은 것은? (다툼이 있는 경우 판례에 의함)

① 국회의장과 부의장은 국회의 동의를 받아 그 직을 사임할 수 있다.
② 국회의장과 부의장은 특별히 법률로 정한 경우를 제외하고는 국회의원 외의 직을 겸할 수 없다.
③ 상임위원은 교섭단체 소속 의원 수의 비율에 따라 각 교섭단체 대표의원의 요청으로 의장이 선임하거나 개선한다. 교섭단체에 속하지 아니하는 의원의 상임위원 선임은 의장이 한다.
④ 의원은 둘 이상의 상임위원회 위원이 될 수 있다. 다만, 의장 및 부의장은 상임위원이 될 수 없다.

【문 7】 다음 설명 중 가장 옳지 않은 것은? (다툼이 있는 경우 판례에 의함)
① 국회의장은 국회를 대표하고 의사를 정리하며 질서를 유지하고 사무를 감독할 지위에 있고, 위원회 위원의 선임 및 개선은 이와 같은 국회의장의 직무 중 의사정리권한에 속한다.
② 대체토론은 안건에 대한 전반적인 문제점과 당부에 관한 일반적인 의견을 제시하는 것으로, 그 목적은 소위원회 회부 전에 소위원회에서 심의할 방향이나 문제점의 시정을 위한 여러 가지 수정방향을 제시해 주는 데 있다.
③ 상임위원장은 해당 상임위원 중에서 임시의장 선거의 예에 준하여 국회의 본회의에서 선거하고 의장의 허가를 받아 사임한다.
④ 공정거래위원회, 금융위원회, 국민권익위원회 소관에 속하는 사항은 정무위원회의 소관사항이다.

【문 8】 다음 설명 중 가장 옳은 것은? (다툼이 있는 경우 판례에 의함)
① 국회의 위원회는 그 소관에 속하는 사항에 관하여 법률안과 그 밖의 의안을 직접 제출할 수 있다.
② 대법원장, 대법관, 헌법재판소장에 대한 인사청문회는 국회법제사법위원회에서 실시하고, 국무총리, 감사원장에 대한 인사청문회는 국회 정무위원회에서 실시한다.
③ 국회에 선출권이나 동의권이 없는 공직후보자에 관한 국회 인사청문경과보고서는 임명권자의 판단을 구속하지 아니하므로, 임명권자는 국회의 의견과 다르게 후보자를 임명하거나 임명하지 않을 수 있다.
④ 국회는 임명동의안 등이 제출된 날부터 20일 이내에 그 심사 또는 인사청문을 마쳐야 하고, 부득이한 사유로 그 기간 이내에 국회가 인사청문경과보고서를 송부하지 못한 경우 임명권자는 15일 이내의 범위에서 기간을 정하여 인사청문경과보고서 송부를 요청할 수 있다.

【문 9】 다음 설명 중 가장 옳지 않은 것은? (다툼이 있는 경우 판례에 의함)
① 국회에 20인 이상의 소속의원을 가진 정당은 하나의 교섭단체를 구성할 수 있으며, 같은 정당소속이 아니라도 다른 교섭단체에 속하지 아니하는 20인 이상의 의원은 따로 교섭단체를 구성할 수 있다.
② 교섭단체는 의원의 정당기속을 강화하여 정당정책을 의안심의에 최대한 반영하기 위한 기능을 한다.
③ 당론과 다른 견해를 가진 소속 국회의원을 당해 교섭단체의 필요에 따라 다른 상임위원회로 전임(사·보임)하는 조치는 특별한 사정이 없는 한 헌법상 용인될 수 없다.
④ 정보위원회의 위원은 의장이 각 교섭단체 대표의원으로부터 해당 교섭단체 소속 의원 중에서 후보를 추천받아 부의장 및 각 교섭단체 대표의원과 협의하여 선임하거나 개선하며, 각 교섭단체 대표의원은 정보위원회의 위원이 된다.

【문 10】 다음 설명 중 가장 옳지 않은 것은? (다툼이 있는 경우 판례에 의함)
① 국회의 정기회는 법률이 정하는 바에 의하여 매년 1회 집회되며, 임시회는 대통령 또는 국회재적의원 4분의 1 이상의 요구에 의하여 집회된다. 대통령이 임시회의 집회를 요구할 때에는 기간과 집회요구의 이유를 명시하여야 한다.
② 국회의 회의는 공개한다. 다만, 출석의원 과반수의 찬성이 있거나 의장이 국가의 안전보장을 위하여 필요하다고 인정할 때에는 공개하지 아니할 수 있다.
③ 의장은 임시회의 집회 요구가 있는 경우 집회기일 2일 전에 공고하며, 이 경우 둘 이상의 집회 요구가 있을 때에는 그 요구서가 먼저 제출된 것을 공고한다.
④ 대통령은 국회에서 의결된 법률안에 이의가 있을 때에는 정부에 이송된 후 15일 이내에 이의서를 붙여 국회로 환부하여 그 재의를 요구할 수 있다.

【문 11】 다음 설명 중 가장 옳지 않은 것은? (다툼이 있는 경우 판례에 의함)

① 본회의가 탄핵소추안을 법제사법위원회에 회부하기로 의결하지 아니한 경우에는 본회의에 보고된 때부터 24시간 이후 72시간 이내에 탄핵소추 여부를 무기명투표로 표결하되, 이 기간 내에 표결하지 아니한 탄핵소추안은 폐기된 것으로 본다.
② 지방자치단체 중 특별시·광역시·도에 대한 국정감사의 범위는 국가위임사무와 국가가 보조금 등 예산을 지원하는 사업으로 한정된다.
③ 국회 정보위원회의 모든 회의는 실질적으로 국가기밀에 관한 사항과 직·간접적으로 관련되어 있으므로 국가안전보장을 위하여 회의 일체를 비공개로 하더라도 정보취득의 제한을 이유로 알권리에 대한 침해로 볼 수는 없다.
④ 국회의원의 심의·표결권은 국회의 대내적인 관계에서 행사되고 침해될 수 있을 뿐 다른 국가기관과의 대외적인 관계에서는 침해될 수 없다.

【문 12】 다음 설명 중 가장 옳지 않은 것은? (다툼이 있는 경우 판례에 의함)

① '회기결정의 건'을 무제한토론에서 배제하는 법률조항과 관행이 존재하지 않고 '회기결정의 건'의 성격도 무제한토론에 부적합하다고 볼 수 없으므로, '회기결정의 건'은 무제한토론의 대상이 된다.
② 국회의 회의는 공개한다. 다만, 출석의원 과반수의 찬성이 있거나 의장이 국가의 안전보장을 위하여 필요하다고 인정할 때에는 공개하지 아니할 수 있다.
③ 국회에 제출된 법률안 기타의 의안은 회기 중에 의결되지 못한 이유로 폐기되지 아니한다. 다만, 국회의원의 임기가 만료된 때에는 그러하지 아니하다.
④ 국회의 정기회는 법률이 정하는 바에 의하여 매년 1회 집회된다.

【문 13】 다음 설명 중 가장 옳은 것은? (다툼이 있는 경우 판례에 의함)

① 법률안에 대한 대통령의 재의의 요구가 있을 때에는 국회는 재의에 붙이고, 재적의원 과반수의 출석과 출석의원 3분의 2 이상의 찬성으로 전과 같은 의결을 하면 그 법률안은 법률로서 확정된다.
② 의사공개의 원칙은 방청 및 보도의 자유와 회의록의 공표를 그 내용으로 하지만 출석의원 3분의 1 이상의 찬성이 있거나 의장이 국가의 안전보장을 위하여 필요하다고 인정할 때에는 공개하지 아니한다.
③ 일반정족수는 다수결의 원리를 실현하는 국회의 의결방식으로서 헌법상의 원칙에 해당한다.
④ 일사부재의의 원칙은 의회에서 일단 부결된 의안은 동일회기 중에 다시 발의하거나 심의하지 못한다는 원칙을 말하는데, 현행 헌법은 일사부재의의 원칙을 명시적으로 규정하고 있다.

【문 14】 다음 설명 중 가장 옳지 않은 것은? (다툼이 있는 경우 판례에 의함)

① 정부가 본회의 또는 위원회에서 의제가 된 정부제출의 의안을 수정 또는 철회할 때에는 본회의 또는 위원회의 동의를 얻어야 한다.
② 위원회에서 본회의에 부의할 필요가 없다고 결정된 의안은 본회의에 부의하지 아니한다. 그러나 위원회의 결정이 본회의에 보고된 날로부터 폐회 또는 휴회 중의 기간을 제외한 7일 이내에 의원 30인 이상의 요구가 있을 때에는 그 의안은 본회의에 부의하여야 한다.
③ 의원의 발언시간은 15분을 초과하지 아니하는 범위에서 의장이 정한다. 이런 발언시간의 제한을 받지 않는 무제한토론을 하려면 재적의원 3분의 1 이상이 서명한 요구서를 국회의장에 제출하여야 한다.
④ 본회의는 오후 2시(토요일은 오전 10시)에 개의하지만, 의장은 각 상임위원회 위원장과 협의하여 그 개의 시를 변경할 수 있다.

【문 15】 다음 설명 중 가장 옳지 않은 것은? (다툼이 있는 경우 판례에 의함)

① 의원이 다른 의원의 자격에 대하여 이의가 있을 때에는 30명 이상의 연서로 의장에게 자격심사를 청구할 수 있으며, 의원이 체포 또는 구금된 의원의 석방 요구를 발의할 때에는 재적의원 4분의 1 이상의 연서(連書)로 그 이유를 첨부한 요구서를 의장에게 제출하여야 한다.
② 발언한 의원은 회의록이 배부된 날의 다음 날 오후 5시까지 회의록에 적힌 자구의 정정을 의장에게 요구할 수 있으나, 발언의 취지를 변경할 수 없다.
③ 국회 상임위원회가 그 소관에 속하는 의안, 청원 등을 심사하는 권한은 법률상 부여된 위원회의 고유한 권한이 아니라 국회의장이 안건을 위원회에 회부함으로써 위임된 것이다.
④ 의장이 토론에 참가할 때에는 의장석에서 물러나야 하며, 그 안건에 대한 표결이 끝날 때까지 의장석으로 돌아갈 수 없다.

【문 16】 다음 설명 중 가장 옳지 않은 것은? (다툼이 있는 경우 판례에 의함)

① 각 교섭단체의 대표의원은 국회운영위원회의 위원 및 정보위원회의 위원이 된다.
② 상임위원회의 위원 정수는 국회규칙으로 정한다. 다만, 정보위원회의 위원 정수는 12명으로 한다.
③ 대통령이 임시회의 집회를 요구할 때에는 기간과 집회요구의 이유를 명시하여야 한다.
④ 의사공개의 원칙은 구체적으로는 방청의 자유, 보도의 자유, 중계방송의 자유를 포함하지만 회의록 열람 공표의 자유는 제외된다.

【문 17】 다음 설명 중 가장 옳지 않은 것은? (다툼이 있는 경우 판례에 의함)

① 법률의 공포일은 해당 법률을 게재한 관보 또는 신문이 발행된 날로 한다.
② 의장은 안건이 어느 상임위원회의 소관에 속하는지 명백하지 아니할 때에는 각 교섭단체 대표의원과 협의하여 상임위원회에 회부하되 협의가 이루어지지 아니할 때에는 소관 상임위원회를 결정한다.
③ 국회의장이 국회의 위임 없이 법률안을 정리하더라도 그러한 정리가 국회에서 의결된 법률안의 실질적 내용에 변경을 초래하는 것이 아닌 한 헌법이나「국회법」상의 입법절차에 위반된다고 볼 수 없다.
④ 국민의 권리 제한 또는 의무 부과와 직접 관련되는 법률은 긴급히 시행하여야 할 특별한 사유가 있는 경우를 제외하고는 공포일부터 적어도 30일이 경과한 날부터 시행되도록 하여야 한다.

【문 18】 다음 설명 중 가장 옳지 않은 것은? (다툼이 있는 경우 판례에 의함)

① 특정인이나 특정계층에 대한 조세의 감면은 특정 납세자군의 조세부담을 다른 납세자군의 부담으로 떠맡기는 것에 다름 아니므로, 국민주권주의나 법치주의의 원리에 따라 이러한 조세감면에 관한 근거 역시 법률로 정하여야만 한다.
② 어느 공적 과제에 관한 재정조달을 조세로 할 것인지 아니면 부담금으로 할 것인지에 관하여 입법자는 폭넓은 재량을 갖는다. 다만, 부담금 납부자는 재정조달 대상인 공적 과제에 대하여 상당한 관련성을 가져야만 하며, 부담금이 장기적으로 유지되는 경우 그 징수의 적법성은 입법자에 의해 주기적으로 심사될 것이 요구된다.
③ 조세법의 영역에서 법치국가원리는 조세법률주의로 나타난다. 법치국가원리는 국가권력의 행사가 법의 지배 원칙에 따라 법적으로 구속을 받는 것을 뜻한다. 법치주의는 국가권력의 중립성과 공공성 및 윤리성을 확보하기 위한 것이므로, 모든 국가기관과 공무원은 헌법과 법률에 위배되는 행위를 하여서는 아니 됨은 물론 헌법과 법률에 의하여 부여된 권한을 행사할 때에도 그 권한을 남용하여서는 아니 된다.
④ 부담금은 국민의 재산권을 제한하는 성격을 가지고 있으므로 부담금을 부과함에 있어서도 평등원칙이나 비례성원칙과 같은 기본권제한입법의 한계는 준수되어야 한다.

【문 19】 다음 설명 중 가장 옳은 것은? (다툼이 있는 경우 판례에 의함)

① 한 회계연도를 넘어 계속하여 지출할 필요가 있을 때에는 정부는 연한을 정하여 예비비로서 국회의 의결을 얻어야 한다.
② 조세는 국가 등의 일반적 과제의 수행을 위한 것으로서 담세능력이 있는 일반국민에 대하여 부과되지만, 부담금은 특별한 과제의 수행을 위한 것으로서 당해 공익사업과 일정한 관련성이 있는 특정 부류의 사람들에 대해서만 부과된다.
③ 새로운 회계연도가 개시될 때까지 예산안이 의결되지 못한 경우, 정부는 국회에서 예산안이 의결될 때까지 법률상 지출의무의 이행을 위한 경비를 국회에서 의결되지 못한 예산안에 따라 집행할 수 있다.
④ 관련 당사자가 공평에 반하는 이익을 얻을 가능성이 있어 세무서장이 이미 실효된 법률조항을 유효한 것으로 해석하여 과세의 근거로 삼는 것은 헌법상 권력분립원칙과 조세법률주의의 원칙에 반하지 않는다.

【문 20】 다음 설명 중 가장 옳지 않은 것은? (다툼이 있는 경우 판례에 의함)

① 이혼시 재산분할을 청구하여 상속세 인적공제액을 초과하는 재산을 취득한 경우 그 초과부분에 대하여 증여세를 부과하는 것은 재산권보장의 헌법이념에 부합하지 않으므로 실질적 조세법률주의에 위배된다.
② 어떤 공과금이 조세인지 부담금인지는 법적안정성을 고려하여 법률에서 그 성격을 무엇으로 규정하고 있느냐를 기준으로 판단하여야 한다.
③ 자산소득이 있는 모든 납세의무자 중에서 부부가 혼인하였다는 이유만으로 혼인하지 않은 자보다 더 많은 조세부담을 하여 소득을 재분배하도록 강요받는 것은 부당하다.
④ 입법자는 소득세법에 있어서 반드시 누진세율을 도입할 의무를 지는 것은 아니다.

【문 21】 다음 설명 중 가장 옳은 것은? (다툼이 있는 경우 판례에 의함)

① 정부는 회계연도마다 예산안을 편성하여 회계연도 개시 60일 전까지 국회에 제출하고, 국회는 회계연도 개시 30일 전까지 이를 의결하여야 한다.
② 세출예산은 예산으로 성립하여 있다고 하더라도 그 경비의 지출을 인정하는 법률이 없는 경우 정부는 지출행위를 할 수 없다.
③ 한 회계연도를 넘어 계속하여 지출할 필요가 있을 때에는 정부는 연한을 정함이 없이 계속비로서 국회의 의결을 얻어 지출할 수 있다.
④ 예산은 법률과 마찬가지로 국회의 의결을 거쳐 제정되어 국가기관과 일반국민을 구속하므로 국회의 예산안 의결은 「헌법재판소법」 제68조 제1항에 따른 헌법소원심판의 대상이 된다.

【문 22】 다음 설명 중 가장 옳지 않은 것은? (다툼이 있는 경우 판례에 의함)

① 국회는 국정을 감사하거나 특정한 국정사안에 대하여 조사할 수 있으며, 이에 필요한 서류의 제출 또는 증인의 출석과 증언이나 의견의 진술을 요구할 수 있다.
② 조사위원회의 위원장이 사고가 있거나 그 직무를 수행하기를 거부 또는 기피하여 조사위원회가 활동하기 어려운 때에는 의원수가 많은 교섭단체 소속인 간사의 순으로 위원장의 직무를 대행한다.
③ 국회는 재적의원 4분의 1 이상의 요구가 있는 때에는 특별위원회 등으로 하여금 국정의 특정사안에 관하여 국정조사를 하게 한다.
④ 국정감사 및 국정조사는 수사 중인 사건의 소추나 계속 중인 재판에 관여할 목적으로 행사되어서는 안된다.

【문 23】 다음 설명 중 가장 옳지 않은 것은? (다툼이 있는 경우 판례에 의함)

① 대통령이 일반사면을 명하려면 국회의 동의를 얻어야 한다.
② 국회는 국정전반에 관하여 소관 상임위원회별로 매년 정기회 집회일 이전에 감사 시작일부터 30일 이내의 기간을 정하여 감사를 실시하므로, 정기회 기간 중에는 국정조사만 인정된다.
③ 국회는 상호원조 또는 안전보장에 관한 조약, 중요한 국제조직에 관한 조약, 우호통상항해조약, 주권의 제약에 관한 조약, 강화조약, 국가나 국민에게 중대한 재정적 부담을 지우는 조약 또는 입법사항에 관한 조약의 체결·비준에 대한 동의권을 가진다.
④ 국회는 선전포고, 국군의 외국에의 파견 또는 외국 군대의 대한민국 영역 안에서의 주류에 대한 동의권을 가진다.

【문 24】 다음 설명 중 가장 옳지 않은 것은? (다툼이 있는 경우 판례에 의함)

① 국회는 의원의 자격을 심사하며, 의원을 징계할 수 있다.
② 국회는 법률에 저촉되지 아니하는 범위 안에서 의사와 내부규율에 관한 규칙을 제정할 수 있다.
③ 국회의원의 자격심사 청구, 예산안에 대한 수정동의는 각각 의원 50명 이상의 찬성이 있어야 한다.
④ 국회의원은 법률이 정하는 직을 겸할 수 없다.

【문 25】 다음 설명 중 가장 옳은 것은? (다툼이 있는 경우 판례에 의함)

① 국회의원을 체포하거나 구금하기 위하여 국회의 동의를 받으려고 할 때에는 관할법원의 판사는 영장을 발부하기 전에 체포동의 요구서를 국회에 제출하여야 한다.
② 국회의원이 체포 또는 구금된 국회의원의 석방 요구를 발의할 때에는 재적의원 4분의 1 이상의 연서(連書)로 그 이유를 첨부한 요구서를 의장에게 제출하여야 한다.
③ 국회의원의 법률안 심의·표결권은 국회의원 각자에게 보장되는 법률상 권한이라는 것 또한 의문의 여지가 없으므로, 이는 국회의원의 개별적 의사에 따라 포기할 수 있는 성질의 것이다.
④ 국회의 구성원인 국회의원이 국회를 위하여 국회의 권한침해를 주장하는 권한쟁의심판의 청구는 그 권능이 권력분립원칙과 소수자보호의 이념으로부터 도출될 수 있으므로, 「헌법재판소법」에 명문의 규정이 없더라도 적법하다고 보아야 한다.

제7회 사전모의고사

대통령 ~ 사법부

【문 1】 다음 설명 중 가장 옳지 않은 것은? (다툼이 있는 경우 판례에 의함)

① 대통령은 국가의 원수이며, 외국에 대하여 국가를 대표한다.
② 대통령은 국가의 독립·영토의 보전·국가의 계속성과 헌법을 수호할 책무를 진다.
③ 대통령은 조국의 평화적 통일을 위한 성실한 의무를 진다.
④ 대통령은 필요하다고 인정할 때에는 국회의 동의를 얻어 외교·국방·통일 기타 국가안위에 관한 중요정책을 국민투표에 붙인다.

【문 2】 다음 설명 중 가장 옳지 않은 것은? (다툼이 있는 경우 판례에 의함)

① 헌법 제69조가 정한 취임선서의무의 내용인 '대통령의 직책을 성실히 수행할 의무'의 이행 여부는 사법적 심사의 대상이 되지 아니한다.
② 대통령도 국민의 한사람으로서 제한적으로나마 기본권의 주체가 될 수 있는바, 대통령은 소속 정당을 위하여 정당활동을 할 수 있는 사인으로서의 지위와 국민 모두에 대한 봉사자로서 공익 실현의 의무가 있는 헌법기관으로서의 지위를 동시에 갖는데 최소한 전자의 지위와 관련하여서는 기본권 주체성을 갖는다고 할 수 있다.
③ 대통령선거에서 당선의 효력에 이의가 있는 경우, 후보자를 추천한 정당 또는 후보자는 당선인결정일부터 30일 이내에 그 사유에 따라 당선인을 피고로 하거나 그 당선인을 결정한 중앙선거관리위원회위원장 또는 국회의장을 피고로 하여 대법원에 소를 제기할 수 있다.
④ 대통령으로 선거될 수 있는 자는 국회의원의 피선거권이 있고 선거기간개시일 현재 40세에 달하여야 한다.

【문 3】 다음 설명 중 가장 옳지 않은 것은? (다툼이 있는 경우 판례에 의함)

① 대통령은 행정부의 수반으로서 공정한 선거가 실시될 수 있도록 총괄·감독해야 할 의무가 있으므로, 당연히 선거에서의 중립의무를 지는 공직자에 해당하는 것이고, 이로써 「공직선거법」제9조의 공무원에 포함된다.
② 대통령은 법률안에 이의가 있을 때에는 정부에 이송된 후 15일 이내에 이의서를 붙여 국회로 환부하고, 그 재의를 요구할 수 있으며, 국회의 폐회 중에도 또한 같다.
③ 계엄을 선포한 때에는 대통령은 지체없이 국회에 보고하여 승인을 얻어야 하며, 국회의 승인을 얻지 못한 때에는 계엄은 그때부터 효력을 상실한다.
④ 대통령이 궐위된 때 또는 대통령 당선자가 사망하거나 판결 기타의 사유로 그 자격을 상실한 때에는 60일 이내에 후임자를 선거한다.

【문 4】 다음 설명 중 가장 옳지 않은 것은? (다툼이 있는 경우 판례에 의함)

① 헌법 제72조는 국민투표의 대상을 외교·국방·통일 기타 국가안위에 관한 중요정책이라 규정하고 있고, 헌법 제72조의 국민투표의 대상인 중요정책은 엄격하게 해석되어야 하므로 이때 국민투표의 대상인 중요정책에는 대통령에 대한 신임이 포함되지 않는다.
② 대통령이 내란 또는 외환의 죄에 해당하지 않는 죄를 범한 때에는 재직 중 형사상의 소추를 받지 않지만 국회에 의해 탄핵소추를 받을 수 있다.
③ 대통령은 국가의 안위에 관계되는 중대한 교전상태에 있어서 국가를 보위하기 위하여 긴급한 조치가 필요하고 국회의 집회를 기다릴 여유가 없을 때에 한하여 법률의 효력을 가지는 긴급명령을 발할 수 있다.
④ 대통령은 법률이 정하는 바에 의하여 사면·감형 또는 복권을 명할 수 있으며, 일반사면을 명하려면 국회의 동의를 얻어야 한다.

【문 5】 다음 설명 중 가장 옳지 않은 것은? (다툼이 있는 경우 판례에 의함)

① 포괄위임금지는 법규적 효력을 가지는 행정입법의 자의적인 제정으로 국민들의 자유와 권리를 침해할 수 있는 가능성을 방지하고자 엄격한 헌법적 기속을 받게 하는 것을 요구하므로 법률이 정관에 자치법적 사항을 위임한 경우에도 포괄위임입법금지의 원칙이 적용되어야 한다.
② 법률에서 위임받은 사항을 전혀 규정하지 아니하고 그대로 재위임하는 것은 허용되지 않으며 위임받은 사항에 관하여 대강을 정하면서 특정사항을 범위를 정하여 하위법령에 다시 위임하는 경우에만 재위임이 허용된다.
③ 기본권을 제한하는 내용의 입법을 위임할 때에는 법규명령에 위임하는 것이 원칙이고, 고시와 같은 형식으로 입법위임을 할 때에는 법령이 전문적·기술적 사항이나 경미한 사항으로서 업무의 성질상 위임이 불가피한 사항에 한정된다.
④ 헌법이 인정하고 있는 위임법령의 형식은 예시적인 것으로 보아야 할 것이고, 법률이 입법사항을 고시와 같은 행정규칙의 형식으로 위임하더라도 그 행정규칙은 위임된 사항만을 규율할 수 있으므로 국회입법원칙과 상치되지 않는다.

【문 6】 다음 설명 중 가장 옳지 않은 것은? (다툼이 있는 경우 판례에 의함)

① 헌법 제75조에서 "법률에서 구체적으로 범위를 정하여 위임받은 사항에 관하여"라고 함은 법률 그 자체에 이미 대통령령으로 규정될 내용 및 범위의 기본적 사항이 구체적으로 규정되어 있어서 누구라도 당해 법률 그 자체에서 대통령령에 규정될 내용의 대강을 예측할 수 있어야 함을 의미한다.
② 헌법 제75조에 근거한 포괄위임금지원칙은 누구라도 당해 법률로부터 하위법규에 규정될 내용의 대강을 예측할 수 있어야 함을 의미하지만, 위임입법이 대법원규칙인 경우에는 수권법률에서 이 원칙을 준수하여야 하는 것은 아니다.
③ 헌법 제75조는 위임입법의 근거를 마련함과 동시에, 위임은 구체적으로 범위를 정하여 하도록 하여 그 한계를 제시하며 행정부에 입법을 위임하는 수권법률의 명확성 원칙에 관한 것으로서, 법률의 명확성 원칙이 행정입법에 관하여 구체화된 특별규정이라고 할 수 있다.
④ 포괄위임입법금지원칙에 대한 판단기준인 예측가능성의 유무는 당해 특정조항 하나만을 가지고 판단할 것은 아니고 관련 법조항 전체를 유기적·체계적으로 종합판단하여야 하며, 각 대상법률의 성질에 따라 구체적·개별적으로 검토하여야 한다.

【문 7】 다음 설명 중 가장 옳은 것은? (다툼이 있는 경우 판례에 의함)

① 법률에서 위임받은 사항을 전혀 규정하지 아니하고 그대로 하위의 법규명령에 재위임하는 것은 허용되지 않으며 위임받은 사항에 관하여 대강(大綱)을 정하고 그 중의 특정사항을 범위를 정하여 하위의 법규명령에 다시 위임하는 경우에만 재위임이 허용된다.
② 입법자는 법률에서 구체적으로 범위를 정하여 대통령령에 입법사항을 위임할 수 있을 뿐 부령에 직접 입법사항을 위임할 수는 없다.
③ 행정규칙은 법규명령과 같은 엄격한 제정 및 개정절차를 요하지 아니하므로 위임입법이 제한적으로 인정되지만, 위임이 불가피하게 인정되는 경우 법률의 위임은 반드시 구체적·개별적으로 한정된 사항에 대하여 행해져야 하는 것은 아니다.
④ 국회는 대통령에게 행정각부의 장의 해임을 건의할 수 있으나 국무위원의 해임은 건의할 수 없다.

【문 8】 다음 설명 중 가장 옳지 않은 것은? (다툼이 있는 경우 판례에 의함)

① 복권은 형의 집행이 끝나지 아니한 자 또는 집행이 면제되지 아니한 자에 대하여는 하지 아니한다.
② 일반사면은 일정한 종류의 죄를 범한 자를 대상으로 형의 선고의 효력을 상실케 하거나 형의 선고를 받지 않은 자에 대하여 공소권을 소멸시키는 것으로서 국회의 동의를 얻어 대통령령으로 행한다.
③ 유죄의 확정판결 후 형 선고의 효력을 상실케 하는 특별사면이 있었다면 이미 재심청구의 대상이 존재하지 아니하므로, 그러한 판결이 여전히 유효하게 존재함을 전제로 하는 재심청구는 부적법하다.
④ 특별사면은 법무부장관이 대통령에게 상신하는데, 이 경우 법무부장관은 사면심사위원회의 심사를 거쳐야 한다.

【문 9】 다음 설명 중 가장 옳지 않은 것은? (다툼이 있는 경우 판례에 의함)

① 우리 헌법 제79조 제1항은 "대통령은 법률이 정하는 바에 의하여 사면·감형 또는 복권을 명할 수 있다."고 대통령의 사면권을 규정하고 있고, 제3항은 "사면·감형 또는 복권에 관한 사항은 법률로 정한다."고 규정하여 사면의 구체적 내용과 방법 등을 법률에 위임하고 있다. 그러므로 사면의 종류, 대상, 범위, 절차, 효과 등은 범죄의 죄질과 보호법익, 일반국민의 가치관 내지 법감정, 국가이익과 국민화합의 필요성, 권력분립의 원칙과의 관계 등 제반사항을 종합하여 입법자가 결정할 사항으로서 광범위한 입법재량 내지 형성의 자유가 부여되어 있다.
② 사면은 형의 선고의 효력 또는 공소권을 상실시키거나, 형의 집행을 면제시키는 국가원수의 고유한 권한을 의미하며, 사법부의 판단을 변경하는 제도로서 권력분립의 원리에 대한 예외가 된다.
③ 사면에는 일반사면과 특별사면이 있으며, 특별사면은 이미 형의 선고를 받은 특정인에 대하여 형의 집행을 면제하거나, 선고의 효력을 상실케 하는 사면이다.
④ 사면은 형의 선고의 효력 또는 공소권을 상실시키거나, 형의 집행을 면제하는 행정부 수반으로서의 고유한 권한을 말하며, 사법부의 판단을 변경하는 제도로서 권력분립의 원리에 대한 예외에 해당한다. 사면제도는 역사적으로 절대군주인 국왕의 은사권에서 유래하였으며, 대부분의 근대국가에서도 유지되어 왔고, 대통령제 국가에서는 미국을 효시로 대통령에게 사면권이 부여되어 있다.

【문 10】 다음 설명 중 가장 옳지 않은 것은? (다툼이 있는 경우 판례에 의함)

① 국무총리는 헌법상 대통령의 보좌기관으로서 행정각부를 통할한다는 점 등을 고려할 때, 국무총리의 소재지는 헌법적으로 중요한 기본적 사항이라 보아야 하고, 국무총리가 서울에 소재해야 한다는 규범에 대한 국민적 의식이 형성되었다고 할 수 있으므로 이러한 관습헌법의 존재를 인정할 수 있다.

② 중앙행정기관의 장은 법률에서 위임한 사항이나 법률을 집행하기 위하여 필요한 사항을 규정한 대통령령·총리령·부령·훈령·예규·고시 등이 제정·개정 또는 폐지되었을 때에는 10일 이내에 이를 국회 소관 상임위원회에 제출하여야 한다.

③ 성질상 정부의 구성단위인 중앙행정기관이라 할지라도 법률상 그 기관의 장이 국무위원이 아니라든가 또는 국무위원이라 하더라도 그 소관사무에 관하여 부령을 발할 권한이 없다면, 그 기관은 헌법이 규정하는 실정법적 의미의 행정각부로 볼 수 없다.

④ 국가감독권 행사로서 지방자치단체의 자치사무에 대한 감사원의 감사는 사전적·포괄적 합목적성 감사이지만, 중앙행정기관의 지방자치단체의 자치사무에 대한 감사권은 그 대상과 범위가 한정적인 제한된 감사권이다.

【문 11】 다음 설명 중 가장 옳지 않은 것은? (다툼이 있는 경우 판례에 의함)

① 고위공직자범죄수사처가 직제상 대통령 또는 국무총리 직속기관 내지 국무총리의 통할을 받는 행정각부에 속하지 않는다고 하더라도 대통령을 수반으로 하는 행정부에 소속된 행정기관으로 보는 것이 타당하다.

② 중앙행정기관이란 '국가의 행정사무를 담당하기 위하여 설치된 행정기관으로서 그 관할권의 범위가 전국에 미치는 행정기관'을 말하는데, 어떤 행정기관이 중앙행정기관에 해당하는지 여부는 기관 설치의 형식이 아니라 해당 기관이 실질적으로 수행하는 기능에 따라 결정되어야 한다.

③ 「정부조직법」은 국가행정기관의 설치와 조직에 관한 일반법이지만 「고위공직자범죄수사처 설치 및 운영에 관한 법률」보다 상위의 법이라 할 수는 없다.

④ 대통령은 고위공직자범죄수사처장과 차장, 수사처검사의 임명권과 해임권 모두를 보유하고 있는데, 이들을 임명할 때 추천위원회나 인사위원회의 추천, 수사처장의 제청 등을 거치게 되어 있으므로 수사처 구성에 있어 대통령의 인사권은 형식적인 것이다.

【문 12】 다음 설명 중 가장 옳지 않은 것은? (다툼이 있는 경우 판례에 의함)

① 국무총리는 행정에 관하여 대통령의 명을 받아 행정각부를 통할한다.

② 한국헌정사에서 국무총리제는 제2차 개헌(1954) 때 폐지된 바 있다.

③ 국무총리는 국회의 동의를 얻어 대통령이 임명하지만, 국무총리의 해임은 국회의 동의를 요하지 않는다.

④ 현행법에는 국무총리가 국회의원을 겸직할 수 없다는 명문의 금지 규정이 있다.

【문 13】 다음 설명 중 가장 옳지 않은 것은? (다툼이 있는 경우 판례에 의함)

① 대통령의 국법상 행위는 문서로써 하며, 이 문서에는 국무총리와 관계 국무위원이 부서한다. 군사에 관한 것도 또한 같다.

② 국무총리가 탄핵결정을 받은 때에는 공직으로부터 파면함에 그치지만, 이에 의하여 민사상이나 형사상의 책임이 면제되지는 아니한다.

③ 국무총리는 중앙행정기관의 장의 명령이나 처분이 위법 또는 부당하다고 인정될 경우에는 대통령의 승인을 받지 않고 이를 중지 또는 취소할 수 있다.

④ 국무총리가 사고로 직무를 수행할 수 없는 경우에는 기획재정부장관이 겸임하는 부총리, 교육부장관이 겸임하는 부총리의 순으로 직무를 대행하고, 국무총리와 부총리가 모두 사고로 직무를 수행할 수 없는 경우에는 대통령의 지명이 있으면 그 지명을 받은 국무위원이 그 직무를 대행한다.

【문 14】 다음 설명 중 가장 옳지 않은 것은? (다툼이 있는 경우 판례에 의함)

① 국무위원은 국정에 관하여 국무총리를 보좌하며, 국무회의의 구성원으로서 국정을 심의한다.
② 국회나 그 위원회의 요구가 있을 때에는 국무총리·국무위원 또는 정부위원은 출석·답변하여야 하며, 국무총리 또는 국무위원의 출석요구를 받은 때에는 국무위원 또는 정부위원으로 하여금 출석·답변하게 할 수 있다.
③ 군인은 현역을 면한 후가 아니면 국무위원으로 임명될 수 없다.
④ 국무총리는 국무위원은 아니지만 국무회의의 부의장이며, 국회의원을 겸할 수 있다.

【문 15】 다음 설명 중 가장 옳지 않은 것은? (다툼이 있는 경우 판례에 의함)

① 구체적으로 어떤 정책을 필수적으로 국무회의 심의를 거쳐야 하는 중요한 정책으로 보아야 하는지는 국무회의에 의안을 상정할 수 있는 권한자인 대통령이나 국무위원에게 일정 정도의 판단재량이 인정되는 것으로 보아야 하고, 그에 관한 대통령이나 국무위원의 일차적 판단이 명백히 비합리적이거나 자의적인 것이 아닌 한 존중되어야 한다.
② 국무회의는 행정부 내 최고의 정책 심의기관이지만 의결기관은 아니다.
③ 국무회의는 대통령·국무총리와 15인 이상 20인 이하의 국무위원으로 구성한다.
④ 대통령의 직무상 해외 순방 중 국무총리가 주재한 국무회의에서 이루어진 정당해산심판청구서 제출안에 대한 의결은 위법하지 아니하다.

【문 16】 다음 설명 중 가장 옳은 것은? (다툼이 있는 경우 판례에 의함)

① 국무회의의 의결은 국가기관의 외부적 의사결정 행위이므로 그 자체로 국민에 대하여 직접적인 법률효과를 발생시킨다.
② 국무위원은 정무직으로 하며 의장에게 의안을 제출할 수 있으나, 국무회의의 소집을 요구할 수는 없다.
③ '예산안·결산·국유재산처분의 기본계획·국가의 부담이 될 계약 기타 재정에 관한 중요사항'은 국무회의의 심의를 거쳐야 한다.
④ '정부에 제출 또는 회부된 정부의 정책에 관계되는 청원의 심사'는 국무회의의 심의사항이 아니다.

【문 17】 다음 설명 중 가장 옳지 않은 것은? (다툼이 있는 경우 판례에 의함)

① 헌법개정안, 국민투표안, 법률안, 대통령령안 모두 국무회의의 심의를 거쳐야 한다.
② 대통령은 국무회의의 의장으로서 회의를 소집하고 이를 주재하지만, 대통령이 사고로 직무를 수행할 수 없는 경우에는 국무총리가 그 직무를 대행할 수 있다. 다만, 대통령이 해외 순방 중인 경우를 '사고로 직무를 수행할 수 없는 경우'로 볼 수는 없으므로, 대통령의 직무상 해외 순방 중 국무총리가 국무회의를 주재할 수는 없다.
③ 국무총리는 대통령에게 국무위원의 임명을 제청하며, 국무위원의 해임을 건의할 수도 있다.
④ 국정의 중요한 사항에 관한 대통령의 자문에 응하기 위하여 국가원로로 구성되는 국가원로자문회의를 둘 수 있고, 국가 원로자문회의의 의장은 직전대통령이 되는 것이 원칙이다.

【문 18】 다음 설명 중 가장 옳지 않은 것은? (다툼이 있는 경우 판례에 의함)

① 군인은 현역을 면한 후가 아니면 국무총리 또는 국무위원으로 임명될 수 없다.
② 행정각부의 장과는 달리 국무위원으로 임명되기 위해서는 국무총리의 제청이 필수적인 것은 아니다.
③ 국무총리 또는 행정각부의 장은 소관사무에 관하여 법률이나 대통령령의 위임 또는 직권으로 총리령 또는 부령을 발할 수 있다.
④ 대통령은 국무회의 의장으로서 회의를 소집하고 이를 주재한다.

【문 19】 다음 설명 중 가장 옳은 것은? (다툼이 있는 경우 판례에 의함)

① 감사원은 원장과 5인 이상 11인 이하의 감사위원으로 구성한다.
② 헌법은 "감사원은 감사에 관한 절차, 감사원의 내부 규율과 감사사무 처리에 관한 규칙을 제정할 수 있다."고 규정하고 있다.
③ 국가안전보장에 관련되는 대외정책·군사정책과 국내정책의 수립에 관하여 국무회의의 심의에 앞서 대통령의 자문에 응하기 위하여 국가안전보장회의를 둔다.
④ 국가의 세입·세출의 결산, 국가 및 법률이 정한 단체의 회계검사와 행정기관 및 공무원의 직무에 관한 감찰을 하기 위하여 국무총리 소속하에 감사원을 둔다.

【문 20】 다음 설명 중 가장 옳지 않은 것은? (다툼이 있는 경우 판례에 의함)

① 원장이 궐위(闕位)되거나 사고(事故)로 인하여 직무를 수행할 수 없을 때에는 감사위원으로 최장기간 재직한 감사위원이 그 권한을 대행하며, 재직기간이 같은 감사위원이 2명 이상인 경우에는 연장자가 그 권한을 대행한다.
② 감사원은 국회·법원·헌법재판소에 소속한 공무원의 직무에 대해서 감찰할 수 있다.
③ 감사원은 필요하다고 인정하거나 국무총리의 요구가 있는 경우에는 국가 또는 지방자치단체가 자본금의 일부를 출자한 자의 회계를 검사할 수 있다.
④ 감사원은 세입·세출의 결산을 매년 검사하여 대통령과 차년도 국회에 그 결과를 보고하여야 한다.

【문 21】 다음 설명 중 가장 옳지 않은 것은? (다툼이 있는 경우 판례에 의함)

① 중앙선거관리위원회 위원은 모두 대통령이 임명하는데, 위원 중 3인은 국회에서 선출하는 자를, 3인은 대법원장이 지명하는 자를 임명한다.
② 각급선거관리위원회위원의 임기는 6년으로 한다. 다만, 구·시·군선거관리위원회 위원의 임기는 3년으로 하되, 한 차례만 연임할 수 있다.
③ 대통령선거 및 비례대표국회의원 선거의 선거구선거사무는 중앙선거관리위원회가 행하고, 지역구국회의원선거의 선거구선거사무는 그 선거구역을 관할하는 구·시·군선거관리위원회가 행한다.
④ 감사원장은 국회의 동의를 얻어 대통령이 임명하고, 감사위원은 감사원장의 제청으로 대통령이 임명한다.

【문 22】 다음 설명 중 가장 옳지 않은 것은? (다툼이 있는 경우 판례에 의함)

① 대통령이 개성공단의 운영을 즉시 전면 중단하기로 결정하고, 통일부장관은 대통령의 지시에 따라 철수계획을 마련하여 관련 기업인들에게 통보한 다음 개성공단 전면중단 성명을 발표하고, 이에 대응한 북한의 조치에 따라 개성공단에 체류 중인 국민들 전원을 대한민국 영토 내로 귀환하도록 한 일련의 행위로 이루어진 개성공단 전면중단 조치는 고도의 정치적 결단을 요하는 통치행위에 해당하여 헌법소원심판의 대상이 될 수 없다.

② 남북정상회담의 개최는 고도의 정치적 성격을 지니고 있는 행위이므로 특별한 사정이 없는 한 그 당부를 심판하는 것은 사법권의 내재적·본질적 한계를 넘어서는 것이지만, 남북정상회담의 개최과정에서 관할 주무관청에 신고하지 아니하거나 관할 주무관청의 협력사업 승인을 얻지 아니한 채 북한측에 사업권의 대가 명목으로 송금한 행위 자체는 헌법상 법치국가원리와 평등원칙 등에 비추어 볼 때 사법심사의 대상이 된다.

③ 금융실명제실시의 효과를 목적으로 한 긴급재정경제명령과 같이 국가긴급권에 관련된 고도의 정치적 결단이 요구되는 사안에 대한 대통령의 결정은 통치행위라도 헌법소원심판의 대상이 될 수 있다.

④ 한미연합사령부의 창설 및 한미연합연습 양해각서의 체결 이후 연례적으로 실시되어 온 한미연합 군사훈련의 일종인 전시증원연습을 하기로 한 대통령의 결정은 국방에 관련되는 고도의 정치적 결단을 요하는 통치행위에 해당된다고 보기 어려워 헌법소원심판의 대상이 될 수 있다.

【문 23】 다음 설명 중 가장 옳지 않은 것은? (다툼이 있는 경우 판례에 의함)

① 국회의원의 자격심사, 징계, 제명은 법원에의 제소가 금지된다.
② 법원의 근무성적평정에 관한 사항을 대법원규칙으로 위임한 것은 포괄위임입법금지의 원칙에 위반된다.
③ 「공유수면 관리 및 매립에 관한 법률」에 따른 매립지가 속할 지방자치단체를 정하는 행정안전부장관의 결정에 대하여 이의가 있는 경우 관계 지방자치단체의 장은 그 결과를 통보받은 날부터 15일 이내에 대법원에 소송을 제기할 수 있다.
④ 상급법원 재판에서의 판단은 해당 사건에 관하여 하급심을 기속한다.

【문 24】 다음 설명 중 가장 옳지 않은 것은? (다툼이 있는 경우 판례에 의함)

① 대법원이 법관에 대한 징계처분 취소청구소송을 단심으로 재판하는 경우에는 사실확정도 대법원의 권한에 속하여 법관에 의한 사실확정의 기회가 박탈되었다고 볼 수 없으므로, 법관에 대한 대법원장의 징계처분 취소청구소송을 대법원에 의한 단심재판에 의하도록 한 것은 헌법 제27조 제1항의 재판청구권을 침해하지 아니한다.
② 단독판사와 합의부의 심판권을 어떻게 분배할 것인지 등에 관한 문제는 기본적으로 입법형성권을 가진 입법자가 사법정책을 고려하여 결정할 사항으로, 입법자는 국민의 권리가 효율적으로 보호되고 재판제도가 적정하게 운용되도록 법원조직에 따른 재판사무 범위를 배분·확정하여야 한다.
③ 형사재판에 있어서 사법권의 독립은 심판기관인 법원과 소추기관인 검찰청의 분리를 요구함과 동시에 법관이 실제 재판에 있어서 소송당사자인 검사와 피고인으로부터 부당한 간섭을 받지 않은 채 독립하여야 할 것을 요구한다.
④ 대법관 3명 이상으로 구성된 부(部)는 사건을 심리하여 명령 또는 규칙이 헌법에 위반된다고 인정하는 경우에는 직접 재판할 수 없으나, 명령 또는 규칙이 단지 법률에 위반된다고 인정하는 경우에는 직접 재판할 수 있다.

【문 25】 다음 설명 중 가장 옳지 않은 것은? (다툼이 있는 경우 판례에 의함)

① 법관이 중대한 신체상 또는 정신상의 장해로 직무를 수행할 수 없을 때에는, 대법관인 경우에는 대법원장의 제청으로 대통령이 퇴직을 명할 수 있고, 판사인 경우에는 인사위원회의 심의를 거쳐 대법원장이 퇴직을 명할 수 있다.
② 재판연구원은 소속 법원장의 명을 받아 사건의 심리 및 재판에 관한 조사·연구, 그 밖에 필요한 업무를 수행하며, 변호사 자격이 있는 사람 중에서 각급 법원장이 임용한다.
③ 법원장은 필요에 따라 법원 외의 장소에서 개정하게 할 수 있다.
④ 지방법원 및 그 지원에 집행관을 두며, 집행관은 법률에서 정하는 바에 따라 소속 지방법원장이 임면한다.

헌법재판소

【문 1】 다음 설명 중 가장 옳지 않은 것은? (다툼이 있는 경우 판례에 의함)

① 국회에서 탄핵소추의 대상으로 발의된 자는 그때부터 헌법재판소의 심판이 있을 때까지 그 권한 행사가 정지된다.
② 헌법재판소 재판관의 임기는 6년으로 하며, 정년은 70세로 한다.
③ 법률의 위헌결정, 탄핵의 결정, 정당해산의 결정 또는 헌법소원에 관한 인용결정을 하는 경우에는 재판관 6명 이상의 찬성이 있어야 한다.
④ 「헌법재판소법」에 특별한 규정이 있는 경우를 제외하고는 헌법재판소의 심판은 재판관 전원으로 구성되는 재판부에서 관장한다.

【문 2】 다음 설명 중 가장 옳지 않은 것은? (다툼이 있는 경우 판례에 의함)

① 당사자는 동일한 사건에 대하여 2명 이상의 재판관을 기피할 수 없다.
② 탄핵심판, 위헌법률심판 및 권한쟁의 심판은 구두변론을 거쳐야 한다.
③ 유예기간을 두고 있는 법령의 경우, 헌법소원심판 청구기간의 기산점은 그 법령의 시행일이 아니라 유예기간 경과일이다.
④ 헌법재판소의 심판절차에 관하여 「헌법재판소법」에 특별한 규정이 있는 경우를 제외하고는 헌법재판의 성질에 반하지 아니하는 한도에서 민사소송에 관한 법령을 준용하며, 탄핵심판의 경우에는 형사소송에 관한 법령을 준용하고, 권한쟁의심판 및 헌법소원심판의 경우에는 「행정소송법」을 함께 준용한다.

【문 3】 다음 설명 중 가장 옳지 않은 것은? (다툼이 있는 경우 판례에 의함)

① 「헌법재판소법」 제68조 제1항에 따른 헌법소원심판은 다른 법률에 따른 구제절차를 거치지 않은 경우 그 사유가 있음을 안 날부터 90일 이내에, 그 사유가 있는 날부터 1년 이내에 청구하여야 한다.
② 「헌법재판소법」 제68조 제2항에 따른 헌법소원심판은 위헌 여부 심판의 제청신청을 기각하는 결정을 한 날부터 30일 이내에 청구하여야 한다.
③ 진정입법부작위에 대한 「헌법재판소법」 제68조 제1항의 헌법소원심판은 그 부작위가 계속되는 한 기간의 제약 없이 적법하게 청구할 수 있다.
④ 「헌법재판소법」 제40조 제1항에 따라 「행정소송법」이 헌법소원심판에 준용되므로 정당한 사유가 있는 경우에는 청구기간의 도과에도 불구하고 헌법소원심판 청구는 적법하다.

【문 4】 다음 설명 중 가장 옳지 않은 것은? (다툼이 있는 경우 판례에 의함)

① 공권력의 작용에 대한 권리구제형 헌법소원심판절차에 있어서 '헌법재판소의 결정에 영향을 미칠 중대한 사항에 관하여 판단을 유탈한 때'를 재심사유로 허용하는 것이 헌법재판의 성질에 반한다고 볼 수 없으므로 「민사소송법」 규정을 준용하여 '판단유탈'도 재심사유로 허용되어야 한다.
② 헌법재판은 그 심판의 종류에 따라 그 절차의 내용과 결정의 효과가 한결같지 아니하기 때문에 재심의 허용 여부 내지 허용 정도 등은 심판절차의 종류에 따라서 개별적으로 판단될 수밖에 없다.
③ 심판의 변론과 결정의 선고 그리고 평의는 공개한다. 다만, 서면 심리는 공개하지 아니한다.
④ 위헌법률심판을 구하는 헌법소원에 대한 헌법재판소의 결정에 대하여는 재심을 허용하지 아니함으로써 얻을 수 있는 법적 안정성의 이익이 재심을 허용함으로써 얻을 수 있는 구체적 타당성의 이익보다 훨씬 높을 것으로 예상할 수 있으므로 헌법재판소의 이러한 결정에는 재심에 의한 불복방법이 그 성질상 허용될 수 없다.

【문 5】 다음 설명 중 가장 옳지 않은 것은? (다툼이 있는 경우 판례에 의함)

① 가처분심판에는 재판관 7인 이상이 출석하여 종국심리에 관여한 재판관 과반수의 찬성으로 인용결정을 한다.
② 탄핵소추의결을 받은 자의 직무집행을 정지하기 위한 가처분은 인정될 여지가 없다.
③ 변호사가 선임되어 있는 경우에는 당사자 본인이 스스로의 주장과 자료를 헌법재판소에 제출하여 재판청구권을 행사하는 것은 허용되지 아니한다.
④ 헌법재판소법에서 명문으로 가처분제도를 두고 있는 것은 정당해산심판과 권한쟁의심판이다.

【문 6】 다음 설명 중 가장 옳은 것은? (다툼이 있는 경우 판례에 의함)

① 재판부는 결정으로 다른 국가기관 또는 공공단체의 기관에 심판에 필요한 사실을 조회하거나, 기록의 송부나 자료의 제출을 요구할 수 있으나, 재판·소추 또는 범죄수사가 진행 중인 사건의 기록에 대하여는 송부를 요구할 수 없다.
② 「헌법재판소법」 제68조 제2항에 의한 헌법소원에 있어서 이미 헌법재판소의 심판을 거친 종전 사건과 당사자와 심판대상이 동일하다면 당해 사건이 다른 경우에도 동일한 사건에 해당하므로 일사부재리원칙이 적용된다.
③ 헌법재판소는 심판사건을 접수한 날부터 180일 이내에 종국결정의 선고를 하여야 하나, 재판관 1인의 궐위로 8명의 출석이 가능한 경우에는 그 궐위된 기간은 심판기간에 산입하지 아니한다.
④ 각종 심판절차에서 당사자인 국가기관 또는 지방자치단체는 변호사의 자격이 있는 소속 직원을 대리인으로 선임하여 심판을 수행하게 할 수 없다.

【문 7】 다음 설명 중 가장 옳은 것은? (다툼이 있는 경우 판례에 의함)

① 법원에서 당해 소송사건에 적용되는 재판규범 중 위헌제청신청대상이 아닌 관련 법률에서 규정한 소송요건을 구비하지 못하였기 때문에 부적법하다는 이유로 소각하판결을 선고하고 그 판결이 확정되거나, 소각하판결이 확정되지 않았더라도 당해 소송사건이 부적법하여 각하될 수밖에 없는 경우, 당해 소송사건이 각하될 것이 불분명한 경우에는 당해 소송사건에 관한 '재판의 전제성' 요건이 흠결된 것으로 본다.
② 대법원 외의 법원이 위헌 여부 심판의 제청을 할 때에는 대법원을 거쳐야 한다.
③ 형사사건에 있어서 원칙적으로 공소가 제기되지 아니한 법률조항의 위헌 여부는 당해 형사사건의 재판의 전제가 될 수 없으나 공소장에 적용법조로 기재되었다면 재판의 전제성을 인정할 수 있다.
④ 항소심에서 당해 사건의 당사자들 간에 임의조정이 성립되어 소송이 종결된 경우 1심 판결에 적용된 법률조항에 대해서는 재판의 전제성이 인정될 수 있다.

【문 8】 다음 설명 중 가장 옳지 않은 것은? (다툼이 있는 경우 판례에 의함)

① 위헌법률심판에서 재판의 전제성이라 함은 구체적인 사건이 법원에 계속 중이고, 위헌 여부가 문제되는 법률이 당해 사건 재판에 적용되며, 그 법률이 헌법에 위반되는지 여부에 따라 당해 사건을 담당한 법원이 다른 내용의 재판을 하게 되는 경우를 말한다.
② 「헌법재판소법」 제68조 제2항에 따른 헌법소원심판에서 당해 사건 재판이 확정된 경우에도 헌법재판소가 해당 법률을 위헌으로 선언하면 「헌법재판소법」상 확정판결에 대한 재심을 청구할 수 있으므로 재판의 전제성이 인정될 수 있다.
③ 재판의 전제성은 법원에 의한 위헌법률심판제청 시만이 아니라 헌법재판소에 의한 위헌법률심판 종료 시에도 충족되어야 하는 것이 원칙이다.
④ 헌법재판소법 제68조 제2항에 의한 헌법소원심판을 청구한 때에는 당해 소송사건의 재판은 헌법재판소의 위헌 여부의 결정이 있을 때까지 정지된다.

【문 9】 다음 설명 중 가장 옳지 않은 것은? (다툼이 있는 경우 판례에 의함)

① 위헌으로 결정된 법률 또는 법률의 조항은 그 결정이 있는 날의 다음 날부터 효력을 상실한다.
② 위헌법률의 심판은 서면심리에 의하고, 다만, 재판부는 필요하다고 인정하는 경우에는 변론을 열어 당사자, 이해관계인, 그 밖의 참고인의 진술을 들을 수 있다.
③ 헌법재판소법 제68조 제2항에 의한 헌법소원심판을 청구한 당사자는 당해 사건의 소송절차에서 동일한 사유를 이유로 다시 위헌 여부 심판의 제청을 신청할 수 없다.
④ 위헌 여부 심판의 제청에 관한 결정에 대하여는 항고할 수 없다.

【문 10】 다음 설명 중 가장 옳지 않은 것은? (다툼이 있는 경우 판례에 의함)

① 형벌에 관한 법률이 위헌으로 결정된 경우 그 법률에 근거한 유죄의 확정판결에 대하여는 재심을 청구할 수 있다.
② 세법조항이 단순위헌으로 결정되면, 그 세법조항은 위헌결정이 있는 날로부터 효력을 상실하기 때문에, 위헌결정의 소급효가 인정되지 않아 당해 사건의 당사자는 구제를 받지 못한다.
③ 법률의 위헌결정은 법원뿐 아니라 국가기관 및 지방자치단체를 기속한다.
④ 재판관 5인이 위헌의견을 제시하고 나머지 4인이 합헌의견을 제시한 경우에도, 심판대상법률은 "헌법에 위반되지 아니한다."라는 주문의 결정을 한다.

【문 11】 다음 설명 중 가장 옳지 않은 것은? (다툼이 있는 경우 판례에 의함)

① 군사법원도 위헌법률심판을 제청할 수 있다.
② 헌법재판소가 특정 법률 조항에 대하여 합헌결정을 한 경우 그 조항에 대하여 재차 위헌제청을 하는 것은 부적법하다.
③ 폐지된 법률에 대한 헌법소원은 원칙적으로 부적법하나, 폐지된 법률의 위헌 여부가 관련 소송사건의 재판의 전제가 되어 있다면 위헌심판의 대상이 된다.
④ 심리의 결과 재판관 5인이 위헌, 2인이 헌법불합치, 2인이 합헌 의견을 제시한 경우 헌법재판소는 헌법불합치결정을 주문으로 채택한다.

【문 12】 다음 설명 중 가장 옳지 않은 것은? (다툼이 있는 경우 판례에 의함)

① 위헌법률심판의 대상이 되는 재판이란 원칙적으로 판결·결정·명령 등 그 형식 여하와 본안에 관한 재판인가 소송절차에 관한 재판인가를 불문하며, 종국재판뿐만 아니라 중간재판도 이에 포함된다.
② 법원의 위헌법률심판제청에 있어 위헌 여부가 문제되는 법률 또는 법률조항이 재판의 전제성 요건을 갖추고 있는지 여부는 되도록 제청법원의 이에 관한 법률적 견해를 존중해야 하는 것이 원칙이나, 재판의 전제와 관련된 법원의 법률적 견해를 명백히 유지할 수 없는 것으로 보이면 헌법재판소가 직권으로 조사할 수 있다.
③ 법원이 법률의 위헌 여부의 심판을 헌법재판소에 제청한 때에는 당해 소송사건의 재판은 헌법재판소의 위헌 여부의 결정이 있을 때까지 정지되므로 법원이 긴급하다고 인정하는 경우에도 종국재판 외의 소송절차를 진행할 수 없다.
④ 위헌법률심판이나 위헌심사형 헌법소원심판에 있어서 위헌 여부가 문제되는 법률이 재판의 전제성 요건을 갖추고 있는지의 여부는 헌법재판소가 별도로 독자적인 심사를 하기 보다는 되도록 법원의 이에 관한 법률적 견해를 존중해야 할 것이며, 다만 그 전제성에 관한 법률적 견해가 명백히 유지될 수 없을 때에만 헌법재판소는 이를 직권으로 조사할 수 있다.

【문 13】 다음 설명 중 가장 옳지 않은 것은? (다툼이 있는 경우 판례에 의함)

① 법률조항의 위헌결정으로 인하여 당해 법률 전부를 시행할 수 없다고 인정될 때에는 그 전부에 대하여도 위헌결정을 할 수 있다.
② 헌법재판소법은 법률의 위헌결정, 권한쟁의심판의 결정, 헌법소원의 인용결정에 대한 기속력을 명문으로 규정하고 있다.
③ 형벌에 관한 법률 또는 법률의 조항이 위헌으로 결정된 경우 소급하여 그 효력을 상실하지만, 종전에 합헌으로 결정한 사건이 있는 경우에는 그 결정이 있는 날로 소급하여 효력을 상실한다.
④ 헌법재판소의 헌법불합치결정은 법률조항에 대한 위헌결정에 해당하므로, 형벌에 관한 법률조항을 이루게 되는 집회 및 시위에 관한 법률조항에 대하여 헌법불합치결정이 선고된 경우 헌법재판소가 위 조항에 대하여 잠정적용을 명한 경우라 하더라도 형벌에 관한 법률조항에 대하여 위헌결정이 선고된 경우 그 조항이 소급하여 효력을 상실한다고 규정한 헌법재판소법조항에 따라 위 조항은 소급하여 효력을 상실한다.

【문 14】 다음 설명 중 가장 옳지 않은 것은? (다툼이 있는 경우 판례에 의함)

① 헌법 제65조는 행정부와 사법부의 고위공직자에 의한 헌법위반이나 법률위반에 대하여 탄핵소추의 가능성을 규정함으로써, 그들에 의한 헌법위반을 경고하고 사전에 방지하는 기능을 하며, 국민에 의하여 국가권력을 위임받은 국가기관이 그 권한을 남용하여 헌법이나 법률에 위반하는 경우에는 다시 그 권한을 박탈하는 기능을 한다. 즉, 공직자가 직무수행에 있어서 헌법에 위반한 경우 그에 대한 법적 책임을 추궁함으로써, 헌법의 규범력을 확보하고자 하는 것이 바로 탄핵심판절차의 목적과 기능인 것이다.
② 국회의 의사절차에 헌법이나 법률을 명백히 위반한 흠이 있는 경우가 아니면 국회 의사절차의 자율권은 권력분립의 원칙상 존중되어야 하고, 국회법 제130조 제1항은 탄핵소추의 발의가 있을 때 그 사유 등에 대한 조사 여부를 국회의 재량으로 규정하고 있으므로, 국회가 탄핵소추사유에 대하여 별도의 조사를 하지 않았다거나 국정조사결과나 특별검사의 수사결과를 기다리지 않고 탄핵소추안을 의결하였다고 하여 그 의결이 헌법이나 법률을 위반한 것이라고 볼 수 없다.
③ 피청구인에 대한 탄핵심판 청구와 동일한 사유로 형사소송이 진행되고 있는 경우에는 재판부는 심판절차를 정지하여야 한다.
④ 국가기관이 국민에 대하여 공권력을 행사할 때 준수하여야 하는 법원칙으로 형성된 적법절차의 원칙을 국가기관에 대하여 헌법을 수호하고자 하는 탄핵소추절차에 직접 적용할 수 없다.

【문 15】 다음 설명 중 가장 옳지 않은 것은? (다툼이 있는 경우 판례에 의함)

① 헌법 제65조 제1항은 탄핵사유를 '헌법이나 법률을 위배한 때'로 규정하고 있는데, '헌법'에는 명문의 헌법규정만이 포함되고, 헌법재판소의 결정에 의하여 형성되어 확립된 불문헌법은 포함되지 않는다.
② 탄핵심판에서 소추위원은 헌법재판소에 소추의결서 정본을 제출하여 탄핵심판을 청구하며, 심판의 변론에서 피청구인을 신문할 수 있다.
③ 헌법 제65조 제1항은 '직무집행에 있어서'라고 하여, 탄핵사유의 요건을 '직무'집행으로 한정하고 있으므로, 대통령의 직위를 보유하고 있는 상태에서 범한 법위반행위만 소추사유가 될 수 있다.
④ 헌법 제65조 제4항 전문과 헌법재판소법 제53조 제1항은 헌법재판소가 탄핵결정을 선고할 때 피청구인이 '해당 공직'에 있음을 전제로 하고 있다. 헌법 제65조 제1항과 헌법재판소법 제48조는 해당 공직의 범위를 한정적으로 나열하고 있는데, 이는 전직이 아닌 '현직'을 의미한다.

【문 16】 다음 설명 중 가장 옳지 않은 것은? (다툼이 있는 경우 판례에 의함)

① 탄핵소추의결서에서 그 위반을 주장하는 '법 규정의 판단'에 관하여 헌법재판소는 원칙적으로 구속을 받지 않으므로 청구인이 그 위반을 주장하는 법 규정 외에 다른 관련 법 규정에 근거하여 탄핵의 원인이 된 사실관계를 판단할 수 있다.
② 헌법재판은 9인의 재판관으로 구성된 재판부에 의하여 이루어지는 것이 원칙이므로, 헌법재판관 1인이 결원이 된 경우 탄핵심판을 심리하고 결정하는 것은 헌법과 법률에 위배된다.
③ 탄핵심판절차에서는 법적인 관점에서 탄핵사유의 존부만을 판단하는 것이므로 직책수행의 성실성 여부는 그 자체로서 소추사유가 될 수 없어 탄핵심판절차의 판단대상이 되지 않는다.
④ 헌법 제65조는 대통령이 '그 직무집행에 있어서 헌법이나 법률을 위배한 때'를 탄핵사유로 규정하고 있다. 여기에서 '직무'란 법제상 소관 직무에 속하는 고유 업무와 사회통념상 이와 관련된 업무를 말하고, 법령에 근거한 행위뿐만 아니라 대통령의 지위에서 국정수행과 관련하여 행하는 모든 행위를 포괄하는 개념이다.

【문 17】 다음 설명 중 가장 옳지 않은 것은? (다툼이 있는 경우 판례에 의함)

① 국회가 법관에 대한 탄핵소추를 의결한 후 해당 법관이 임기만료로 법관의 직에서 퇴직하였더라도 헌법적 해명의 필요성이 인정되므로 심판의 이익이 있어 헌법재판소는 본안 심사에 들어간다.
② 대통령에 대한 파면결정은 대통령의 직을 유지하는 것이 더 이상 헌법수호의 관점에서 용납될 수 없거나 대통령이 국민의 신임을 배신하여 국정을 담당할 자격을 상실한 경우에 한하여 정당화된다.
③ 탄핵심판에서 국회 법제사법위원회의 위원장이 소추위원이 된다.
④ 탄핵심판에서 피청구인이 결정 선고 전에 해당 공직에서 파면되었을 때에는 헌법재판소는 심판청구를 기각하여야 한다.

【문 18】 다음 설명 중 가장 옳지 않은 것은? (다툼이 있는 경우 판례에 의함)

① 국회가 제정한 「국가경찰과 자치경찰의 조직 및 운영에 관한 법률」에 의하여 설립된 국가경찰위원회는 국가기관 상호간의 권한쟁의심판의 당사자능력이 있다.
② 권한쟁의의 심판은 그 사유가 있음을 안 날부터 60일 이내에, 그 사유가 있은 날부터 180일 이내에 청구하여야 한다.
③ 헌법재판소의 권한쟁의심판의 결정은 모든 국가기관과 지방자치단체를 기속한다.
④ 교육감과 해당 지방자치단체 상호간의 권한쟁의심판은 서로 상이한 권리주체간의 권한쟁의심판청구로 볼 수 없다.

【문 19】 다음 설명 중 가장 옳지 않은 것은? (다툼이 있는 경우 판례에 의함)

① 국가기관의 법률상 권한은 국회의 입법행위에 의하여 형성·부여된 권한일 뿐, 역으로 국회의 입법행위를 구속하는 기준이 될 수 없으므로, 침해의 원인이 '국회의 입법행위'인 경우에 '법률상 권한'을 침해의 대상으로 삼는 심판청구는 그 권한침해가능성을 인정할 수 없다.
② 국가기관 또는 지방자치단체의 처분을 취소하는 권한쟁의심판결정은 그 처분의 상대방에 대하여 이미 생긴 효력에 영향을 미치지 아니한다.
③ 권한쟁의심판을 청구하기 위해서는 피청구인의 처분 또는 부작위가 요구되므로, 정부의 법률안 제출행위, 행정안전부장관의 단순한 견해표명 또는 업무연락은 처분성이 인정되지 아니하여 권한쟁의심판의 대상이 되지 아니한다.
④ 국회의 소위원회 및 그 위원장도 권한쟁의심판의 당사자능력이 인정된다.

【문 20】 다음 설명 중 가장 옳은 것은? (다툼이 있는 경우 판례에 의함)

① 국가인권위원회는 헌법에 의하여 설치되고 헌법과 법률에 의하여 독자적인 권한을 부여받은 국가기관이므로 권한쟁의심판의 당사자능력이 인정된다.
② 현행법은 국가기관의 부분 기관이 자신의 이름으로 소속기관의 권한을 주장할 수 있는 '제3자 소송담당'을 명시적으로 허용하고 있으므로 국회의 구성원인 국회의원이 국회의 조약에 대한 체결·비준 동의권의 침해를 주장하는 권한쟁의심판을 청구할 수 있다.
③ 국회 상임위원회 위원장이 위원회를 대표해서 의안을 심사하는 권한이 국회의장으로부터 위임된 것임을 전제로 하는 국회의장에 대한 권한쟁의 심판청구는 피청구인 적격이 없는 자를 상대로 한 청구로서 부적법하다.
④ 지방자치단체의 의결기관인 지방의회와 지방자치단체의 집행기관인 지방자치단체장 간의 내부적 분쟁은 지방자치단체 상호간의 권한쟁의심판의 범위에 속한다.

【문 21】 다음 설명 중 가장 옳지 않은 것은? (다툼이 있는 경우 판례에 의함)

① 권리구제형 헌법소원은 개인의 주관적 권리보호뿐 아니라 객관적 헌법질서의 수호·유지를 목적으로 한다.
② 헌법해석상 특정인에게 구체적인 기본권이 생겨 이를 보장하기 위한 국가의 행위의무 내지 보호의무가 발생한 것이 명백할 때의 입법부작위는 권리구제형 헌법소원심판의 대상이 된다.
③ 「주민등록법」에서 주민등록번호의 부여에 관한 규정을 두고 있으나 주민등록번호의 잘못된 이용에 대비한 '주민등록번호 변경'에 대하여 아무런 규정을 두고 있지 않은 것이 헌법에 위반된다는 이유로 그 위헌확인을 구하는 「헌법재판소법」 제68조 제1항의 헌법소원심판청구는 진정입법부작위를 다투는 청구이다.
④ 권리구제형 헌법소원에서 법령이 헌법소원의 대상이 되려면 구체적인 집행행위 없이 직접 기본권을 침해하여야 하므로, 하위규범의 시행을 예정하고 있는 경우 당해 법령의 직접성은 원칙적으로 부정된다.

【문 22】 다음 설명 중 가장 옳지 않은 것은? (다툼이 있는 경우 판례에 의함)

① 교도소장이 수용자에 대하여 실시한 생활지도 명목의 이발지도행위는 교도소장이 두발 등을 단정하게 유지할 것을 지도·교육한 것에 불과하고 교도소장의 우월적 지위에서 일방적으로 수용자에게 이발을 강제한 것이 아니므로, 헌법소원심판의 대상인 공권력의 행사라고 보기 어렵다.
② 보도자료 배포행위는 수사기관이 공소제기 이전에 피의사실을 대외적으로 알리는 것으로서, 이것이 「형법」 제126조의 피의사실공표죄에 해당하는 범죄행위라면 청구인은 이를 수사기관에 고소하고 그 처리결과에 따라 「검찰청법」에 따른 항고를 거쳐 재정신청을 할 수 있으므로, 위와 같은 권리구제절차를 거치지 아니한 채 제기한 보도자료 배포행위에 대한 헌법소원심판청구는 보충성 요건을 갖추지 못하여 부적법하다.
③ 연명치료 중인 환자의 자녀들은 연명치료의 중단에 관한 기준, 절차 및 방법 등에 관한 법률의 입법부작위 위헌확인에 관한 기본권침해의 자기관련성이 없다.
④ 헌법에서 기본권보장을 위해 법령에 명시적으로 입법위임을 하였으나, 입법자의 입법 내용이 불완전, 불충분 또는 불공정하여 헌법위반에 해당하는 경우에는 그 입법부작위 자체를 헌법소원심판의 대상으로 삼아야 한다.

【문 23】 다음 설명 중 가장 옳지 않은 것은? (다툼이 있는 경우 판례에 의함)

① 행정청이 우월적 지위에서 일방적으로 강제하는 '권력적 사실행위'는 헌법소원의 대상이 될 수 있다.
② 대통령의 법률안 제출행위는 국가기관 사이의 내부적 행위에 불과하므로 헌법소원심판의 대상이 되는 공권력의 행사가 아니다.
③ 법원의 재판에는 재판절차에 관한 법원의 판단이 포함되나, 재판의 지연은 법원의 재판절차에 관한 것으로 볼 수 없으므로 헌법소원의 대상이 된다.
④ 원행정처분을 심판의 대상으로 삼았던 법원의 재판이 예외적으로 헌법소원심판의 대상이 되어 그 재판 자체까지 취소되는 경우에는 원행정처분에 대한 헌법소원이 허용된다.

【문 24】 다음 설명 중 가장 옳지 않은 것은? (다툼이 있는 경우 판례에 의함)

① 법원행정처장의 민원인에 대한 법령 질의회신은 법규나 행정처분과 같은 법적 구속력을 갖는 것이라고는 보여지지 아니하므로 이에 대한 헌법소원심판청구는 부적법하다.
② 법원이 구속영장이 청구된 피의자의 사선변호인에게 구속 전 피의자심문기일 이전에 피의사실의 요지를 미리 고지하도록 규정하지 아니한 입법부작위에 대한 헌법소원심판청구는 부적법하다.
③ 비구속적 합의의 경우, 그로 인하여 국민의 법적 지위가 영향을 받지 않는다고 할 것이므로, 이를 대상으로 한 헌법소원 심판청구는 허용되지 않는다.
④ 국립대학인 서울대학교의 "94학년도 대학입학고사주요요강"은 사실상의 준비행위 내지 사전안내로서 헌법재판소법 제68조 제1항 소정의 공권력의 행사에 해당되지 않는다.

【문 25】 다음 설명 중 가장 옳지 않은 것은? (다툼이 있는 경우 판례에 의함)

① 「헌법재판소법」 제41조 제1항에 따른 법률의 위헌 여부 심판의 제청신청이 기각된 때에는 그 신청을 한 당사자는 헌법재판소에 헌법소원심판을 청구할 수 있다.
② 헌법소원이 인용된 경우에 해당 헌법소원과 관련된 소송사건이 이미 확정된 때에는 당사자는 재심을 청구할 수 있다.
③ 헌법재판소가 인용결정을 하는 경우에는 재판관 6명 이상의 찬성이 있어야 한다.
④ 국방부장관 등의 '군내 불온서적 차단대책 강구 지시'는 그 지시를 받은 하급 부대장이 일반 장병을 대상으로 하여 그에 따른 구체적인 집행행위를 하지 않더라도 곧바로 일반 장병의 기본권을 제한하는 직접적인 공권력 행사에 해당하므로 기본권 침해의 직접성이 인정된다.

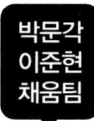

FINAL 사전모의고사
정답 및 해설

정답 및 해설

제1회 사전모의고사 정답 및 해설

1. 정답 ③
① (헌재 2004.10.21, 2004헌마554 등)
② 국민주권주의는 성문이든 관습이든 실정법 전체의 정립에의 국민의 참여를 요구한다고 할 것이며, 국민에 의하여 정립된 관습헌법은 입법권자를 구속하며 헌법으로서의 효력을 가진다(헌재 2004.10.21, 2004헌마554 등).
③ 관습헌법이 성립하기 위하여서는 관습법의 성립에서 요구되는 일반적 성립 요건이 충족되어야 한다. 첫째, 기본적 헌법사항에 관하여 어떠한 관행 내지 관례가 존재하고, 둘째, 그 관행은 국민이 그 존재를 인식하고 사라지지 않을 관행이라고 인정할 만큼 충분한 기간 동안 반복 내지 계속되어야 하며(반복·계속성), 셋째, 관행은 지속성을 가져야 하는 것으로서 그 중간에 반대되는 관행이 이루어져서는 아니 되고(항상성), 넷째, 관행은 여러 가지 해석이 가능할 정도로 모호한 것이 아닌 명확한 내용을 가진 것이어야 한다(명료성). 또한 다섯째, 이러한 관행이 헌법관습으로서 국민들의 승인 내지 확신 또는 폭넓은 컨센서스를 얻어 **국민이 강제력을 가진다고 믿고 있어야 한다**(국민적 합의)(헌재 2004.10.21, 2004헌마554 등).
④ (헌재 2013.11.28, 2012헌마166)

2. 정답 ①
① 대통령의 임기연장 또는 중임변경을 위한 헌법개정은 **그 헌법개정 제안 당시의 대통령에 대하여는 효력이 없다**(헌법 제128조 제2항).
② 헌법 제89조 제3호
③ 헌법 제130조 제1항
④ 헌법 제128조 제1항

3. 정답 ②
① (헌재 1994.6.30, 92헌가18)
② 헌법은 1988년 2월 25일부터 시행한다. - 이하 생략 - (헌법 부칙 제1조)
③ 헌법 제77조 제3항
④ (대판 1985.5.28, 81도1045 전원합의체)

4. 정답 ④
① (대판 2010.10.28, 2010두6496)
② 국적법 제4조 제1항, 제3항
③ (헌재 1993.12.23, 89헌마189)
④ 국가의 안전과 자유민주적 기본질서를 보장하고 국민의 안전을 확보하는 가운데 평화적 통일을 이루기 위한 기반을 조성하기 위하여 북한주민 등과의 접촉에 관하여 남북관계의 전문기관인 통일부장관에게 그 승인권을 준 이 사건 법률조항은 평화통일의 사명을 천명한 헌법 전문이나 평화통일원칙을 규정한 헌법 제4조, 대통령의 평화통일의무에 관하여 규정한 헌법 제66조 제3항의 규정 및 기타 헌법상의 **통일관련조항에 위반된다고 볼 수 없다**(헌재 2000.7.20, 98헌바63).

5. 정답 ②
① (헌재 2023.2.23, 2020헌바603)
② 국적상실자의 처리 : 공무원이 그 직무상 대한민국 국적을 상실한 자를 발견하면 **지체 없이** 법무부장관에게 그 사실을 통보하여야 한다(국적법 제16조 제2항).
③ (대판 1990.9.25, 90도1451)
④ (대판 2010.10.28, 2010두6496)

6. 정답 ①
유구한 역사와 **전통**에 빛나는 우리 **대한국민**은 3·1 운동으로 건립된 **대한민국 임시정부의 법통과 불의에 항거한 4·19 민주이념을 계승**하고, **조국의 민주개혁과 평화적 통일의 사명**에 입각하여 정의·인도와 동포애로써 **민족의 단결을 공고히** 하고, 모든 사회적 폐습과 불의를 타파하며, 자율과 조화를 바탕으로 자유민주적 기본질서를 더욱 확고히 하여 정치·경제·사회·문화의 모든 영역에 있어서 **각인의 기회를 균등히** 하고, 능력을 최고도로 발휘하게 하며, 자유와 권리에 따르는 책임과 의무를 완수하게 하여, 안으로는 **국민생활의 균등한 향상**을 기하고 밖으로는 **항구적인 세계평화와 인류공영에 이바지함**으로써 우리들과 우리들의 자손의 **안전과 자유와 행복을 영원히 확보할 것을 다짐하면서 1948년 7월 12일에 제정되고 8차에 걸쳐 개정된 헌법**을 이제 국회의 의결을 거쳐 국민투표에 의하여 개정한다.

7. 정답 ③
① (헌재 2001.3.21, 99헌마139)
② (헌재 2001.3.21, 99헌마139)
③ 헌법소원심판에서 공권력의 행사 또는 불행사가 위헌인지 여부를 판단함에 있어서 국민주권주의, 법치주의, 적법절차의 원리 등 헌법의 기본원리를 그 기준으로 적용할 수는 있으나, 공권력의 행사 또는 불행사로 헌법의 기본원리가 훼손되었다고 하여 그 점만으로 국민의 기본권이 직접 현실적으로 침해된 것이라고 할 수는 없고 또한 공권력 행사가 헌법의 기본원리에 위반된다는 주장만으로 헌법상 보장된 기본권의 주체가 아닌 자가 헌법소원을 청구할 수도 없는 것이므로, **설사 국회의장인 피청구인의 불법적인 의안 처리행위로 헌법의 기본원리가 훼손되었다고 하더라도 그로 인하여 헌법상 보장된 구체적 기본권을 침해당한 바 없는 국회의원인 청구인들에게 헌법소원심판청구가 허용된다고 할 수는 없다**(헌재 1995.2.23, 91헌마231).
④ (헌재 2011.8.30, 2006헌마788)

8. 정답 ①
① 법적 안정성의 주관적 측면은 한번 제정된 법규범은 원칙적으로 존속력을 갖고 자신의 행위기준으로 작용하리라는 개인의 신뢰보호원칙이다(헌재 1996.2.16, 96헌가2 등).

② (헌재 2009.5.28, 2005헌바20 등)
③ (헌재 1995.3.23, 93헌바18)
④ (헌재 2013.11.28, 2012헌마770)

9. **정답 ①**
   ① 국가가 최저생활보장에 관한 **입법을 전혀 하지 아니하였다든가 그 내용이 현저히 불합리하여 헌법상 용인될 수 있는 재량의 범위를 명백히 일탈한 경우에 한하여 헌법에 위반된다**고 할 수 있다(헌재 2004.10.28, 2002헌마328).
   ② (헌재 2000.6.29, 99헌마289)
   ③ (헌재 2016.6.30, 2015헌바46)
   ④ 헌법 제119조 제2항

10. **정답 ①**
    ① 국가는 건전한 소비행위를 계도하고 생산품의 품질향상을 촉구하기 위한 소비자보호운동을 **법률**이 정하는 바에 의하여 보장한다(헌법 제124조).
    ② (헌재 2011.12.29, 2010헌바54 등)
    ③ (대판 2013.4.11, 2010도13774)
    ④ 헌법 제126조

11. **정답 ②**
    ① (헌재 2008.3.27, 2006헌라4)
    ② 남북 사이의 화해와 불가침 및 교류협력에 관한 합의서는 남북관계가 '나라와 나라 사이의 관계가 아닌 통일을 지향하는 과정에서 잠정적으로 형성되는 특수관계'임을 전제로, 조국의 평화적 통일을 이룩해야 할 공동의 정치적 책무를 지는 남북한 당국이 특수관계인 남북관계에 관하여 채택한 합의문서로서, 남북한 당국이 각기 정치적인 책임을 지고 상호간에 그 성의 있는 이행을 약속한 것이기는 하나 법적 구속력이 있는 것은 아니어서 **이를 국가간의 조약 또는 이에 준하는 것으로 볼 수 없고, 따라서 국내법과 동일한 효력이 인정되는 것도 아니다**(대판 1999.7.23, 98두14525).
    ③ (헌재 2019.12.27, 2016헌마253)
    ④ (헌재 2007.8.30, 2003헌바51 등)

12. **정답 ②**
    ① (헌재 2020.12.23, 2017헌마416)
    ② **혼인과 가족의 보호는 헌법이 지향하는 자유민주적 문화국가의 필수적인 전제조건이다.** 개별성·고유성·다양성으로 표현되는 문화는 사회의 자율영역을 바탕으로 하고, 사회의 자율영역은 무엇보다도 바로 가정으로부터 출발하기 때문이다(헌재 2000.4.27, 98헌가16 등).
    ③ (헌재 2020.12.23, 2017헌마416)
    ④ (헌재 2000.4.27, 98헌가16 등)

13. **정답 ③**
    ① (헌재 2000.4.27, 98헌가16)
    ② (헌재 1997.7.16, 95헌가6 등)
    ③ 오늘날 문화국가에서의 문화정책은 **그 초점이 문화 그 자체에 있는 것이 아니라 문화가 생겨날 수 있는 문화풍토를 조성하는 데 두어야 한다**(헌재 2020.12.23, 2017헌마416).
    ④ (헌재 2005.2.3, 2001헌가9)

14. **정답 ③**
    ① (헌재 1996.4.25, 92헌바47)
    ② (헌재 2019.12.27, 2017헌마1366 등)
    ③ 임대주택공급의무는 이 사건 재건축사업뿐만 아니라 재개발사업에도 부과되고 있으나, **주택재개발사업에서 부과하는 임대주택공급의무는 재개발로 발생하는 세입자들의 주거문제를 해결하기 위한 제도이고, 이 사건 재건축임대주택공급제도는 개발이익의 환수차원에서 부과되는 의무라 할 것이므로 두 사업 모두에 임대주택공급의무를 부과하고 있더라도 이것이 평등권을 침해하고 있다고는 볼 수 없다**(헌재 2008.10.30, 2005헌마222 등).
    ④ (헌재 2001.2.22, 99헌마365)

15. **정답 ④**
    ① (헌재 2017.7.27, 2015헌바278 등)
    ② (헌재 2002.10.31, 99헌바76)
    ③ (헌재 1999.11.25, 98헌마55)
    ④ 구 상증세법 제45조의3 제1항은 이른바 일감 몰아주기로 수혜법인의 지배주주 등에게 발생한 이익에 대하여 증여세를 부과함으로써 적정한 소득의 재분배를 촉진하고, 시장의 지배와 경제력의 남용 우려가 있는 일감 몰아주기를 억제하려는 것이다. … 소득세법 시행령은 수혜법인 주식의 양도소득을 계산할 때 구 상증세법 제45조의3에 따라 증여세를 과세 받은 증여의제이익 전부를 취득금액에 가산하도록 규정하므로, 수혜법인 주식의 양도시점에 이르러 지배주주 등의 전체 조세부담이 그 담세력에 상응하도록 과세조정이 행해진다. 이상을 종합하면, 납세의무자의 경제적 불이익이 소득의 재분배 촉진 및 일감 몰아주기 억제라는 공익에 비하여 크다고 할 수 없고, 구 상증세법 제45조의3 제1항은 재산권을 침해하지 아니한다(헌재 2018.6.28, 2016헌바347 등).

16. **정답 ③**
    ① (헌재 2011.11.24, 2009헌바292)
    ② (헌재 1995.12.28, 95헌마196)
    ③ 헌법 제13조 제2항이 금하고 있는 소급입법은 이 중에서 전자, 즉 **진정소급효를 가지는 법률만을 의미하므로 부진정소급효의 입법은 원칙적으로 허용된다.** 다만, 부진정소급효를 가지는 입법에 있어서도 소급효를 요구하는 공익상의 사유와 신뢰보호의 요청 사이의 비교형량 과정에서 신뢰보호의 관점이 입법자의 형성권에 제한을 가하게 된다(헌재 2008.10.30, 2005헌마222 등).
    ④ (헌재 2012.8.23, 2011헌바169)

정답 및 해설

17. 정답 ③
① (헌재 2022.1.27, 2016헌마364)
② (헌재 2011.9.29, 2010헌마68)
③ 종전 의료법조항에 따라 국가시험 응시자격이 부여되어 왔던 외국 소재 치과대학에서 치의학사의 학위를 취득한 자들에게, 3년의 유예기간만을 부여하고 이후에는 예비시험의 합격을 요구한 의료법조항은 **신뢰보호원칙을 위반하지 않는다**(헌재 2006.4.27, 2005헌마406).
④ (헌재 2017.7.27, 2015헌마1052)

18. 정답 ④
① (헌재 2002.12.18, 2002헌마52)
② (헌재 2002.12.18, 2002헌마52)
③ (헌재 2001.9.27, 2000헌마238 등)
④ 체계정당성의 원리라는 것은 동일 규범 내에서 또는 상이한 규범 간에 그 규범의 구조나 내용 또는 규범의 근거가 되는 원칙면에서 상호 배치되거나 모순되어서는 아니 된다는 하나의 헌법적 요청이다. 즉, 이는 규범 상호간의 구조와 내용 등이 모순됨이 없이 체계와 균형을 유지하도록 **입법자를 기속하는 헌법적 원리**라고 볼 수 있다(헌재 2010.6.24, 2007헌바101 등).

19. 정답 ①
① 우리나라에 효력이 있는 국제법과 조약 중 국내에 주소 등을 두고 있지 아니한 외국인이 소를 제기한 경우에 소송비용담보제공명령을 금지하는 국제법이나 조약을 찾아볼 수 없고, 이 사건 법률조항은 그 적용대상을 외국인으로 한정하고 있지 아니할 뿐만 아니라 외국인을 포함하여 국내에 주소 등을 두고 있지 아니한 원고의 재판청구권을 침해한다고 볼 수 없으므로, 이 사건 법률조항은 헌법 제6조 제2항에 위배되지 아니한다(헌재 2011.12.29, 2011헌바57).
② (헌재 2021.8.31, 2014헌마888)
③ (헌재 2004.12.16, 2002헌마579)
④ (헌재 2015.11.26, 2013헌라3)

20. 정답 ②
① (헌재 2004.5.27, 2003헌가1)
② **공연관람자 등이 예술감상에 의한 정신적 풍요를 느낀다면 그것은 헌법상의 문화국가원리에 따라 국가가 적극 장려할 일이지, 이것을 일정한 집단에 의한 수익으로 인정하여 그들에게 경제적 부담을 지우는 것은 헌법의 문화국가이념(제9조)에 역행하는 것이다. 그렇다면 이 사건 문예진흥기금의 납입금은 특별부담금의 헌법적 허용한계를 벗어나서 위헌이라** 할 것이다(헌재 2003.12.18, 2002헌가2).
③ (헌재 2003.1.30, 2001헌바64)
④ (헌재 2004.5.27, 2003헌가1)

21. 정답 ②
① 등록을 정당의 설립요건으로 정한 정당법 제4조 제1항(**정당등록조항**), 정당법상 등록된 정당이 아니면 정당이라는 명칭을 사용하지 못하게 하는 정당법 제41조 제1항 및 제59조 제2항 중 제41조 제1항에 관한 부분(**정당명칭사용금지조항**), 정당은 수도 소재 중앙당과 5 이상의 시·도당을 갖추어야 한다고 정한 정당법 제3조, 제4조 제2항 중 제17조에 관한 부분, 제17조(**전국정당조항**), 시·도당은 1천인 이상의 당원을 가져야 한다고 정한 정당법 제4조 제2항 중 제18조에 관한 부분 및 제18조(**법정당원수조항**)은 헌법에 위반되지 않는다(헌재 2023.9.26, 2021헌가23).
② 정당법 제42조 제2항
③ 창당준비위원회는 중앙당의 경우에는 **200명** 이상의, 시·도당의 경우에는 100명 이상의 발기인으로 구성한다(정당법 제6조).
④ **16세 이상의 국민은** 공무원 그 밖에 그 신분을 이유로 정당가입이나 정치활동을 금지하는 다른 법령의 규정에 불구하고 누구든지 정당의 발기인 및 당원이 될 수 있다(정당법 제22조 제1항 전단).

22. 정답 ③
① 정당의 해산을 명하는 헌법재판소의 결정은 **중앙선거관리위원회가 「정당법」에 따라 집행한다**(헌법재판소법 제60조).
② 정당이 제44조(등록의 취소) 제1항의 규정에 의하여 등록이 취소되거나 제45조(자진해산)의 규정에 의하여 자진해산한 때에는 그 잔여재산은 당헌이 정하는 바에 따라 처분한다. 위의 규정에 의하여 처분되지 아니한 정당의 잔여재산 및 **헌법재판소의 해산결정에 의하여 해산된 정당의 잔여재산은 국고에 귀속한다**(정당법 제48조 제1항 및 제2항).
③ 정당법 제48조 제1항 및 제2항
④ 정당해산심판은 원칙적으로 해당 정당에게만 그 효력이 미치며, 정당해산결정은 대체정당이나 유사정당의 설립까지 금지하는 효력을 가지므로 오류가 드러난 결정을 바로잡지 못한다면 장래 세대의 정치적 의사결정에까지 부당한 제약을 초래할 수 있다. 따라서 **정당해산심판절차에서는 재심을 허용하지 아니함으로써 얻을 수 있는 법적 안정성의 이익보다 재심을 허용함으로써 얻을 수 있는 구체적 타당성의 이익이 더 크므로 재심을 허용하여야 한다. 한편, 이 재심절차에서는 원칙적으로 민사소송법의 재심에 관한 규정이 준용**된다(헌재 2016.5.26, 2015헌아20).

23. 정답 ③
① 정당법 제33조
② 헌법재판소법 제57조
③ 이 사건 결정·공표는 '비례○○당'이 정당법 제41조 제3항에 따라 사용이 금지되는 유사명칭에 해당하는지 여부에 대한 피청구인의 내부적인 판단을 공표한 것으로서, 그 자체로 청구인의 법적 지위에 어떠한 영향을 미친다고 볼 수 없다. 따라서 이 사건 결정·공표는 헌법소원의 대상이 되는 '공권력의 행사'에 해당하지 않는다(헌재 2021.3.25, 2020헌마94).
④ (헌재 2006.3.30, 2004헌마246)

24. 정답 ②

① (헌재 2006.3.30, 2004헌마246)
② 입법자는 정당설립의 자유를 최대한 보장하는 방향으로 입법하여야 하고, 헌법재판소는 정당설립의 자유를 제한하는 법률의 합헌성을 심사할 때에 헌법 제37조 제2항에 따라 엄격한 비례심사를 하여야 한다(헌재 2014.1.28, 2012헌마431).
③ (헌재 2014.1.28, 2012헌마431 등)
④ (헌재 2003.10.30, 2002헌라1)

25. 정답 ④

① 정당의 기회균등원칙은 각 정당에 보조금을 균등하게 배분할 것을 요구하는 것이 아니라 보조금제도의 취지에 비추어 각 정당의 규모나 정치적 영향력, 정당이 선거에서 거둔 실적 등에 따라 어느 정도 차별을 할 수 있고, 그 내용이 현재의 각 정당들 사이의 경쟁상태를 현저하게 변경시킬 정도가 아니면 합리성을 인정할 수 있을 것이다(헌재 2006.7.27, 2004헌마655).
② 정당 스스로 재정충당을 위하여 국민들로부터 모금 활동을 하는 것은 단지 '돈을 모으는 것'에 불과한 것이 아니라 궁극적으로 자신의 정강과 정책을 토대로 국민의 동의와 지지를 얻기 위한 활동의 일환이며, 이는 정당의 헌법적 과제 수행에 있어 본질적인 부분의 하나인 것이다(헌재 2015.12.23, 2013헌바168).
③ 국가는 정당에 대한 보조금으로 최근 실시한 임기만료에 의한 국회의원선거의 선거권자 총수에 보조금 계상단가를 곱한 금액을 매년 예산에 계상하여야 한다(정치자금법 제25조).
④ (헌재 2009.12.29, 2007헌마1412)

제2회 사전모의고사 정답 및 해설

1. 정답 ①

① 대통령의 임기는 전임대통령의 임기만료일의 다음 날 0시부터 개시된다. 다만, **전임자의 임기가 만료된 후에 실시하는 선거와 궐위로 인한 선거에 의한 대통령의 임기는 당선이 결정된 때부터 개시**된다(공직선거법 제14조 제1항).
② 헌법 제67조 제2항
③ 헌법 제116조 제2항
④ 공직선거법 제195조

2. 정답 ④

① 헌법 제67조 제3항
② 공직선거법 제196조
③ (헌재 1999.1.28, 97헌마253 등)
④ 헌법 제24조는 모든 국민은 '법률이 정하는 바에 의하여' 선거권을 가진다고 규정함으로써 법률유보의 형식을 취하고 있다. 하지만 이것이 국민의 선거권이 '법률이 정하는 바에 따라서만 인정될 수 있다.'는 포괄적인 입법권의 유보 아래 있음을 뜻하는 것이 아니다(헌재 2014.1.28, 2012헌마409 등).

3. 정답 ④

① (헌재 2009.3.26, 2006헌마14)
② (헌재 2001.7.19, 2000헌마91 등)
③ (헌재 2007.6.28, 2004헌마644 등)
④ 선거운동은 국민주권 행사의 일환일 뿐 아니라 정치적 표현의 자유의 한 형태로서 민주사회를 구성하고 움직이게 하는 요소이므로 그 제한입법의 위헌여부에 대하여는 엄격한 심사기준이 적용되어야 할 것이다(헌재 2018.2.22, 2015헌바124).

4. 정답 ③

① (헌재 2023.7.20, 2019헌마1443)
② (헌재 2014.7.24, 2009헌마256 등)
③ 확성장치를 이용한 선거운동은 필연적으로 소음이 유발되고, 이는 다수의 사람들이 건강하고 쾌적한 환경에서 생활할 권리에 직접적인 영향을 미치며, 확성장치의 사용을 제한 없이 허용할 경우 경쟁적인 사용에 따라 소음이 증폭되어 피해를 확산시킬 수 있다. 확성장치사용 금지조항은 이러한 점을 고려하여 **공직선거법의 규정에 의한 공개장소에서의 연설·대담장소 또는 대담·토론회장에서 연설·대담·토론용으로 사용하는 경우를 제외하고는 선거운동을 위한 확성장치사용을 금지하고, 이를 위반할 경우 처벌**하고 있다. 공직선거법의 확성장치사용 금지조항은 과잉금지원칙에 반하여 **정치적 표현의 자유를 침해하지 않는다**(헌재 2022.7.21, 2017헌바100).
④ (헌재 2014.4.24, 2011헌마567)

정답 및 해설

5. 정답 ②
   ① 집행유예자와 수형자의 선거권을 제한하는 공직선거법조항은 선거권을 침해하고 보통선거원칙에 위반된다. 그리고 집행유예자와 수형자를 차별취급하는 것이므로 평등의 원칙에도 어긋나 헌법에 위반된다(헌재 2014.1.28, 2012헌마409 등).
   ② (헌재 2007.6.28, 2004헌마644 등)
   ③ 선거일 전 180일부터 선거일까지 선거에 영향을 미치게 하기 위한 인쇄물의 살포행위를 금지·처벌하는 공직선거법 조항은 과잉금지원칙에 반하여 정치적 표현의 자유를 침해한다(헌재 2023.3.23, 2023헌가4).
   ④ 사법적인 성격을 지니는 농협의 조합장선거에서 조합장을 선출하거나 조합장으로 선출될 권리, 조합장선거에서 선거운동을 하는 것은 헌법에 의하여 보호되는 선거권의 범위에 포함되지 않는다(헌재 2012.2.23, 2011헌바154).

6. 정답 ②
   ① 공직선거법 제188조
   ② 소청이나 소장을 접수한 선거관리위원회 또는 대법원이나 고등법원은 선거쟁송에 있어 선거에 관한 규정에 위반된 사실이 있는 때라도 선거의 결과에 영향을 미쳤다고 인정하는 때에 한하여 선거의 전부나 일부의 무효 또는 당선의 무효를 결정하거나 판결한다(공직선거법 제224조).
   ③ (헌재 2006.7.27, 2004헌마217)
   ④ (헌재 2016.9.29, 2016헌마287)

7. 정답 ③
   ① (헌재 2011.12.29, 2009헌바282)
   ② (헌재 2017.3.10, 2016헌나1)
   ③ 금융회사 등 임직원에게는 공무원과 맞먹는 정도의 청렴성 및 업무의 불가매수성이 요구되므로, 그 수재행위를 공무원의 수뢰행위와 동일한 법정형으로 처벌한다거나 다른 사인들의 직무 관련 수재행위보다 중하게 처벌한다는 이유만으로 가중처벌조항이 형벌체계상 현저히 균형을 잃은 것으로 평등원칙에 위배된다고 볼 수도 없다(헌재 2020.3.26, 2017헌바129 등).
   ④ (헌재 2014.3.27, 2011헌바42)

8. 정답 ④
   ① (헌재 2012.3.29, 2010헌마97)
   ② (헌재 1989.12.18, 89헌마32 등)
   ③ (헌재 2004.5.14, 2004헌나1)
   ④ 검사신규임용대상 등을 어떻게 정할 것인지에 관하여는 피청구인에게 재량이 부여되어 있는 점, 지원자가 법학전문대학원 졸업 직후 변호사자격을 취득하였는지 여부는 검사에게 요구되는 자질을 갖추었는지 평가하기 위한 공정하고 유효한 기준이 될 수 있는 점, 법무관 전역예정자는 병역기간 동안 법률사무에 종사하며 법적 능력을 양성할 기회가 있는 점 등을 종합하면, 임용연도에 변호사자격을 취득하여 검사로 즉시 임용될 수 있는 법학전문대학원 졸업예정자와 이에 준하여 볼 수 있는 법무관 전역예정자로 검사신규임용대상을 한정한 것은 공정한 경쟁을 통해 우수한 신규법조인을 검사로 선발하고자 하는 목적과 합리적 연관관계가 인정된다. 그에 비하여, 사회복무요원 소집해제예정 변호사는 법학전문대학원 졸업 직후 변호사자격을 취득하지 못하였고, 병역의무 이행기간 동안 법률사무에 종사한 것도 아니라는 점에서 동일하게 보기 어렵다. 오히려, 사회복무요원 소집해제예정 변호사에게 병역의무이행시점에 검사신규임용에 지원할 기회를 부여한다면, 졸업 직후 변호사자격을 취득하지 못할 경우 검사로 신규임용될 수 없는 여성이나 군면제인 사람보다 유리한 기준을 적용받는 것이 된다. 또한, 검사신규임용에 지원할 수 없다 하더라도 청구인에게는 추후 경력검사임용절차를 통하여 검사로 임용될 수 있는 기회가 여전히 남아 있다. 따라서 이 사건 공고는 사회복무요원 소집해제예정 변호사인 청구인의 공무담임권을 침해하지 않는다(헌재 2021.4.29, 2020헌마999).

9. 정답 ③
   ① (헌재 2007.6.28, 2004헌마644 등)
   ② (헌재 2013.7.25, 2012헌바409)
   ③ 금고 이상의 형을 받고 그 집행이 종료되거나 집행을 받지 아니하기로 확정된 후 5년을 경과하지 아니한 자는 공무원에 임용될 수 없다고 규정한 법률조항은 공무담임권을 침해하지 않는다(헌재 2007.7.26, 2006헌마764).
   ④ (헌재 2005.6.30, 2004헌마42)

10. 정답 ①
    ① 국가공무원이 피성년후견인이 된 경우 당연퇴직되도록 한 구 국가공무원법조항은 과잉금지원칙에 반하여 공무담임권을 침해한다(헌재 2022.12.22, 2020헌가8).
    ② (헌재 2004.11.25, 2002헌바8)
    ③ (헌재 1999.12.23, 98헌바33)
    ④ (헌재 2014.4.24, 2010헌마747)

11. 정답 ①
    ① 공무담임권은 원하는 경우에 언제나 공직에 취임할 수 있는 현실적 권리를 보장하는 것이 아니라, 공무담임의 기회보장적 성격을 갖는 것이기 때문에 법이 정하는 선거에 당선되거나 공직채용시험에 합격하는 등 주관적인 전제요건이 충족되는 경우에만 공직에 취임할 권리가 보장되는 것이므로, 입법자에게는 공무담임권이 현실적이고 실제적인 권리로서 행사되기 위한 전제조건으로 선거절차나 시험제도를 구체적으로 형성할 권한과 책임이 있는 것이다(헌재 2003.8.21, 2001헌마687 등).
    ② (헌재 2003.11.27, 2003헌바39)
    ③ (헌재 2009.3.26, 2007헌마843)
    ④ (헌재 2012.5.31, 2009헌마705)

정답 및 해설

12. 정답 ②
① (헌재 2018.7.26, 2017헌마1183)
② 사립대학 교원이 국회의원으로 당선된 경우 임기개시일 전까지 그 직을 사직하도록 하는 이 사건 심판대상조항은 **공무담임권과 직업선택의 자유라는 두 가지 기본권을 모두 제한하고 있다**(헌재 2015.4.30, 2014헌마621).
③ (헌재 2019.8.29, 2019헌마616)
④ 헌재 2021.2.25, 2018헌마174)

13. 정답 ③
① (헌재 2012.5.31, 2010헌마278)
② (헌재 2022.3.31, 2020헌마211)
③ 공무원이 '직무와 관련 없는 과실로 인한 경우' 및 '소속상관의 정당한 직무상의 명령에 따르다가 과실로 인한 경우'를 제외하고 재직 중의 사유로 금고 이상의 형을 받은 경우, 퇴직급여 등을 감액하도록 규정한 공무원 연금법조항은 재산권, 인간다운 생활을 할 권리를 침해하지 않고 평등원칙에 위배되지 않는다. 하지만 2009.12.31. 개정된 이 사건 감액조항을 2009.1.1.까지 소급하여 적용하도록 규정한 공무원연금법 부칙조항'은 소급입법금지원칙에 위반하여 재산권을 침해한다(헌재 2013.8.29, 2010헌바354).
④ (헌재 2012.12.27, 2011헌바117)

14. 정답 ①
① 지방자치단체는 1. **특별시, 광역시, 특별자치시, 도, 특별자치도**, 2. **시, 군, 구 두 가지 종류로 구분한다**(지방자치법 제2조 제1항). **제1항의 지방자치단체 외에 특정한 목적을 수행하기 위하여 필요하면 따로 특별지방자치단체를 설치할 수 있다**(지방자치법 제2조 제3항).
② (헌재 2006.3.30, 2003헌라2)
③ (헌재 2006.4.27, 2005헌마1190)
④ (헌재 2023.3.23, 2020헌라5)

15. 정답 ①
① 조례에 대한 법률의 위임은 법규명령에 대한 법률의 위임과 같이 반드시 구체적으로 범위를 정하여 할 필요가 없으며 포괄적인 것으로 족하다고 할 것이다(헌재 1995.4.20, 92헌마264 등).
② (헌재 2008.6.26, 2005헌라7)
③ (헌재 2001.6.28, 2000헌마735)
④ (헌재 2021.2.25, 2015헌라7)

16. 정답 ②
① 지방자치법 제32조 제8항
② **주민투표권이나 조례제정·개폐청구권은 법률에 의하여 보장되는 권리에 해당하고, 헌법상 보장되는 기본권이라거나 헌법 제37조 제1항의 '헌법에 열거되지 아니한 권리'로 보기 어려우므로**, 19세 미만인 사람들에 대하여 법률에 의하여 보장되는 권리에 불과한 주민투표권이나 조례제정·개폐청구권을 인정하지 않는다고 하여 포괄적인 의미의 자유권으로서의 행복추구권이 제한된다고 볼 수 없다(헌재 2014.4.24, 2012헌마287).
③ (대판 1992.7.28, 92추31)
④ (헌재 2023.3.23, 2020헌라5)

17. 정답 ①
① 헌법재판소가 종국결정을 하기에 앞서 쟁점사항에 대하여 미리 정리·판단을 하여 종국결정을 용이하게 하고 이를 준비하는 결정인 중간결정을 할 것인지 여부는 전적으로 헌법재판소의 재량에 달려 있는 것이어서 청구인에게는 **헌법재판소에 중간결정을 신청할 권리가 인정되지 아니하므로** 청구인이 그 심판청구사건의 종국결정에 앞서 중간결정을 하여줄 것을 헌법소원심판의 형식으로 구하는 것은 공권력의 행사 또는 불행사로 인하여 헌법상 보장된 기본권을 침해받은 경우에 해당하지 아니하여 부적법하다(헌재 2007.7.30, 2007헌마837).
② (헌재 1997.4.24, 95헌바48)
③ (헌재 1995.2.23, 91헌바231)
④ (헌재 2009.5.28, 2007헌마369)

18. 정답 ③
① (헌재 2011.9.29, 2009헌마351)
② (헌재 2007.8.30, 2004헌마670)
③ "축협중앙회"는 지역별·업종별 축협과 비교할 때, 회원의 임의탈퇴나 임의해산이 불가능한 점 등 그 공법인성이 상대적으로 크다고 할 것이지만, 이로써 축협중앙회를 공법인이라고 단정할 수는 없을 것이고, 이 역시 그 존립목적 및 설립형식에서의 자주적 성격에 비추어 사법인적 성격을 부인할 수 없다. 따라서 **축협중앙회는 공법인성과 사법인성을 겸유한 특수한 법인으로서 이 사건에서 기본권의 주체가 될 수 있다고는 할 것이지만**, 위와 같이 두드러진 공법인적 특성이 축협중앙회가 가지는 기본권의 제약요소로 작용하는 것만은 이를 피할 수 없다고 할 것이다(헌재 2000.6.1, 99헌마553).
④ (헌재 2022.7.21, 2019헌바543 등)

19. 정답 ④
① **법인도** 법인의 목적과 사회적 기능에 비추어 볼 때 그 성질에 반하지 않는 범위 내에서 **인격권의 한 내용인 사회적 신용이나 명예 등의 주체가 될 수 있고** 법인이 이러한 사회적 신용이나 명예 유지 내지 법인격의 자유로운 발현을 위하여 의사결정이나 행동을 어떻게 할 것인지를 자율적으로 결정하는 것도 법인의 인격권의 한 내용을 이룬다고 할 것이다(헌재 2012.8.23, 2009헌가27).
② 법인 아닌 사단·재단이라고 하더라도 대표자의 정함이 있고 독립된 사회적 조직체로서 활동하는 때에는 **성질상 법인이 누릴 수 있는 기본권을 침해당하게 되면 그의 이름으로 헌법소원심판을 청구할 수 있다**(헌재 1991.6.3, 90헌마56).
③ 청구인들이 불법체류 중인 외국인들이라 하더라도, 불법체류라는 것은 관련 법령에 의하여 체류자격이 인정되지 않는다는 것일 뿐이므로, **'인간의 권리'로서 외국인에게도 주체**

정답 및 해설

성이 인정되는 일정한 기본권에 관하여 불법체류 여부에 따라 그 인정 여부가 달라지는 것은 아니다. 청구인들이 침해받았다고 주장하고 있는 신체의 자유, 주거의 자유, 변호인의 조력을 받을 권리, 재판청구권 등은 성질상 인간의 권리에 해당한다고 볼 수 있으므로, 위 기본권들에 관하여는 청구인들의 **기본권주체성이 인정**된다(헌재 2012.8.23, 2008헌마430).
④ (헌재 2010.5.27, 2005헌마346)

20. 정답 ①
① 기본권 규정은 성질상 사법관계에 직접 적용될 수 있는 예외적인 것을 제외하고는 관련 법규범 또는 사법상의 일반원칙을 규정한 민법 제2조, 제103조 등의 내용을 형성하고 그 해석기준이 되어 간접적으로 사법관계에 효력을 미치게 된다(대판 2018.9.13, 2017두38560).
② (헌재 1998.4.30, 95헌가16)
③ (헌재 2013.12.26, 2010헌가90)
④ (헌재 2016.6.30, 2015헌마924)

21. 정답 ①
① **채권자의 재산권과 채무자 및 수익자의 일반적 행동의 자유권 중 어느 하나를 상위기본권이라고 할 수는 없을 것이고**, 채권자의 재산권과 수익자의 재산권 사이에서도 어느 쪽이 우월하다고 할 수는 없을 것이기 때문이다. 따라서 이러한 경우에는 헌법의 통일성을 유지하기 위하여 상충하는 기본권 모두가 최대한으로 그 기능과 효력을 발휘할 수 있도록 조화로운 방법을 모색하되(규범조화적 해석), 법익형량의 원리, 입법에 의한 선택적 재량 등을 **종합적으로 참작**하여 심사하여야 할 것이다(헌재 2007.10.25, 2005헌바96).
② (헌재 2005.11.24, 2002헌바95)
③ (대판 2010.4.22, 2008다38288 전원합의체)
④ (대판 2018.9.13, 2017두38560)

22. 정답 ③
① (헌재 2013.8.29, 2011헌가27)
② (헌재 2008.11.27, 2006헌마352)
③ 침해의 최소성의 관점에서, 입법자는 그가 의도하는 공익을 달성하기 위하여 우선 기본권을 보다 적게 제한하는 단계인 **기본권행사의 '방법'에 관한 규제**로써 공익을 실현할 수 있는가를 시도하고 이러한 방법으로는 공익달성이 어렵다고 판단되는 경우에 비로소 그 다음 단계인 **기본권행사의 '여부'에 관한 규제**를 선택해야 한다(헌재 1998.5.28, 96헌가5).
④ (헌재 2023.6.29, 2020헌마1669)

23. 정답 ①
① **헌법 제29조 제2항 역시 개별적 헌법유보에 속한다.**
② 심판대상조항의 '추행'이란 강제추행죄의 '추행'과 마찬가지로, 객관적으로 일반인에게 성적 수치심이나 혐오감을 일으키게 하고 선량한 성적 도덕관념에 반하는 행위로서 피해자의 성적 자기결정권을 침해하는 것을 뜻한다. 공중밀집장소의 특성을 이용하여 유형력을 행사하는 것 이외의 방법으로 이루어지는 추행행위를 처벌하기 위한 심판대상조항의 입법목적 및 추행의 개념에 비추어 볼 때, 건전한 상식과 통상적인 법감정을 가진 사람이라면 심판대상조항에 따라 처벌되는 행위가 무엇인지 파악할 수 있으므로, 심판대상조항 중 '추행' 부분은 죄형법정주의의 명확성원칙에 위반되지 아니한다(헌재 2021.3.25, 2019헌바413).
③ 반환명령 부분은 반환할 금액을 '거짓이나 그 밖의 부정한 방법으로 지원받은 금액'으로 한정하여 반환의 범위를 구체적으로 정하고 있으므로, 누구라도 대통령령에 규정될 내용은 원상회복의 목적을 달성하기 위한 거짓이나 그 밖의 부정한 방법으로 지원받은 금액의 회수에 관한 것임을 쉽게 예측할 수 있어 포괄위임금지원칙에 위배되지 않는다(헌재 2016.3.31, 2014헌가2 등).
④ 퇴역연금수급권자가 정부 투자기관이나 재정지원기관에 재취업하여 급여를 지급받는 경우 퇴역연금의 전부 또는 일부의 지급을 정지할 수 있도록 하면서 지급정지의 요건 및 내용을 대통령령으로 정하도록 위임하는 규정은 포괄위임금지원칙에 위배된다(헌재 2010.7.29, 2009헌가4).

24. 정답 ③
① (헌재 1995.4.20, 92헌바29)
② (헌재 2010.2.25, 2008헌가23)
③ 형벌은 국가가 취할 수 있는 유효적절한 수많은 수단 중의 하나일 뿐이지, 결코 형벌까지 동원해야만 보호법익을 유효적절하게 보호할 수 있다는 의미의 최종적인 유일한 수단이 될 수는 없다 할 것이다. 따라서 이 사건 법률조항은 **국가의 기본권보호의무의 위반 여부에 관한 심사기준인 과소보호금지의 원칙에 위반한 것이라고 볼 수 없다**(헌재 2009.2.26, 2005헌마764 등).
④ (대판 2018.8.30, 2016두60591)

25. 정답 ②
① (헌재 2016.12.29, 2015헌바280)
② 다음 1. **국가기관, 지방자치단체**, 「초·중등교육법」 제2조, 「고등교육법」 제2조와 그 밖의 다른 법률에 따라 설치된 **각급 학교**, 「공직자윤리법」 제3조의2 제1항에 따른 **공직유관단체 또는 구금·보호시설의 업무 수행**(국회의 입법 및 법원·헌법재판소의 재판은 제외한다)과 관련하여 「대한민국헌법」 제10조부터 제22조까지의 규정에서 보장된 인권을 침해당하거나 차별행위를 당한 경우, 2. 법인, 단체 또는 사인(私人)으로부터 차별행위를 당한 경우의 어느 하나에 해당하는 경우에 인권침해나 차별행위를 당한 사람(이하 "피해자"라 한다) 또는 그 사실을 알고 있는 사람이나 단체는 위원회에 그 내용을 진정할 수 있다(국가인권위원회법 제30조 제1항).
③ (헌재 2017.3.10, 2016헌나1)
④ 국가인권위원회법 제28조

정답 및 해설

제3회 사전모의고사 정답 및 해설

1. 정답 ③
   ① (헌재 2010.5.27, 2005헌마346)
   ② (헌재 2008.7.31, 2004헌바81)
   ③ **국가에게 태아의 생명을 보호할 의무가 있다고 하더라도 생명의 연속적 발전과정에 대하여 생명이라는 공통요소만을 이유로 하여 언제나 동일한 법적 효과를 부여하여야 하는 것은 아니다**(헌재 2019.4.11, 2017헌바127).
   ④ (헌재 2010.2.25, 2008헌가23)

2. 정답 ④
   ① (헌재 2012.8.23, 2009헌가27)
   ② (헌재 2011.2.24, 2009헌마209)
   ③ (헌재 2016.2.25, 2013헌마838)
   ④ 교통사고 발생 시 조치의무를 형사처벌로 강제하는 심판대상조항은, 교통사고로 인한 사상자의 신속한 구호 및 교통상의 위험과 장해의 방지·제거를 통하여 안전하고 원활한 교통을 확보하기 위한 것으로, 입법목적의 정당성 및 수단의 적합성을 인정할 수 있다. 교통사고 관련 운전자등이 조치의무를 이행하지 않고 그대로 현장을 벗어날 유인이 많은 점을 고려할 때, 과태료와 같은 행정적 제재만으로는 조치의무의 실효성을 담보할 수 없으므로 최소침해성의 원칙에 위배되지 않으며, 심판대상조항이 운전자등의 시간적, 경제적 손해를 유발할 가능성이 있는 것은 사실이나 이미 발생한 피해자의 생명·신체에 대한 피해 구호와 안전한 교통의 회복이라는 공익은 운전자등이 제한당하는 사익보다 크므로, 심판대상조항은 법익균형성을 갖추었다. 따라서 **심판대상조항은 청구인의 일반적 행동자유권을 침해하지 않는다**(헌재 2019.4.11, 2017헌가28).

3. 정답 ②
   ① (헌재 2018.7.26, 2016헌마1029)
   ② 헌법 제10조로부터 도출되는 일반적 인격권에는 개인의 명예에 관한 권리도 포함될 수 있으나, '명예'는 사람이나 그 인격에 대한 '사회적 평가', 즉 객관적·외부적 가치평가를 말하는 것이지 **단순히 주관적·내면적인 명예감정은 포함되지 않는다**(헌재 2005.10.27, 2002헌마425).
   ③ (헌재 2013.7.25, 2011헌마63 등)
   ④ (헌재 2016.12.29, 2013헌마142)

4. 정답 ③
   ① (헌재 2005.12.22, 2003헌가5 등)
   ② (헌재 2016.6.30, 2015헌마894)
   ③ 한정된 의료급여재정의 범위 내에서 적정하고 지속적인 의료서비스를 제공하고, 의료의 질을 유지할 수 있는 방법으로 현행 정액수가제와 같은 정도로 입법목적을 달성하면서 기본권을 덜 제한하는 수단이 명백히 존재한다고 보기 어렵고, 의료급여 수급권자가 입게 되는 불이익이 공익보다 크다고 볼 수도 없다. **심판대상조항은 수급권자인 청구인의 의료행위선택권을 침해하지 않는다**(헌재 2020.4.23, 2017헌마103).
   ④ (헌재 2022.3.31, 2019헌바520)

5. 정답 ①
   ① 물품을 반송하려면 세관장에게 신고하도록 하는 관세법조항은 환승 여행객의 일반적 행동자유권을 침해하지 아니한다(헌재 2023.6.29, 2020헌바177).
   ② (헌재 2023.8.31, 2021헌마994)
   ③ (헌재 1995.7.21, 93헌가14)
   ④ (헌재 2000.12.14, 99헌마112)

6. 정답 ③
   ① (헌재 2009.11.26, 2008헌마385)
   ② (헌재 2019.11.28, 2018헌마579)
   ③ 어린이 보호구역에서 제한속도 준수의무 또는 안전운전의무를 위반하여 어린이를 상해 또는 사망에 이르게 한 경우를 가중 처벌하는 특정범죄 가중처벌 등에 관한 법률 조항은 일반적 행동자유권을 침해한다고 볼 수 없다(헌재 2023.2.23, 2020헌마460).
   ④ (헌재 2015.12.23, 2013헌마712)

7. 정답 ③
   ① 정비사업 조합 임원 선출과 관련하여 후보자가 금품을 제공받는 행위를 금지하고 이에 위반한 경우 처벌하는 구 도시 및 주거환경정비법 조항에 의하여 정비사업 조합 임원 후보자가 받게 되는 일반적 행동자유권의 제한은 과도한 것이라고 보기 어렵다(헌재 2022.10.27, 2019헌바324).
   ② 이동통신사업자가 제공하는 전기통신역무를 타인의 통신용으로 제공하는 것을 원칙적으로 금지하고, 위반 시 형사처벌하는 전기통신사업법조항은 이동통신서비스 이용자의 일반적 행동자유권을 침해하지 않는다(헌재 2022.6.30, 2019헌가14).
   ③ (헌재 2015.11.26, 2012헌마940)
   ④ 사회복무요원이 복무기관의 장의 허가 없이 다른 직무를 겸하는 것을 제한하는 병역법조항은 직업의 자유 및 일반적 행동자유권을 침해하지 않는다(헌재 2022.9.29, 2019헌마938).

8. 정답 ①
   ① **일반 공중의 사용에 제공된 공공용물을 그 제공 목적대로 이용하는 것은 일반사용 내지 보통사용에 해당하는 것으로서 따로 행정주체의 허가를 받을 필요가 없는 행위이므로, 일반 공중의 사용에 제공된 도로를 통행하는 것은 일반적 행동자유권의 내용으로 보장된다**(헌재 2018.11.29, 2017헌바465).
   ② (헌재 2010.2.25, 2008헌바83)
   ③ (헌재 2021.8.31, 2020헌마12 등)
   ④ (헌재 2021.6.24, 2019헌바5)

정답 및 해설

9. 정답 ④
   ① (헌재 2008.11.27, 2006헌가1)
   ② (헌재 2018.12.27, 2017헌바195 등)
   ③ (헌재 1999.12.23, 98헌마363)
   ④ 사회적 신분에 대한 차별금지는 헌법 제11조 제1항 후문에서 예시된 것인데, 헌법 제11조 제1항 후문의 규정은 불합리한 차별의 금지에 초점이 있는 것으로서, 예시한 사유가 있는 경우에 절대적으로 차별을 금지할 것을 요구함으로써 입법자에게 인정되는 입법형성권을 제한하는 것은 아니다. 그렇다면 친일반민족행위자의 후손이라는 점이 헌법 제11조 제1항 후문의 사회적 신분에 해당한다 할지라도 이것만으로는 헌법에서 특별히 평등을 요구하고 있는 경우라고 할 수 없고, 아래와 같이 친일재산의 국가귀속은 연좌제금지원칙이 적용되는 경우라고 볼 수도 없으며 그 외 달리 친일반민족행위자의 후손을 특별히 평등하게 취급하도록 규정한 헌법 규정이 없는 이상, 친일반민족행위자의 후손에 대한 차별은 평등권 침해 여부의 심사에서 엄격한 기준을 적용해야 하는 경우라 볼 수 없다. 또한, 이 사건 귀속조항은 친일반민족행위자의 후손이 가지는 모든 재산을 귀속대상으로 규정한 것이 아니라 그가 선조로부터 상속받은 재산 중 친일행위의 대가인 것만 귀속대상으로 규정하고 있다. 그렇다면 이 사건 귀속조항은 그 차별취급으로 기본권에 대한 중대한 제한을 초래하는 경우라고 할 수 없으므로, 역시 평등권 침해 여부의 심사에서 엄격한 기준을 적용해야 하는 경우에 해당하지 않는다. 따라서 **이 사건 귀속조항으로 인한 차별이 청구인들의 평등권을 침해하였는지 여부에 대한 심사는 완화된 기준이 적용되어야** 한다(헌재 2011.3.31, 2008헌바141 등).

10. 정답 ②
    ① (헌재 2022.2.24, 2020헌가12)
    ② 형의 실효제도는 전과자의 정상적인 사회복귀를 보장하기 위하여 형의 선고에 기한 법적 효과를 장래에 향하여 소멸시키는 것에 불과하고, 복권제도 또한 전과자의 사회복귀의 장애를 제거하기 위하여 상실 또는 정지된 자격을 회복시켜 주는 것에 불과하며, 양 제도를 채택하고 있는 것이 전과자가 다시 범죄를 저지르는 경우 초범자와 동일한 취급을 보장하기 위함이 아니다. 그리고 확정판결의 범죄사실이 민주화운동보상법에 따라 민주화운동을 이유로 한 것으로 심의·결정되었다고 하여 그 확정판결에 적용된 법률이 위헌임이 유권적으로 선언된 것이라고 할 수 없으므로 동일한 법률이 적용되어 유죄판결을 받은 자의 전과가 무효의 전과라고 할 수 없고, 또 확정판결의 범죄사실이 민주화운동을 이유로 한 것으로 심의·결정되었다고 하여 재심절차를 거치지 아니한 채 그 확정판결의 효력을 배척하는 것은 형사사법의 법적 안정성을 크게 위태롭게 한다. 뿐만 아니라 공범 내지 유사사건에서 확정판결을 받은 사람이 민주화운동관련자로 심의·결정되었다고 하여 반드시 본인의 확정판결의 범죄사실도 민주화운동을 이유로 한 것이라고 단정할 수도 없다. 따라서 이 사건 법률규정이 자격정지 이상의 형을 받아 그 형이 실효되었거나 복권된 전과 또는 공범 내지 유사사건이 민주화운동보상법에 따라 민주화운동으로 결정된 자격정지 이상의 전과를 가진 사람의 평등권을 침해한다고 할 수 없다(헌재 2011.6.30, 2009헌바428).
    ③ (헌재 2009.10.29, 2008헌마432)
    ④ (헌재 2000.6.29, 99헌마289)

11. 정답 ①
    ① 가사사용인을 일반 근로자와 달리 퇴직급여법의 적용범위에서 배제하고 있다 하더라도 **합리적 이유가 있는 차별로서 평등원칙에 위배되지 아니한다**(헌재 2022.10.27, 2019헌바454).
    ② (헌재 2011.2.24, 2008헌바56)
    ③ (헌재 2016.11.24, 2014헌바451)
    ④ (헌재 2013.9.26, 2011헌마782)

12. 정답 ①
    ① 국립묘지 안장 대상자의 배우자 가운데 안장 대상자 사후에 재혼한 자를 합장 대상에서 제외하는 내용의 국립묘지의 설치 및 운영에 관한 법률 조항은 평등원칙에 위배되지 않는다(헌재 2022.11.24, 2020헌바463).
    ② (헌재 2023.5.25, 2019헌마1234)
    ③ (헌재 2015.3.26, 2013헌바140)
    ④ (헌재 2015.12.23, 2014헌바294)

13. 정답 ③
    ① 건강보험료하한 조항이 외국인에 대하여 내국인등과 다른 보험료하한 산정기준을 적용함으로써 차별취급을 하고 있다고 하더라도 여기에는 합리적인 이유가 있다(헌재 2023.9.26, 2019헌마1165).
    ② 같은 서훈 등급임에도 순국선열의 유족보다 애국지사 본인에게 높은 보상금 지급액 기준을 두고 있다 하여 평등권이 침해되었다고 볼 수 없다. 독립유공자법 시행령 조항이 애국지사의 유족과 순국선열의 유족에게 동일한 보상금 지급액 기준을 적용하는 것이, 단지 순국선열의 유족과 애국지사의 유족을 구별하여 규정하지 아니하였다는 이유만으로 **순국선열을 경시하는 것으로서 그 유족인 청구인을 자의적으로 차별하였다고 볼 수 없다**(헌재 2018.1.25, 2016헌마319).
    ③ (헌재 2018.1.25, 2015헌마1047)
    ④ 1945년 8월 14일 이전에 사망한 독립유공자는 희생의 정도가 큰 데 반해 독립유공자 본인은 물론 그 자녀들까지 보상금을 지급받지 못한 경우가 많다. 따라서 **독립유공자의 사망 시기를 기준으로 손자녀에 대한 보상금의 요건을 달리 정한 것이 불합리한 차별을 야기한다고 보기는 어렵다**. 또한 심판대상조항 각목의 취지는 유족 간 형평을 고려하여 예외적으로 손자녀에게 보상금 지급의 기회를 열어주고자 하는 것으로서 합리적 이유가 있다. 따라서 심판대상조항이 1945년 8월 15일 이후에 사망한 독립유공자의 손자녀에 대하여 최초 등록 시 독립유공자 자녀의 사망 여부 또는 보상금 수령 여부를 기준으로 보상금 지급 여부를 달리 취급하는 것은 평등권을 침해하지 않는다(헌재 2022.1.27, 2020헌마594).

정답 및 해설

14. 정답 ②
① 외국거주 외국인유족의 퇴직공제금 수급 자격을 인정하지 아니하는 구 건설근로자의 고용개선 등에 관한 법률은 평등원칙에 위반된다(헌재 2023.3.23, 2020헌바471).
② (헌재 2001.11.29, 99헌마494)
③ 입법자가 가정폭력처벌법상 피해자보호명령조항에서 우편을 이용한 접근금지를 피해자보호명령의 종류로 정하지 아니하였다고 하더라도 이것이 입법자의 재량을 벗어난 자의적인 입법으로서 평등원칙에 위반된다고 보기 어렵다(헌재 2023.2.23, 2019헌바43).
④ 예비역은 국가비상사태에 병력동원의 대상이 되므로, 일정한 신체적 능력과 군전력으로서의 소양이 필요한 점을 고려할 때, 현시점에서 일반적으로 **여성을 예비역 복무의무자에서 제외한 입법자의 판단이 현저히 자의적이라고 단정하기 어렵다.** 다만, 지원에 의하여 현역복무를 마친 여성의 경우 예비전력의 자질을 갖춘 것으로 추정할 수 있으나, 전시 요구되는 장교와 병의 비율, 예비역 인력운영의 효율성 등을 고려할 때, **현역복무를 마친 여성에 대한 예비역 복무의무 부과는 합리적 병력충원제도의 설계, 여군의 역할 확대 및 복무 형태의 다양성 요구 충족 등을 복합적으로 고려하여 결정할 사항**으로, 현시점에서 이에 대한 입법자의 판단이 현저히 자의적이라고 단정하기 어렵다. 따라서 **예비역 복무의무자의 범위에서 일반적으로 여성을 제외하는 구 병역법 조항 및 지원에 의하여 현역복무를 마친 여성을 일반적인 여성의 경우와 동일하게 예비역 복무의무자의 범위에서 제외하는 군인사법 조항은 평등권을 침해하지 아니한다**(헌재 2023.10.26, 2018헌마357).

15. 정답 ③
① (헌재 1991.7.8, 91헌가4)
② (헌재 1998.5.28, 96헌바83)
③ 수재행위의 경우 수수액이 증가하면서 범죄에 대한 비난가능성도 높아지므로 **수수액을 기준으로 단계적 가중처벌을 하는 것에는 합리적 이유가 있다.** 그리고 **가중처벌의 기준을 1억 원으로 정하면서 징역형의 하한을 10년으로 정한 것은 그 범정과 비난가능성을 높게 평가한 입법자의 합리적 결단에 의한 것인바, 가중처벌조항은 책임과 형벌 간의 비례원칙에 위배되지 아니한다**(헌재 2020.3.26, 2017헌바129 등).
④ (헌재 2023.10.26, 2019헌가30)

16. 정답 ①
① **노역장유치는 그 실질이 신체의 자유를 박탈하는 것으로서 징역형과 유사한 형벌적 성격을 가지고 있으므로 형벌불소급원칙의 적용대상이 된다**(헌재 2017.10.26, 2015헌바239 등).
② (헌재 1992.2.25, 89헌가104)
③ (헌재 2004.12.16, 2003헌가12)
④ (헌재 2016.11.24, 2015헌바136)

17. 정답 ①
① 헌법상 일사부재리원칙은 외국의 형사판결에 대하여는 적용되지 아니한다고 할 것이므로, 이 사건 법률조항은 헌법 제13조 제1항의 **이중처벌금지원칙에 위반되지 아니한다**(헌재 2015.5.28, 2013헌가129).
② (헌재 2012.12.27, 2010헌가82 등)
③ (헌재 2003.11.27, 2002헌바24)
④ (헌재 2007.11.29, 2006헌가13)

18. 정답 ④
① (헌재 2013.6.27, 2012헌바345 등)
② (헌재 2011.8.30, 2007헌가12 등)
③ (헌재 2012.8.23, 2010헌가65)
④ 수사 중인 사건에 대하여 징계절차를 진행하지 아니할 수 있도록 징계시효 연장을 규정하면서 징계절차를 진행하지 아니함을 통보하지 아니한 경우에는 징계시효가 연장되지 않는다는 예외규정을 두지 아니한 구 지방공무원법 조항은 적법절차원칙에 위반되지 않는다(헌재 2017.6.29, 2015헌바29).

19. 정답 ③
① (헌재 2004.5.14, 2004헌나1)
② (헌재 2023.6.29, 2020헌바63)
③ 치료감호심의위원회의 심사대상은 이미 판결에 의하여 확정된 보호감호처분을 집행하는 것에 불과하므로 이를 법관에게 맡길 것인지, 아니면 제3의 기관에 맡길 것인지는 입법 재량의 범위 내에 있으며, 위원회의 결정에 대하여 불복이 있는 경우 행정소송 등 사법심사의 길이 열려 있으므로 법관에 의한 재판을 받을 권리를 침해한다고 할 수 없다. 나아가, **치료감호심의위원회의 구성, 심사절차 및 심사대상에 비추어 볼 때 위원회가 보호감호의 관리 및 집행에 관한 사항을 심사·결정하도록 한 것이 헌법상 적법절차 원칙에 위배된다고 볼 수 없다**(헌재 2009.3.26, 2007헌바50).
④ (헌재 2014.9.25, 2013헌마11)

20. 정답 ④
① (헌재 1990.11.19, 90헌가48)
② (헌재 1997.5.29, 96헌가17)
③ (헌재 2005.2.3, 2003헌바1)
④ 피고인 스스로 치료감호를 청구할 수 있는 권리나, 법원으로부터 직권으로 치료감호를 선고받을 수 있는 권리는 헌법상 재판청구권의 보호범위에 포함되지 않는다. **공익의 대표자로서 준사법기관적 성격을 가지고 있는 검사에게만 치료감호 청구권한을 부여한 것은, 본질적으로 자유박탈적이고 침익적 처분인 치료감호와 관련하여 재판의 적정성 및 합리성을 기하기 위한 것이므로 적법절차원칙에 반하지 않는다. 그렇다면 이 사건 법률조항들은 재판청구권을 침해하거나 적법절차원칙에 반한다고 보기 어렵다**(헌재 2021.1.28, 2019헌가24 등).

정답 및 해설

21. 정답 ④
① (헌재 2012.12.27, 2011헌가5)
② (헌재 1993.12.23, 93헌가2)
③ (헌재 2021.1.28, 2020헌마264 등)
④ 심판대상조항에 의한 자료제출요구는 행정조사의 성격을 가지는 것으로 수사기관의 수사와 근본적으로 그 성격을 달리하며, **청구인에 대하여 직접적으로 어떠한 물리적 강제력을 행사하는 강제처분을 수반하는 것이 아니므로 영장주의의 적용대상이 아니다**(헌재 2019.9.26, 2016헌바381).

22. 정답 ③
① 헌법 제12조 제5항
② 헌법 제12조 제6항
③ 특별검사가 참고인에게 지정된 장소까지 동행할 것을 명령할 수 있게 하고 참고인이 정당한 이유 없이 위 동행명령을 거부한 경우 천만 원 이하의 벌금형에 처하도록 규정한 이 사건 법률 제6조 제6항·제7항, 제18조 제2항(이하 '이 사건 동행명령조항'이라 한다)은 **영장주의와 과잉금지원칙에 위배하여 청구인들의 평등권과 신체의 자유를 침해한다**(헌재 2008.1.10, 2007헌마1468).
④ (헌재 2010.11.25, 2009헌바8)

23. 정답 ①
① 대체유류에는 적법하게 제조되어 석유사업법상 처벌대상이 되지 않는 석유대체연료를 포함하는 것이므로 '대체유류'를 제조하였다고 신고하는 것이 곧 석유사업법을 위반하였음을 시인하는 것과 마찬가지라고 할 수 없고, **신고의무 이행시 진행되는 과세절차가 곧바로 석유사업법위반죄 처벌을 위한 자료의 수집·획득 절차로 이행되는 것도 아니다.** 따라서 **교통·에너지·환경세법 제7조 제1항은 형사상 불이익한 사실의 진술을 강요한 것으로 볼 수 없으므로 진술거부권을 제한하지 아니**한다(헌재 2014.7.24, 2013헌바177).
② (헌재 1994.7.29, 93헌가3)
③ (헌재 2014.4.24, 2012헌바45)
④ (헌재 2006.5.25, 2004헌바12)

24. 정답 ①
① **변호인이 피의자신문에 자유롭게 참여할 수 있는 권리는 피의자가 가지는 변호인의 조력을 받을 권리를 실현하는 수단이므로 헌법상 기본권인 변호인의 변호권으로서 보호되어야** 한다(헌재 2017.11.30, 2016헌마503).
② (헌재 1997.3.27, 96헌가11)
③ (헌재 2011.5.26, 2009헌마341)
④ (대판 2015.5.28, 2015도3136)

25. 정답 ④
① 교도소장이 수용자의 변호인이 수용자에게 보낸 서신을 개봉한 후 교부한 행위는 변호인의 조력을 받을 권리를 침해하지 아니한다(헌재 2021.10.28, 2019헌마973).
② 누구든지 체포 또는 구속을 당한 때에는 즉시 변호인의 조력을 받을 권리를 가진다. 다만, **형사피고인이 스스로 변호인을 구할 수 없을 때에는 법률이 정하는 바에 의하여 국가가 변호인을 붙인다**(헌법 제12조 제4항).
③ **구치소 내의 변호인접견실에 CCTV를 설치하여 미결수용자와 변호인 간의 접견을 관찰한 행위와 교도관이 미결수용자와 변호인 간에 주고받는 서류를 확인하고, 소송관계서류처리부에 그 제목을 기재하여 등재한 행위는 청구인의 변호인의 조력을 받을 권리와 개인정보자기결정권을 침해하지 않는다**(헌재 2016.4.28, 2015헌마243).
④ (헌재 2016.12.29, 2015헌바221)

정답 및 해설

제4회 사전모의고사 정답 및 해설

1. **정답 ③**
   ① 거주·이전의 자유는 국가의 간섭없이 자유롭게 거주와 체류지를 정할 수 있는 자유로서 정치·경제·사회·문화 등 모든 생활영역에서 개성신장을 촉진함으로써 헌법상 보장되고 있는 다른 기본권들의 실효성을 증대시켜주는 기능을 한다. **구체적으로는 국내에서 체류지와 거주지를 자유롭게 정할 수 있는 자유영역뿐 아니라 나아가 국외에서 체류지와 거주지를 자유롭게 정할 수 있는 '해외여행 및 해외 이주의 자유'를 포함하고 덧붙여 대한민국의 국적을 이탈할 수 있는 '국적변경의 자유' 등도 그 내용에 포섭된다고 보아야 한다**(헌재 2004.10.28, 2003헌가18).
   ② 누구든지 주민등록 여부와 무관하게 거주지를 자유롭게 이전할 수 있으므로 주민등록 여부가 거주·이전의 자유와 직접적인 관계가 있다고 보기 어려우며, **영내 기거하는 현역병은 병역법으로 인해 거주·이전의 자유를 제한받게 되므로 이 사건 법률조항은 영내 기거 현역병의 거주·이전의 자유를 제한하지 않는다**(헌재 2011.6.30, 2009헌마59).
   ③ (헌재 2004.10.28, 2003헌가18)
   ④ 출국금지의 대상이 되는 추징금은 2,000만 원 이상으로 규정하여 비교적 고액의 추징금 미납자에 대하여서만 출국의 자유를 제한할 수 있도록 하고 있으며 실무상 추징금 미납을 이유로 출국금지처분을 함에 있어서는 재산의 해외도피 우려를 중요한 기준으로 삼고 있다. 출입국관리법 제4조 제1항 제4호(이하, '이 사건 법률조항'이라 한다)는 출입국관리법시행령과 출국금지업무처리규칙의 관련 조항들과 유기적으로 결합하여 살피면 일정한 액수의 추징금 미납사실 외에 '재산의 해외도피 우려'라는 국가형벌권실현의 목적에 부합하는 요건을 추가적으로 요구함으로써 출국과 관련된 기본권의 제한을 최소한에 그치도록 배려하고 있다. 또한 간접강제(민사집행법 제261조)제도나 재산명시명령의 불이행에 대한 감치(민사집행법 제68조)처분, 강제집행면탈죄(형법 제327조)로 처벌하는 규정과, **사기파산죄(파산법 제366조) 등과 대비하여 볼 때 재산의 해외도피 우려가 있는 추징금 미납자에 대하여 하는 출국금지처분이 결코 과중한 조치가 아닌 최소한의 기본권제한조치라고 아니할 수 없다. 나아가 추징금을 납부하지 않는 자에 대한 출국금지로 국가형벌권 실현을 확보하고자 하는 국가의 이익은 형벌집행을 회피하고 재산을 국외로 도피시키려는 자가 받게되는 출국금지의 불이익에 비하여 현저히 크다. 이처럼 고액 추징금 미납자에게 하는 출국금지조치는 정당한 목적실현을 위해 상당한 비례관계가 유지되는 합헌적 근거 법조항에 따라 시행되는 제도이다**(헌재 2004.10.28, 2003헌가18).

2. **정답 ④**
   ① (헌재 1997.4.24, 95헌마273)
   ② (헌재 2022.2.24, 2017헌바438)
   ③ (헌재 2021.6.24, 2019헌마540)
   ④ 심판대상조항은 소 제기 전 단계에서 충실한 소송준비를 하기 어렵게 하여 변호사의 직무수행에 큰 장애를 초래하고, 변호사의 도움이 가장 필요한 시기에 접견에 대한 제한의 정도가 위와 같이 크다는 점에서 수형자의 재판청구권 역시 심각하게 제한될 수밖에 없고, 이로 인해 법치국가원리로 추구되는 정의에 반하는 결과를 낳을 수도 있다. 따라서 **심판대상조항은 과잉금지원칙에 위배되어 변호사인 청구인의 직업수행의 자유를 침해한다**(헌재 2021.10.28, 2018헌마60).

3. **정답 ①**
   ① 이 사건 법률조항은 변호사제도를 보호·유지하려는 데 그 목적이 있어 실현하고자 하는 공익이 정당하고, 변호사제도의 목적을 달성하기 위해서는 비변호사의 법률사무취급의 금지는 불가피한 것으로 공익실현을 위한 기본권제한의 수단이 적정하며, 단지 금품 등 이익을 얻을 목적의 법률사무취급만을 금지하고 있는 점 등에 비추어 보면, 이 사건 법률조항이 **일반국민의 직업선택의 자유를 침해한다고 볼 수 없다**(헌재 2010.10.28, 2009헌바4).
   ② (헌재 2023.7.20, 2020헌마104)
   ③ (헌재 2014.1.28, 2011헌바252)
   ④ (헌재 2019.8.29, 2018헌바4)

4. **정답 ③**
   ① 금고 이상의 실형을 선고받고 그 집행이 종료된 날부터 3년이 경과되지 않은 경우 중개사무소 개설등록을 취소하도록 하는 공인중개사법 조항은 직업선택의 자유를 침해하지 아니한다(헌재 2019.2.28, 2016헌바467).
   ② **유사군복을 판매 목적으로 소지하는 행위에 대하여 처벌하는 군복 및 군용장구의 단속에 관한 법률 조항은 과잉금지원칙을 위반하여 직업의 자유 내지 일반적 행동의 자유를 침해한다고 볼 수 없다**(헌재 2019.4.11, 2018헌가14).
   ③ (헌재 2018.4.26, 2015헌가19)
   ④ 심판대상조항 중 각 '거짓이나 그 밖의 부정한 수단으로 받은 운전면허를 제외한 운전면허'를 필요적으로 취소하도록 한 부분은, **과잉금지원칙에 반하여 일반적 행동의 자유 또는 직업의 자유를 침해한다**(헌재 2020.6.25, 2019헌가9 등).

5. **정답 ②**
   ① (헌재 2007.5.31, 2005헌마1139)
   ② 제출조항은 범죄 수사 및 예방을 위하여 일정한 신상정보를 제출하도록 하는 것으로서, 목적의 정당성 및 수단의 적합성이 인정된다. … 종교, 질병, 가족관계 등 입법목적과 직접적인 관련성이 인정되지 않는 정보의 제출을 제한하고 있으므로 침해의 최소성이 인정된다. 제출조항으로 인하여 청구인은 일정한 신상정보를 제출해야 하는 불이익을 받게 되나, 이에 비하여 제출조항이 달성하려는 공익이 크다고 보이므로 법익의 균형성도 인정된다. 따라서 제출조항은 청구인의 개인정보자기결정권을 **침해하지 않는다**(헌재 2016.3.31, 2014헌마457).

정답 및 해설

③ (대판 2008.5.8, 2007도11322)
④ (헌재 2014.8.28, 2011헌마28 등)

6. 정답 ②
① (헌재 2011.12.29, 2010헌마293)
② 야당 소속 후보자 지지 혹은 정부 비판은 정치적 견해로서 개인의 인격주체성을 특징짓는 개인정보에 해당하고, 그것이 지지 선언 등의 형식으로 공개적으로 이루어진 것이라고 하더라도 여전히 개인정보자기결정권의 보호범위 내에 속한다(헌재 2020.12.23, 2017헌마416).
③ (헌재 2018.8.30, 2014헌마368)
④ (헌재 1995.12.28, 91헌마114)

7. 정답 ③
① (헌재 2009.10.29, 2007헌마667)
② (헌재 2005.11.24, 2005헌마112)
③ 서울특별시 교육감과 교육인적자원부장관이 졸업생의 성명, 생년월일 및 졸업일자만을 교육정보시스템(NEIS)에 보유하는 행위는 개인정보자기결정권을 침해하지 않는다(헌재 2005.7.21, 2003헌마282 등).
④ (대판 1998.9.4, 96다11327)

8. 정답 ③
① 송·수신이 완료된 전기통신에 대한 압수·수색 사실을 수사 대상이 된 가입자에게만 통지하도록 하고, 그 상대방에 대하여는 통지하지 않도록 한 법조항은 개인정보자기결정권을 침해하지 않는다(헌재 2018.4.26, 2014헌마1178).
② 헌법재판소는 출소후신고조항 및 위반 시 처벌조항에 대해서는 합헌의견 5인, 위헌의견 4인으로 선례와 마찬가지로 헌법에 위반되지 않는다는 판단을 하였다. 그러나 변동신고조항 및 위반 시 처벌조항에 대해서는 위헌의견 4인, 헌법불합치의견 2인, 합헌의견 3인으로 위헌정족수를 충족하여 헌법불합치 결정을 선고하였다(헌재 2021.6.24, 2017헌바479).
③ (헌재 2016.11.24, 2014헌바401)
④ 청구인은 심판대상조항에 의해 표현의 자유 또는 예술창작의 자유가 제한된다고 주장하나, 심판대상조항은 집필문을 창작하거나 표현하는 것을 금지하거나 이에 대한 허가를 요구하는 조항이 아니라 이미 표현된 집필문을 외부의 특정한 상대방에게 발송할 수 있는지 여부에 대해 규율하는 것이므로, 제한되는 기본권은 헌법 제18조에서 정하고 있는 통신의 자유로 봄이 상당하다(헌재 2016.5.26, 2013헌바98).

9. 정답 ①
① 불법검열에 의한 우편물의 내용과 불법감청에 의한 전기통신 내용의 증거사용 금지 : 제3조의 규정에 위반하여, 불법검열에 의하여 취득한 우편물이나 그 내용 및 불법감청에 의하여 지득 또는 채록된 전기통신의 내용은 재판 또는 징계절차에서 증거로 사용할 수 없다(통신비밀보호법 제4조).

② (헌재 2021.9.30, 2019헌마919)
③ (헌재 2018.8.30, 2016헌마263)
④ 통신비밀보호법 제13조 제7항

10. 정답 ②
㉠ '국가의 납입의 고지로 인하여 시효중단의 효력을 종국적으로 받지 않고 계속하여 소멸시효를 누릴 기대이익'은 헌법적으로 보호될만한 재산권적 성질의 것은 아니며 단순한 기대이익에 불과하다고 볼 것이므로 이 사건 법률조항에 의하여 청구인의 재산권이 제한되거나 침해될 여지는 없다(헌재 2004.3.25, 2003헌바22).
㉡ 지목에 관한 등록이나 등록변경 또는 등록의 정정은 단순히 토지행정의 편의나 사실증명의 자료로 삼기 위한 것에 그치는 것이 아니라, 해당 토지소유자의 재산권에 크건 작건 영향을 미친다고 볼 것이며, 정당한 지목을 등록함으로써 토지소유자가 누리게 될 이익은 국가가 헌법 제23조에 따라 보장하여 주어야 할 재산권의 한 내포(內包)로 봄이 상당하다(헌재 1999.6.24, 97헌마315).
㉢ 계모자 사이에 상속이 인정되지 않는 것은 계모자관계를 법정혈족관계로 인정했던 구 민법 제773조를 삭제하면서도 상속순위에 관한 민법 제1000조 제1항에 계모자관계에 대한 특별한 규율을 하지 않은 부진정입법부작위의 문제라 할 수 있고, 이에 대하여는 헌법재판소 2009.11.26, 2007헌마1424 결정에서 이미 과잉금지원칙에 위반되지 아니하므로 계자의 재산권이 침해되지 않는다는 판단을 한 바 있다. 이와 관련하여 구 민법상 법정혈족관계로 인정되던 계모자 사이의 상속권도 헌법상 보호되는 재산권이라고 볼 수 있다(헌재 2011.2.24, 2009헌바89 등).
㉣ 공제회가 관리·운용하는 기금은 학교안전사고보상공제 사업 등에 필요한 재원을 확보하고, 공제급여에 충당하기 위하여 설치 및 조성되는 것으로서 학교안전법령이 정하는 용도에 사용되는 것일 뿐, 각 공제회에 귀속되어 사적 유용성을 갖는다거나 원칙적 처분권이 있는 재산적 가치라고 보기 어렵고, 공제회가 갖는 기금에 대한 권리는 법에 의하여 정해진 대로 운영할 수 있는 법적 권능에 불과할 뿐 사적 이익을 위해 권리주체에게 귀속될 수 있는 성질의 것이 아니므로, 이는 헌법 제23조 제1항에 의하여 보호되는 공제회의 재산권에 해당되지 않는다(헌재 2015.7.30, 2014헌가7).
㉤ 주주권은, 비록 주주의 자격과 분리하여 양도·질권 설정·압류할 수 없고 시효에 걸리지 않아 보통의 채권과는 상이한 성질을 갖지만, 다른 한편 주주의 자격과 함께 사용(결의)·수익(담보제공)·처분(양도·상속)할 수 있다는 점에서는 분명히 '사적유용성 및 그에 대한 원칙적 처분권을 내포하는 재산가치 있는 권리'로 볼 수 있으므로 헌법상 재산권 보장의 대상에 해당한다고 볼 것이다(헌재 2008.12.26, 2005헌바34).

11. 정답 ④
① (헌재 1998.12.24, 97헌마90)
② (헌재 2012.11.29, 2011헌바49)

③ (헌재 2016.9.29, 2014헌바400)
④ 장해급여는 장해상태에 따른 노동력 상실 또는 감소에 관한 손해배상 또는 손실보상적 급부의 성격을 가진다. 장해등급 재판정 제도는 장해급여의 요건이 되는 장해등급을 적정하게 결정하기 위한 것이므로, 장해등급 결정이 수급권자의 귀책사유 없이 상당한 기간 늦어진 경우 재판정을 면제하지 않았다고 하여 적정 수준의 손해배상 또는 손실보상적 급부의 범위를 설정하는 데 불합리한 제한이 있다고 보기 어렵다. 장해등급의 재판정을 1회만 실시하도록 한 것은 장해급여 수급권자의 지위에 안정을 기하려는 것이고, 재판정 실시 결과 최종적인 장해등급이 수급권자에게 불리하게 정해진 경우에 이의가 있는 수급권자는 심사 및 재심사 청구, 행정소송으로 불복할 수 있다는 점에서도, 합리성이 인정된다. 따라서 **장해보상연금 수급권자의 의사나 귀책사유 없이 요양 종결 후 상당한 기간이 경과한 후에 장해급여를 청구한 경우에도 예외 없이 장해등급 재판정을 1회 실시하도록 한, 산업재해보상보험법조항은 합리적인 입법형성의 범위를 넘어 장해급여 수급권자의 재산권을 침해하지 않는다**(헌재 2023.10.26, 2020헌바310).

12. 정답 ①
① **전기통신금융사기의 피해자가 피해구제 신청을 하는 경우 사기이용계좌를 지급정지하는** '전기통신금융사기 피해방지 및 피해금 환급에 관한 특별법' 조항은 재산권을 침해하지 않고, **지급정지가 이루어진 사기이용계좌 명의인의 전자금융거래를 제한하는** 구 '전기통신금융사기 피해방지 및 피해금 환급에 관한 특별법' 조항은 일반적 행동자유권을 침해하지 아니한다(헌재 2022.6.30, 2019헌마579).
② (헌재 2000.6.29, 99헌마289)
③ (헌재 2014.5.29, 2012헌마248)
④ (헌재 2011.8.30, 2006헌마788)

13. 정답 ②
① (헌재 2002.12.18, 2002헌가4)
② 예비군 교육훈련에 참가한 예비군대원이 훈련 과정에서 식비, 여비 등을 스스로 지출함으로써 생기는 경제적 부담은 헌법에서 보장하는 재산권의 범위에 포함된다고 할 수 없고, 예비군 교육훈련 기간 동안의 일실수익과 같은 기회비용 역시 경제적인 기회에 불과하여 **재산권의 범위에 포함되지 아니한다**(헌재 2019.8.29, 2017헌마828).
③ (헌재 1998.12.24, 89헌마214)
④ (헌재 1994.7.29, 92헌바49)

14. 정답 ③
① (헌재 2018.2.22, 2017헌바59)
② (헌재 2017.7.27, 2016헌바290)
③ 영화관 관람객이 입장권 가액의 100분의 3을 부담하도록 하고 영화관 경영자는 이를 징수하여 영화진흥위원회에 납부하도록 강제하는 내용의 영화상영관 입장권 부과금 제도는, 영화예술의 질적 향상과 한국영화 및 영화·비디오물산업의 진흥·발전의 토대를 구축하기 위한 영화발전기금의 안정적 재원 마련이라는 정당한 입법목적을 위한 것으로 헌법적으로 정당화되는 재정조달목적 부담금으로서 위와 같은 목적 달성에 적합한 수단이다. **영화상영관 입장권에 대한 부과금 제도는 과잉금지원칙에 반하여 영화관 관람객의 재산권과 영화관 경영자의 직업수행의 자유를 침해하였다고 볼 수 없다**(헌재 2008.11.27, 2007헌마860).
④ (헌재 2018.4.26, 2017헌마530)

15. 정답 ③
① 개성공단에서 영업을 계속하지 못하여 발생한 영업 손실이나 주식 등 권리의 가치 하락은 헌법 제23조의 재산권보장의 범위에 속한다고 보기 어렵다(헌재 2022.1.27, 2016헌마364).
② 소방시설로 인하여 이익을 받는 자의 건축물을 과세대상으로 소방지역자원시설세를 부과하면서, 대형 화재위험 건축물에 대하여는 일반세액의 3배를 중과세 하는 지방세법 조항은 헌법 제37조 제2항에 반하여 재산권을 침해한다고 볼 수 없다(헌재 2020.3.26, 2017헌바387).
③ (헌재 2020.4.23, 2018헌가17)
④ 퇴직연금 수급자가 유족연금을 함께 받게 된 경우 그 유족연금액의 2분의 1을 빼고 지급하더라도 인간다운 생활을 할 권리와 재산권 및 평등권을 침해하지 않는다(헌재 2020.6.25, 2018헌마865).

16. 정답 ④
① (헌재 1998.7.16, 96헌바35)
② (헌재 1998.7.16, 96헌바35)
③ (헌재 2021.8.31, 2020헌마12 등)
④ **특정한 내적인 확신 또는 신념이 양심으로 형성된 이상 그 내용 여하를 떠나 양심의 자유에 의해 보호되는 양심이 될 수 있으므로, 헌법상 양심의 자유에 의해 보호받는 '양심'으로 인정할 것인지의 판단은 그것이 깊고, 확고하며, 진실된 것인지 여부에 따르게 된다. 그리하여 양심적 병역거부를 주장하는 사람은 자신의 '양심'을 외부로 표명하여 증명할 최소한의 의무를 진다**(헌재 2018.6.28, 2011헌바379 등).

17. 정답 ②
① 양심상의 결정이 이성적·합리적인지, 타당한지 또는 법질서나 사회규범, 도덕률과 일치하는지 여부는 양심의 존재를 판단하는 기준이 될 수 없다(헌재 2011.8.30, 2007헌가12 등).
② (헌재 2023.2.23, 2019헌바93 등)
③ **이적표현물의 제작이나 반포행위를 금지하는 것은 표현물에 담긴 사상, 내용을 자유롭게 표명하고 그것을 다른 사람들에게 전파하고자 하는 표현의 자유를 제한한다. 또한, 표현물에 담긴 내용이나 사상은 개개인이 자신의 세계관이나 가치체계를 형성해 나가는 데 영향을 주는 것으로 어떠한 신념에 근거하여 윤리적 결정을 하고 삶의 방향을 설정해 나갈 것인가를 정하는 기초가 된다. 따라서 특정한 내용이 담

긴 표현물의 소지나 취득을 금지함으로써 정신적 사유의 범위를 제한하는 것은, 내적 영역에서 양심을 형성하고 사상을 발전시켜 나가고자 하는 양심의 자유 내지는 사상의 자유를 제한한다(헌재 2015.4.30, 2012헌바95 등).
④ 병역의무의 부과와 구체적 병역처분 과정에서 고려되지 않은 사정이라 하더라도, 입영하지 않은 병역의무자가 처한 구체적이고 개별적인 사정이 그로 하여금 병역의 이행을 감당하지 못하도록 한다면 병역법 제88조 제1항의 '정당한 사유'에 해당할 수 있다고 보아야 한다. **설령 그 사정이 단순히 일시적이지 않다거나 다른 이들에게는 일어나지 않는 일이라 하더라도 마찬가지이다**(대판 2018.11.1, 2016도10912).

18. 정답 ④
① 종교의 자유는 일반적으로 신앙의 자유, 종교적 행위의 자유 및 종교적 집회·결사의 자유로 구성된다. **신앙의 자유는 신과 피안 또는 내세에 대한 인간의 내적 확신에 대한 자유를 말하는 것으로서, 이러한 신앙의 자유는 그 자체가 내심의 자유의 핵심이기 때문에 법률로써도 이를 침해할 수 없다**(헌재 2016.6.30, 2015헌바46).
② **종교(선교활동)의 자유는 국민에게 그가 선택한 임의의 장소에서 자유롭게 행사할 수 있는 권리까지 보장한다고 할 수 없으며**, 그 임의의 장소가 대한민국의 주권이 미치지 아니하는 지역 나아가 국가에 의한 국민의 생명·신체 및 재산의 보호가 강력히 요구되는 해외 위난지역인 경우에는 더욱 그러하다(헌재 2008.6.26, 2007헌마1366).
③ 심판대상조항은 양로시설에 입소한 노인들에게 편안하고 쾌적한 주거환경을 제공하도록 국가나 지방자치단체가 관리·감독을 하기 위한 것으로, 이러한 **입법목적은 정당하고 신고의무를 위반한 경우 형사제재를 가하는 것은 양로시설 현황을 파악하고 감독하기 위한 것으로 수단의 적절성도 인정된다**. … 사안의 경중에 따라 벌금형의 선고도 가능하므로 심판대상조항에 의한 처벌이 지나치게 과중하다고 볼 수 없다. 심판대상조항에 의하여 제한되는 사익에 비하여 심판대상조항이 달성하려는 공익은 양로시설에 입소한 노인들의 쾌적하고 안전한 주거환경을 보장하는 것으로 이는 매우 중대하다. 따라서 심판대상조항이 과잉금지원칙에 위배되어 종교의 자유를 침해한다고 볼 수 없다(헌재 2016.6.30, 2015헌바46).
④ (헌재 2022.11.24, 2019헌마941)

19. 정답 ③
① (대판 2011.10.27, 2009다32386)
② (헌재 2010.2.25, 2007헌바131 등)
③ **군종장교가 최소한 성직자의 신분에서 주재하는 종교활동을 수행함에 있어 소속종단의 종교를 선전하거나 다른 종교를 비판하였다고 할지라도 그것만으로 종교적 중립을 준수할 의무를 위반한 직무상의 위법이 있다고 할 수 없다**(대판 2007.4.26, 2006다87903).
④ (대판 2009.5.28, 2008두16933)

20. 정답 ②
㉠ **방영금지가처분은** 행정권에 의한 사전심사나 금지처분이 아니라 개별 당사자 간의 분쟁에 관하여 사법부가 사법절차에 의하여 심리·결정하는 것이어서 헌법에서 금지하는 사전검열에 해당하지 아니한다(헌재 2001.8.30, 2000헌바36).
㉡ **의료광고 사전심의는 헌법이 금지하는 사전검열에 해당하므로 표현의 자유를 침해한다**(헌재 2015.12.23, 2015헌바75).
㉢ 영상물등급위원회에 의한 등급분류보류제도는 … 실질적으로 영상물등급위원회의 허가를 받지 않는 한 영화를 통한 의사표현이 무한정 금지될 수 있으므로 검열에 해당한다(헌재 2001.8.30, 2000헌가9).
㉣ **인터넷게시판에서의 본인확인제는** 게시글의 내용에 따라 규제를 하는 것이 아니고, 정보통신서비스 제공자의 삭제의무를 규정하고 있지도 않은바, 의견발표 전에 국가기관에 의하여 그 내용을 심사, 선별하여 일정한 사상표현을 저지하는 **사전적 내용심사로는 볼 수 없으므로 사전검열금지원칙에 위배된다고 할 수 없다**(헌재 2012.8.23, 2010헌마47 등).
㉤ 「옥외광고물 등 관리법」 제3조는 일정한 지역·장소 및 물건에 광고물 또는 게시시설을 표시하거나 설치하는 경우에 그 광고물 등의 종류·모양·크기·색깔, 표시 또는 설치의 방법 및 기간 등을 규제하고 있을 뿐, 광고물 등의 내용을 심사·선별하여 광고물을 사전에 통제하려는 제도가 아님은 명백하므로, 헌법 제21조 제2항이 정하는 사전허가·검열에 해당되지 아니한다(헌재 1998.2.27, 96헌바2).

21. 정답 ③
① (헌재 2010.12.28, 2008헌바157 등)
② (헌재 2016.9.29, 2015헌바325)
③ 이 사건 시기제한조항의 입법목적을 달성할 수 있는 덜 제약적인 다른 방법들이 이 사건 심의기준 규정과 공직선거법에 이미 충분히 존재한다. 따라서 이 사건 시기제한조항은 과잉금지원칙에 반하여 청구인의 표현의 자유를 침해한다(헌재 2019.11.28, 2016헌마90).
④ (헌재 2020.11.26, 2016헌마275 등)

22. 정답 ②
① (헌재 1992.6.26, 90헌가23)
② 공공기관은 **전자적 형태로 보유·관리하지 아니하는 정보**에 대하여 청구인이 전자적 형태로 공개하여 줄 것을 요청한 경우에는 정상적인 업무수행에 현저한 지장을 초래하거나 그 정보의 성질이 훼손될 우려가 없으면 그 정보를 **전자적 형태로 변환하여 공개할 수 있다**(공공기관의 정보공개에 관한 법률 제15조 제2항).
③ (헌재 2023.10.26, 2019헌마158)
④ (헌재 2012.5.31, 2009헌마705 등)

정답 및 해설

23. 정답 ①
    ① 집회의 자유에 의하여 보호되는 것은 단지 '평화적' 또는 '비폭력적' 집회이다. 집회의 자유는 민주국가에서 정신적 대립과 논의의 수단으로서, 평화적 수단을 이용한 의견의 표명은 헌법적으로 보호되지만, 폭력을 사용한 의견의 강요는 헌법적으로 보호되지 않는다(헌재 2003.10.30, 2000헌바67).
    ② (헌재 2003.10.30, 2000헌바67 등)
    ③ (헌재 2009.9.24, 2008헌가25)
    ④ (헌재 2005.11.24, 2004헌가17)

24. 정답 ③
    ① (헌재 2009.9.24, 2008헌가25)
    ② (헌재 2018.5.31, 2015헌마476)
    ③ 일반적으로 **집회는, 일정한 장소를 전제로 하여 특정 목적을 가진 다수인이 일시적으로 회합하는 것을 말하는 것으로 일컬어지고 있고, 그 공동의 목적은 '내적인 유대 관계'로 족하다**(헌재 2009.5.28, 2007헌바22).
    ④ (헌재 2018.8.30, 2014헌마843)

25. 정답 ①
    ① 가입조항은 변리사의 변리사회 의무가입을 통하여 대한변리사회(이하 '변리사회'라고만 한다)의 대표성과 법적 지위를 강화함으로써 변리사회가 공익사업 등을 원활하게 수행할 수 있도록 하고, 산업재산권에 대한 민관공조체제를 강화하여 궁극적으로 산업재산권 제도 및 관련 산업의 발전을 도모하기 위한 것으로, **입법목적의 정당성과 수단의 적합성이 인정**된다. … 변호사이더라도 변리사 업무를 수행하는 이상 변리사회에 가입할 필요가 있다. 따라서 가입조항은 **침해의 최소성 요건도 갖추었다.** 가입조항으로 인하여 변리사들이 받는 불이익은 변리사회에 가입할 의무가 발생하는 것에 불과한 반면, 가입조항이 달성하고자 하는 공익은 중대하므로 가입조항은 **법익의 균형성 요건도 갖추었다.** 따라서 **가입조항은 청구인의 소극적 결사의 자유 및 직업수행의 자유를 침해하지 않는다**(헌재 2017.12.28, 2015헌마1000).
    ② (헌재 2021.10.28, 2019헌마1091)
    ③ (헌재 1997.5.29, 94헌바5)
    ④ (헌재 2000.6.1, 99헌마553)

제5회 사전모의고사 정답 및 해설

1. 정답 ③
    ① 대학 본연의 기능인 학술의 연구나 교수, 학생선발·지도 등과 관련된 교무·학사행정의 영역에서는 대학구성원의 결정이 우선한다고 볼 수 있으나, 학교법인으로서도 설립 목적을 구현하는 차원에서 조정적 개입은 가능하다고 할 것이고, 우리 법제상 학교법인에게만 권리능력이 인정되므로 각종 법률관계의 형성이나 법적 분쟁의 해결에는 법인이 대학을 대표하게 될 것이다. 한편, **대학의 재정, 시설 및 인사 등의 영역에서는 학교법인이 기본적인 윤곽을 결정하되, 대학구성원에게는 이러한 영역에 대하여 일정 정도 참여권을 인정하는 것이 필요하다**(헌재 2013.11.28, 2007헌마1189 등).
    ② 영진법 제21조 제7항 후문 중 '제3항 제5호' 부분의 위임 규정은 영화상영등급분류의 구체적 기준을 영상물등급위원회의 규정에 위임하고 있는데, 이 사건 위임 규정에서 위임하고 있는 사항은 제한상영가 등급분류의 기준에 대한 것으로 그 내용이 사회현상에 따라 급변하는 내용들도 아니고, 특별히 전문성이 요구되는 것도 아니며, 그렇다고 기술적인 사항도 아닐 뿐만 아니라, 더욱이 표현의 자유의 제한과 관련되어 있다는 점에서 경미한 사항이라고도 할 수 없는데도, **이 사건 위임 규정은 영상물등급위원회 규정에 위임하고 있는바, 이는 그 자체로서 포괄위임금지원칙을 위반하고 있다고 할 것**이다(헌재 2008.7.31, 2007헌가4).
    ③ (헌재 2000.3.30, 99헌마143)
    ④ 이미 출원공개된 디자인에 대하여 신규성 상실의 예외를 인정하지 않는 디자인보호법조항은 입법형성권의 한계를 일탈하였다고 보기 어렵다(헌재 2023.7.20, 2020헌바497).

2. 정답 ①
    ① 사회적 기본권은 입법과정이나 정책결정과정에서 사회적 기본권에 규정된 국가목표의 무조건적인 최우선적 배려가 아니라 단지 적절한 고려를 요청하는 것이다(헌재 2003.7.24, 2002헌마52).
    ② (헌재 2000.6.1, 98헌마216)
    ③ (헌재 1998.12.24, 96헌바73)
    ④ (헌재 2021.8.31, 2019헌바73)

3. 정답 ③
    ① (헌재 2000.6.1, 97헌마190)
    ② (헌재 2011.7.28, 2009헌마27)
    ③ 「산업재해보상보험법」에서 업무상 재해의 인정요건 중 하나로 '업무와 재해 사이에 상당인과관계'를 요구하고 근로자 측에게 그에 대한 입증을 부담시키는 것은 사회보장수급권을 침해한다고 볼 수 없다(헌재 2015.6.25, 2014헌바269).
    ④ (헌재 2017.11.30, 2016헌마448)

정답 및 해설

4. **정답 ①**
   ① (헌재 2019.11.28, 2018헌바335)
   ② 모든 국민은 인간다운 생활을 할 권리를 가지며 국가는 생활능력 없는 국민을 보호할 의무가 있다는 헌법의 규정은 모든 국가기관을 기속하지만 그 기속의 의미는 동일하지 아니한데, **입법부나 행정부에 대하여는** 국민소득, 국가의 재정능력과 정책 등을 고려하여 가능한 범위 안에서 최대한으로 모든 국민이 물질적인 최저생활을 넘어서 인간의 존엄성에 맞는 건강하고 문화적인 생활을 누릴 수 있도록 하여야 한다는 행위의 지침, 즉 **행위규범으로서 작용하지만**, 헌법재판에 있어서는 다른 국가기관, 즉 입법부나 행정부가 국민으로 하여금 인간다운 생활을 영위하도록 하기 위하여 객관적으로 필요한 최소한의 조치를 취할 의무를 다하였는지를 기준으로 국가기관의 행위의 합헌성을 심사하여야 한다는 **통제규범으로 작용하는 것이다**(헌재 2004.10.28, 2002헌마328).
   ③ 공무원연금법에 따른 퇴직연금일시금을 지급받은 사람 및 그 배우자를 기초연금 수급권자의 범위에서 제외하는 기초연금법 조항은 공무원연금법에 따른 퇴직연금일시금을 받은 사람과 그 배우자의 인간다운 생활을 할 권리를 침해한다고 할 수 없다(헌재 2018.8.30, 2017헌마197 등).
   ④ 기초연금 수급액을 '국민기초생활 보장법'상 이전소득에 포함시키도록 하는 구 '국민기초생활 보장법 시행령' 조항은 '국민기초생활 보장법'상 수급자인 노인들의 인간다운 생활을 할 권리를 침해하지 않는다(헌재 2019.12.27, 2017헌마1299).

5. **정답 ④**
   ① 헌법 제31조 제2항
   ② 헌법 제31조 제6항
   ③ (헌재 2008.9.25, 2007헌가1)
   ④ 사립학교법상 교비회계의 세입세출에 관한 사항을 대통령령으로 정하도록 한 규정이 포괄위임금지원칙에 위반되지 않고, 교비회계의 다른 회계로의 전용을 금지하는 규정과 위 금지규정을 위반한 경우 처벌하는 규정이 사립학교 운영의 자유를 침해하지 않는다(헌재 2023.8.31, 2021헌바180).

6. **정답 ③**
   ① (헌재 2012.11.29, 2011헌마827)
   ② (헌재 1991.2.11, 90헌가27)
   ③ 대학교육기관의 교원에 대한 기간임용제와 정년보장제는 국가가 문화국가의 실현을 위한 학문진흥의 의무를 이행함에 있어서나 국민의 교육권의 실현·방법 면에서 각각 장단점이 있어서, 그 판단·선택은 헌법재판소에서 이를 가늠하기보다는 **입법자의 입법정책에 맡겨 두는 것이 옳으므로**, 위 조항은 헌법 제31조 제6항이 규정한 교원지위 법정주의에 위반되지 아니한다[헌재 1993.7.16, 96헌바33·66·68, 97헌바2·34·80, 98헌바39(병합)].
   ④ (헌재 1994.2.24, 93헌마192)

7. **정답 ①**
   ① 학교용지부담금의 부과대상을 수분양자가 아닌 개발사업자로 정하고 있는 특례법 제2조 제2호, 제5조 제1항 본문은 의무교육의 무상원칙에 위배되지 아니한다(헌재 2008.9.25, 2007헌가9).
   ② (헌재 1991.2.11, 90헌가27)
   ③ (헌재 1998.7.16, 96헌바33)
   ④ (헌재 2003.12.18, 2002헌바14)

8. **정답 ①**
   ① (헌재 2017.12.28, 2016헌마649)
   ② 사립학교에도 국·공립학교처럼 의무적으로 운영위원회를 두도록 할 것인지, 아니면 임의단체인 기존의 육성회 등으로 하여금 유사한 역할을 계속할 수 있게 하고 법률에서 규정된 운영위원회를 재량사항으로 하여 그 구성을 유도할 것인지의 여부는 입법자의 입법형성영역인 정책문제에 속하고, 그 재량의 한계를 현저하게 벗어나지 않는 한 헌법위반으로 단정할 것은 아니다. 청구인이 **위 조항으로 인하여 사립학교의 운영위원회에 참여하지 못하였다고 할지라도 그로 인하여 교육참여권이 침해되었다고 볼 수 없다**(헌재 1999.3.25, 97헌마130).
   ③ 저소득학생 특별전형의 모집인원을 모두 수능위주전형으로 선발하도록 정한 서울대학교 총장의 '서울대학교 2023학년도 대학 신입학생 입학전형 시행계획'은 균등하게 교육을 받을 권리를 침해하지 않는다(헌재 2022.9.29, 2021헌마929).
   ④ '학교폭력 가해학생에 대하여 수개의 조치를 병과할 수 있도록 하고, 출석정지기간의 상한을 두지 아니한 학교폭력 예방 및 대책에 관한 법률' 조항은 학습의 자유를 침해하지 않는다(헌재 2019.4.11, 2017헌바140 등).

9. **정답 ③**
   ① (헌재 2009.2.26, 2007헌바27)
   ② (헌재 2015.5.28, 2013헌마619)
   ③ 근로의 권리는 근로자를 개인의 차원에서 보호하기 위한 권리로서 노동조합은 그 주체가 될 수 없는 것으로 이해되고 있다(헌재 2009.2.26, 2007헌바27).
   ④ (헌재 2011.7.28, 2009헌마408)

10. **정답 ②**
    ① (헌재 2016.10.27, 2014헌마254 등)
    ② 법률이 정하는 주요방위산업체에 종사하는 근로자의 단체행동권은 법률이 정하는 바에 의하여 이를 제한하거나 인정하지 아니할 수 있다(헌법 제33조 제3항).
    ③ (헌재 2021.11.25, 2015헌바334 등)
    ④ (대판 2015.6.25, 2007두4995)

11. 정답 ③

① (헌재 1998.2.27, 94헌바13)
② (헌재 1991.7.22, 89헌가106)
③ 행정관청이 노동조합에게 결산결과와 운영상황을 보고하도록 요청했는데 노동조합이 보고를 안 한 경우에 500만원 이하의 과태료에 처하도록 한 법률조항은 과잉금지원칙을 위반하여 노동조합의 단결권을 침해한다고 볼 수 없다(헌재 2013.7.25, 2012헌바116).
④ (헌재 2015.5.28, 2013헌마671 등)

12. 정답 ①

① (헌재 2005.11.24, 2002헌바95)
② 국가공무원법 제66조 제1항이 근로3권이 보장되는 공무원의 범위를 사실상 노무에 종사하는 공무원에 한정하고 있는 것은 근로3권의 향유주체가 될 수 있는 공무원의 범위를 정하도록 하기 위하여 헌법 제33조 제2항이 **입법권자에게 부여하고 있는 형성적 재량권의 범위를 벗어난 것이라고는 볼 수 없다**(헌재 1992.4.28, 90헌바27).
③ 심판대상조항은 **근로자의 단결선택권의 본질적인 내용을 침해하는 것으로도 볼 수 없으므로, 근로자의 단결권을 보장한 헌법 제33조 제1항에 위반되지 않는다**(헌재 2005.11.24, 2002헌바95).
④ 사용자는 쟁의행위에 참가하여 근로를 제공하지 아니한 근로자에 대하여는 그 기간 중의 임금을 지급할 의무가 없다(「노동조합 및 노동관계조정법」 제44조 제1항).

13. 정답 ③

① (헌재 2021.12.23, 2018헌마629 등)
② (헌재 2014.6.26, 2011헌마150)
③ 일정한 경우 국가는 사인인 제3자에 의한 국민의 환경권 침해에 대해서도 적극적으로 기본권 보호조치를 취할 의무를 지나, 헌법재판소가 이를 심사할 때에는 국가가 국민의 기본권적 법익 보호를 위하여 적어도 적절하고 효율적인 최소한의 보호조치를 취했는가 하는 이른바 "**과소보호금지원칙**"의 위반 여부를 기준으로 삼아야 한다. 출근 또는 등교 이전 및 퇴근 또는 하교 이후 시간대의 주거지역에서 확성장치의 최고출력 또는 소음을 제한하는 등 사용시간과 사용지역에 따른 수인한도 내에서 확성장치의 최고출력 내지 소음 규제기준에 관한 구체적인 규정을 두어야 할 것이다. 그러므로 심판대상조항이 이러한 규정을 두고 있지 아니한 것은 관련 법익을 형량하여 보더라도 적절하고 효율적인 최소한의 보호조치를 취하지 아니함으로써 **국가의 기본권 보호의무를 과소하게 이행하였다고 평가되고, 이는 청구인의 건강하고 쾌적한 환경에서 생활할 권리의 침해를 가져온다**(헌재 2019.12.27, 2018헌마730).
④ (헌재 2020.3.26, 2017헌마1281)

14. 정답 ④

① 8촌 이내의 혈족 사이에서는 혼인할 수 없도록 하는 민법 제809조 제1항(금혼조항)과 금혼조항을 위반한 혼인을 무효로 하는 민법 제815조 제2호(무효조항)(헌재 2022.10.27, 2018헌바115)
 (1) 이 사건 금혼조항은 혼인의 자유를 침해하지 않는다.
 (2) 이 사건 **무효조항**은 이 사건 금혼조항의 실효성을 보장하기 위한 것으로서 **정당한 입법목적 달성을 위한 적합한 수단에 해당한다. … 침해의 최소성을 충족하지 못한다**. 나아가 이 사건 무효조항을 통하여 달성되는 공익은 결코 적지 아니하나, 이 사건 무효조항으로 인하여 제한되는 사익 역시 중대함을 고려하면, 이 사건 무효조항은 **법익균형성을 충족하지 못한다**. 그렇다면, 이 사건 **무효조항은 과잉금지원칙에 위배하여 혼인의 자유를 침해한다**.
② 독서실과 같이 정온을 요하는 사업장의 실내소음 규제기준을 만들어야 할 입법의무가 헌법의 해석상 곧바로 도출된다고 보기도 어렵다. 결국 독서실과 같이 정온을 요하는 사업장의 실내소음 규제기준을 제정하여야 할 입법자의 입법의무를 인정할 수 없으므로, 이 사건 심판청구는 헌법소원의 대상이 될 수 없는 입법부작위를 대상으로 한 것으로서 부적법하다(헌재 2017.12.28, 2016헌마45).
③ 악취가 배출되는 사업장이 있는 지역을 악취관리지역으로 지정함으로써 악취방지를 위한 예방적·관리적 조처를 할 수 있도록 한 것은 헌법상 국가와 국민의 환경보전의무를 바탕으로 주민의 건강과 생활환경의 보전을 위하여 사업장에서 배출되는 악취를 규제·관리하기 위한 적합한 수단이다(헌재 2020.12.23, 2019헌바25).
④ (헌재 2020.3.26, 2017헌마1281)

15. 정답 ②

① (헌재 2014.8.28, 2013헌바119)
② 심판대상조항들이 혼인 외 출생자의 신고의무를 모에게만 부과하고, 남편 아닌 남자인 생부에게 자신의 혼인 외 자녀에 대해서 출생신고를 할 수 있도록 규정하지 아니한 것은 합리적인 이유가 있다. 그렇다면, 심판대상조항들은 **생부인 청구인들의 평등권을 침해하지 않는다**(헌재 2023.3.23, 2021헌마975).
③ (헌재 2014.7.24, 2011헌바275)
④ (헌재 2008.10.30, 2005헌마1156)

16. 정답 ①

① 헌법 제36조 제3항이 규정하고 있는 국민의 보건에 관한 권리는 국민이 자신의 건강을 유지하는 데 필요한 국가적 급부와 배려를 요구할 수 있는 권리를 말하는 것으로서, 국가는 국민의 건강을 소극적으로 침해하여서는 아니 될 의무를 부담하는 것에서 한걸음 더 나아가 적극적으로 국민의 보건을 위한 정책을 수립하고 시행하여야 할 의무를 부담한다는 것을 의미하므로, 의료유사행위 또는 보완대체의학에 의한 치료방법을 연구와 검증을 통하여 의료행위에 포함

정답 및 해설

시키거나 별도의 제도를 두어 국민이 이를 이용할 수 있게 하는 것이 헌법 제36조 제3항의 취지에 보다 부합한다(헌재 2010.7.29, 2008헌가19 등).
② (헌재 1996.10.31, 94헌가7)
③ (헌재 2016.7.28, 2015헌마964)
④ (헌재 1993.11.25, 92헌마87)

17. 정답 ④
① 공개청원의 공개 여부 결정 통지 등 : 청원기관의 장은 **공개청원의 공개결정일부터 30일간** 청원사항에 관하여 국민의 의견을 들어야 한다(청원법 제13조 제2항).
② 청원은 청원서에 청원인의 성명(법인인 경우에는 명칭 및 대표자의 성명을 말한다)과 주소 또는 거소를 적고 서명한 문서(「전자문서 및 전자거래 기본법」에 따른 **전자문서를 포함한다**)로 하여야 한다(청원법 제9조 제1항).
③ 처리결과를 통지할 경우에 **처리이유까지 밝혀야 할 필요는 없다**(헌재 1994.2.24, 93헌마213).
④ (헌재 2005.11.24, 2003헌바108)

18. 정답 ②
① 국회에 청원을 하려는 자는 **의원의 소개를 받거나 국회규칙으로 정하는 기간 동안 국회규칙으로 정하는 일정한 수 이상의 국민의 동의를 받아 청원서를 제출**하여야 한다(국회법 제123조 제1항).
② (헌재 2005.11.24, 2003헌바108)
③ **비록 그 처리내용이 청원인이 기대한 바에 미치지 않는다고 하더라도 헌법소원의 대상이 되는 공권력의 불행사가 있다고 볼 수 없다**(헌재 2004.5.27, 2003헌마851).
④ 청원기관의 장은 **동일인이 같은 내용의 청원서를 같은 청원기관에 2건 이상 제출한 반복청원의 경우에는 나중에 제출된 청원서를 반려하거나 종결처리할 수 있고**, 종결처리하는 경우 이를 청원인에게 알려야 한다(청원법 제16조 제1항).

19. 정답 ②
① (헌재 2014.4.24, 2012헌마2)
② 의견제출 기한 내에 감경된 과태료를 자진 납부하는 경우 해당 질서위반행위에 대한 과태료 부과 및 징수절차가 종료되도록 함으로써 당사자가 질서위반행위규제법에 따라 의견을 제출하거나 이의를 제기할 수 없도록 하였다고 하더라도, **이것이 입법형성의 한계를 일탈하여 재판청구권을 침해하였다거나 당사자의 의견제출 권리를 충분히 보장하지 않음으로써 적법절차원칙을 위반하였다고 보기 어렵다**(헌재 2019.12.27, 2017헌바413).
③ (대판 2021.8.26, 2020도12017)
④ (헌재 2021.6.24, 2019헌바133 등)

20. 정답 ④
① 재판의 심리와 판결은 공개한다. 다만, 심리는 국가의 안전보장 또는 **안녕질서를** 방해하거나 선량한 풍속을 해할 염려가 있을 때에는 법원의 결정으로 공개하지 아니할 수 있다(헌법 제109조).
② **피고인 스스로 치료감호를 청구할 수 있는 권리나, 법원으로부터 직권으로 치료감호를 선고받을 수 있는 권리는 헌법상 재판청구권의 보호범위에 포함되지 않는다**(헌재 2021.1.28, 2019헌가24 등).
③ 현역병의 군대 입대 전 범죄에 대한 군사법원의 재판권을 규정하고 있는 군사법원법 조항은 재판청구권을 침해하지 않는다(헌재 2009.7.30, 2008헌바162).
④ (대판 2018.3.22, 2012두26401 전원합의체)

21. 정답 ①
㉠ (헌재 2013.8.29, 2011헌마122)
㉡ (헌재 2018.12.27, 2015헌바77 등)
㉢ 약식명령은 경미하고 간이한 사건을 대상으로 하기 때문에, 대부분 범죄사실에 다툼이 없는 경우가 많고, 형사피해자도 이미 범죄사실을 충분히 인지하고 있어, 범죄사실에 대한 별도의 확인 없이도 얼마든지 법원이나 수사기관에 의견을 제출할 수 있으며, 직접 범죄사실의 확인을 원하는 경우에는 소송기록의 열람·등사를 신청하는 것도 가능하므로, 형사피해자가 약식명령을 고지받지 못한다고 하여 형사재판절차에서의 참여기회가 완전히 봉쇄되어 있다고 볼 수 없다. 따라서 이 사건 고지조항은 형사피해자의 재판절차진술권을 침해하지 않는다(헌재 2019.9.26, 2018헌마1015).
㉣ 심판대상조항이 조사 과정에 동석하였던 신뢰관계인 등의 진술에 의하여 그 성립의 진정함이 인정된 경우에도 영상물에 수록된 미성년 피해자 진술의 증거능력이 인정될 수 있도록 하여, 미성년 피해자에 대한 법정에서의 조사와 신문을 최소화할 수 있도록 한 것은, 미성년 피해자의 2차 피해를 막는 데 일응 기여할 수 있다 할 것이므로, 그 **수단의 적합성도 인정**된다(헌재 2021.12.23, 2018헌바524).

22. 정답 ③
① 헌법 제28조
② (헌재 2010.10.28, 2008헌마514)
③ 제17조 제1항에 따른 보상결정에 대하여는 1주일 이내에 즉시항고(卽時抗告)를 할 수 있다. **제17조 제2항에 따른 청구기각 결정에 대하여는 즉시항고를 할 수 있다**(형사보상 및 명예회복에 관한 법률 제20조).
④ 형사보상 및 명예회복에 관한 법률 제5조 제3항

정답 및 해설

23. 정답 ③
    ① 타인의 범죄행위로 인하여 생명·신체에 대한 피해를 받은 국민은 법률이 정하는 바에 의하여 국가로부터 구조를 받을 수 있다(헌법 제30조). → 법인은 생명·신체가 없기 때문에 **범죄피해자구조청구권의 주체는 법인이 될 수는 없다.**
    ② 어떠한 행정처분이 후에 항고소송에서 위법한 것으로서 취소되었다고 하더라도 그로써 곧 당해 행정처분이 **공무원의 고의 또는 과실에 의한 불법행위를 구성한다고 단정할 수는 없지만**, 그 행정처분의 담당공무원이 보통 일반의 공무원을 표준으로 하여 볼 때 객관적 주의의무를 결하여 그 행정처분이 객관적 정당성을 상실하였다고 인정될 정도에 이른 경우에는 국가배상법 제2조 소정의 국가배상책임의 요건을 충족하였다고 보아야 한다(대판 2011.1.27, 2008다30703).
    ③ 범죄피해자 보호법 제3조 제1항 제4호
    ④ 범죄피해자 보호법에 의한 범죄피해 구조금 중 위 법 제17조 제2항의 유족구조금은 사람의 생명 또는 신체를 해치는 죄에 해당하는 행위로 인하여 사망한 피해자 또는 그 유족들에 대한 손실보상을 목적으로 하는 것으로서, **위 범죄행위로 인한 손실 또는 손해를 전보하기 위하여 지급된다는 점에서 불법행위로 인한 소극적 손해의 배상과 같은 종류의 금원이라고 봄이 타당**하다(대판 2017.11.9, 2017다228083).

24. 정답 ④
    ① (헌재 2014.7.24, 2009헌마256 등)
    ② 국민투표법 제1조
    ③ (헌재 2014.7.24, 2009헌마256 등)
    ④ 헌법상 국민에게 특정 국가정책에 관하여 국민투표에 회부할 것을 요구할 권리가 인정된다고 할 수 없다(헌재 2005.11.24, 2005헌마579 등).

25. 정답 ①
    ① 부담금은 조세에 대한 관계에서 어디까지나 예외적으로만 인정되어야 하며, 어떤 공적 과제에 관한 재정조달을 조세로 할 것인지 아니면 부담금으로 할 것인지에 관하여 입법자의 자유로운 선택권을 허용하여서는 안 된다. 부담금 납부의무자는 재정조달 대상인 공적 과제에 대하여 일반국민에 비해 '특별히 밀접한 관련성'을 가져야 하며, 부담금이 장기적으로 유지되는 경우에 있어서는 그 징수의 타당성이나 적정성이 입법자에 의해 지속적으로 심사될 것이 요구된다(헌재 2004.7.15, 2002헌바42).
    ② (헌재 2022.7.21, 2018헌바504)
    ③ (헌재 2022.6.30, 2019헌바440)
    ④ (헌재 2023.9.26, 2019헌마423)

제6회 사전모의고사 정답 및 해설

1. 정답 ④
    ① (헌재 2014.12.19, 2013헌다1)
    ② (헌재 1990.4.2, 89헌가113)
    ③ (헌재 2015.11.26, 2012헌바300)
    ④ 행정청이 행정처분 단계에서 당해 처분의 근거가 되는 법률이 위헌이라고 판단하여 그 적용을 거부하는 것은 권력분립의 원칙상 허용될 수 없지만, 행정처분에 대한 소송절차에서는 행정처분의 적법성·정당성뿐만 아니라 그 근거 법률의 헌법적 합성까지도 심판대상으로 되는 것이므로, 행정처분에 불복하는 당사자뿐만 아니라 행정처분의 주체인 행정청도 헌법의 최고규범력에 따른 구체적 규범통제를 위하여 **근거 법률의 위헌 여부에 대한 심판의 제청을 신청할 수 있고 헌법재판소법 제68조 제2항의 헌법소원을 제기할 수 있다고 봄이 상당**하다(헌재 2008.4.24, 2004헌바44).

2. 정답 ①
    ① 국민주권주의는 국가권력의 민주적 정당성을 의미하는 것이기는 하나, 그렇다고 하여 국민전체가 직접 국가기관으로서 통치권을 행사하여야 한다는 것은 아니므로 주권의 소재와 통치권의 담당자가 언제나 같을 것을 요구하는 것이 아니고, 예외적으로 국민이 주권을 직접 행사하는 경우 이외에는 국민의 의사에 따라 통치권의 담당자가 정해짐으로써 국가권력의 행사도 궁극적으로 국민의 의사에 의하여 정당화될 것을 요구하는 것이다(헌재 2009.3.26, 2007헌마843).
    ② (헌재 2003.10.30, 2002헌라1)
    ③ (헌재 1998.10.29, 96헌마186)
    ④ (헌재 2021.1.28, 2020헌마264 등)

3. 정답 ④
    ① (헌재 2014.1.28, 2012헌바216)
    ② (헌재 2014.1.28, 2012헌바216)
    ③ (헌재 2016.10.27, 2012헌마121)
    ④ 헌법재판소는 2003년 10월 30일에 2002헌라1 사건에서 교섭단체대표의원의 요청으로 국회의장이 국회의원을 상임위원에서 사임시킨 것이 해당 국회의원의 권한을 침해하지 않는다고 판단하였다.

4. 정답 ①
    ① 헌법상 권력분립의 원칙이란 국가권력의 기계적 분립과 엄격한 절연을 의미하는 것이 아니라, 권력 상호간의 견제와 균형을 통한 국가권력의 통제를 의미하는 것이다. 따라서 **특정한 국가기관을 구성함에 있어 입법부, 행정부, 사법부가 그 권한을 나누어 가지거나 기능적인 분담을 하는 것은 권력분립의 원칙에 반하는 것이 아니라 권력분립의 원칙을 실현하는 것으로 볼 수 있다**(헌재 2008.1.10, 2007헌마1468).

정답 및 해설

② (헌재 1999.4.29. 96헌바22 등)
③ (헌재 2004.2.26. 2001헌마718)
④ (헌재 2009.9.24. 2007헌마117 등)

5. 정답 ④
① 의장·부의장의 임기 : 의장과 부의장의 **임기는 2년으로 한다**. 다만, **국회의원 총선거 후 처음 선출된 의장과 부의장의 임기는 그 선출된 날부터 개시하여 의원의 임기 개시 후 2년이 되는 날까지로 한다. 보궐선거로 당선된 의장 또는 부의장의 임기는 전임자 임기의 남은 기간으로 한다**(국회법 제9조).
② 휴회 : 국회는 휴회 중이라도 대통령의 요구가 있을 때, 의장이 긴급한 필요가 있다고 인정할 때 또는 **재적의원 4분의 1 이상의 요구가 있을 때**에는 국회의 회의(이하 "본회의"라 한다)를 재개한다(국회법 제8조 제2항).
③ 영리업무 종사 금지 : 의원은 그 직무 외에 영리를 목적으로 하는 업무에 종사할 수 없다. 다만, 의원 본인 소유의 토지·건물 등의 재산을 활용한 임대업 등 영리업무를 하는 경우로서 의원 직무수행에 지장이 없는 경우에는 그러하지 아니하다. 의원이 당선 전부터 제1항 단서의 영리업무 외의 영리업무에 종사하고 있는 경우에는 **임기 개시 후 6개월 이내에** 그 영리업무를 휴업하거나 폐업하여야 한다(국회법 제28조의2 제1항, 제2항).
④ 청문회 : 위원회(소위원회를 포함한다. 이하 이 조에서 같다)는 중요한 안건의 심사와 국정감사 및 국정조사에 필요한 경우 증인·감정인·참고인으로부터 증언·진술을 청취하고 증거를 채택하기 위하여 위원회 의결로 청문회를 열 수 있다. 제1항에도 불구하고 법률안 심사를 위한 청문회는 재적위원 3분의 1 이상의 요구로 개회할 수 있다. 다만, 제정법률안과 전부개정법률안의 경우에는 제58조 제6항에 따른다(국회법 제65조 제1항, 제2항).

6. 정답 ④
① 의장과 부의장은 국회의 동의를 받아 그 직을 사임할 수 있다(국회법 제19조).
② 의장과 부의장은 특별히 법률로 정한 경우를 제외하고는 의원 외의 직을 겸할 수 없다(국회법 제20조 제1항).
③ 위원의 선임 및 개선 : 상임위원은 교섭단체 소속 의원 수의 비율에 따라 각 교섭단체 대표의원의 요청으로 의장이 선임하거나 개선한다. 이 경우 각 교섭단체 대표의원은 국회의원 총선거 후 첫 임시회의 집회일부터 2일 이내에 의장에게 상임위원 선임을 요청하여야 하고, 처음 선임된 상임위원의 임기가 만료되는 경우에는 그 임기만료일 3일 전까지 의장에게 상임위원 선임을 요청하여야 하며, 이 기한까지 요청이 없을 때에는 의장이 상임위원을 선임할 수 있다. 어느 교섭단체에도 속하지 아니하는 의원의 상임위원 선임은 의장이 한다(국회법 제48조 제1항, 제2항).
④ 상임위원회의 위원 : 의원은 둘 이상의 상임위원회의 위원(이하 "상임위원"이라 한다)이 될 수 있다. **의장은 상임위원이 될 수 없다**(국회법 제39조 제1항, 제3항).

7. 정답 ③
① 국회의장은 국회를 대표하고 의사를 정리하며, 질서를 유지하고 사무를 감독할 지위에 있고(국회법 제10조), 위원회 위원의 선임 및 개선은 이와 같은 국회의장의 직무 중 의사정리권한에 속하는 것이다(헌재 2020.5.27. 2019헌라3 등).
② 대체토론은 안건 전체에 대한 문제점과 당부에 관한 일반적인 토론 및 제안자와의 질의·답변을 말하는 것으로(국회법 제58조 제1항), 상임위원회에서 행하는 일련의 심의절차 중 하나에 불과하다. 소위원회의 심사를 마친 안건에 대하여 전체회의에서 심사보고가 이루어지면, 상임위원회 위원들은 찬반토론에서 안건에 대한 의견을 충분히 개진할 수 있고(국회법 제71조, 제99 내지 108조), 의사진행발언을 통하여 안건 처리과정 등 의사진행에 관하여 이의를 제기하거나 의견을 개진할 수도 있다. 나아가 **안건의 찬반토론이나 표결에 앞서 안건의 상정, 대체토론, 소위원회 회부과정의 절차상 하자를 문제 삼거나, 대체토론에서 제시하지 못한 의안의 문제점, 수정방향에 대한 심사 필요성을 주장하여 다시 소위원회의 심사에 회부하자는 의제를 제기하는 것도 가능**하다(헌재 2010.12.28. 2008헌라7 등).
③ 상임위원장 : 상임위원장은 제48조 제1항부터 제3항까지에 따라 선임된 해당 상임위원 중에서 임시의장 선거의 예에 준하여 본회의에서 선거한다. **상임위원장은 본회의의 동의를 받아 그 직을 사임할 수 있다. 다만, 폐회 중에는 의장의 허가를 받아 사임할 수 있다**(국회법 제41조 제2항, 제5항).
④ 정무위원회의 소관 사항은 가. 국무조정실, 국무총리비서실 소관에 속하는 사항, 나. 국가보훈처 소관에 속하는 사항, 다. 공정거래위원회 소관에 속하는 사항, 라. 금융위원회 소관에 속하는 사항, 마. 국민권익위원회 소관에 속하는 사항과 같다(국회법 제37조 제1항 제3호).

8. 정답 ③
① 위원회는 그 소관에 속하는 사항에 관하여 법률안과 그 밖의 의안을 제출할 수 있다(국회법 제51조 제1항).
② 인사청문특별위원회 : 국회는 다음 각 호 1. 헌법에 따라 그 임명에 국회의 동의가 필요한 대법원장·헌법재판소장·국무총리·감사원장 및 대법관에 대한 임명동의안, 2. 헌법에 따라 국회에서 선출하는 헌법재판소 재판관 및 중앙선거관리위원회 위원에 대한 선출안의 임명동의안 또는 의장이 각 교섭단체 대표의원과 협의하여 제출한 선출안 등을 심사하기 위하여 인사청문특별위원회를 둔다. 다만,「대통령직 인수에 관한 법률」제5조 제2항에 따라 대통령당선인이 국무총리 후보자에 대한 인사청문의 실시를 요청하는 경우에 의장은 각 교섭단체 대표의원과 협의하여 그 인사청문을 실시하기 위한 인사청문특별위원회를 둔다(국회법 제46조의3 제1항).
③ **임명동의안등의 회부 : 제3항의 규정에 의한 기간 이내에 헌법재판소재판관등의 후보자에 대한 인사청문경과보고서를 국회가 송부하지 아니한 경우에 대통령 또는 대법원장은 헌법재판소재판관등으로 임명 또는 지명할 수 있다**(인사청문회법 제6조 제4항).

④ 임명동의안등의 회부등 : 국회는 임명동의안등이 제출된 날부터 20일 이내에 그 심사 또는 인사청문을 마쳐야 한다. **부득이한 사유로 제2항의 규정에 의한 기간 이내에 헌법재판소 재판관·중앙선거관리위원회 위원·국무위원·방송통신위원회 위원장·국가정보원장·국세청장·검찰총장·경찰청장 또는 합동참모의장(이하 "헌법재판소재판관등"이라 한다)의 후보자에 대한 인사청문회를 마치지 못하여 국회가 인사청문경과보고서를 송부하지 못한 경우에 대통령·대통령당선인 또는 대법원장은 제2항에 따른 기간의 다음날부터 10일 이내의 범위에서 기간을 정하여 인사청문경과보고서를 송부하여 줄 것을 국회에 요청할 수 있다**(인사청문회법 제6조 제2항, 제3항).

9. 정답 ③

① 교섭단체 : 국회에 20명 이상의 소속 의원을 가진 정당은 하나의 교섭단체가 된다. 다만, 다른 교섭단체에 속하지 아니하는 20명 이상의 의원으로 따로 교섭단체를 구성할 수 있다(국회법 제33조 제1항).

② **오늘날 교섭단체가 정당국가에서 의원의 정당기속을 강화하는 하나의 수단으로 기능할 뿐만 아니라 정당소속 의원들의 원내 행동통일을 기함으로써 정당의 정책을 의안심의에서 최대한으로 반영하기 위한 기능도 갖는다는 점에 비추어 볼 때, 국회의장이 국회의 의사(議事)를 원활히 운영하기 위하여 상임위원회의 구성원인 위원의 선임 및 개선에 있어 교섭단체대표의원과 협의하고 그의 "요청"에 응하는 것은 국회운영에 있어 본질적인 요소라고 아니할 수 없다**(헌재 2003.10.30, 2002헌라1).

③ **당론과 다른 견해를 가진 소속 국회의원을 당해 교섭단체의 필요에 따라 다른 상임위원회로의 전임(사·보임)하는 조치는 특별한 사정이 없는 한 헌법상 용인될 수 있는 "정당내부의 사실상 강제"의 범위 내에 해당한다고 할 것이다**(헌재 2003.10.30, 2002헌라1).

④ 정보위원회의 위원은 의장이 각 교섭단체 대표의원으로부터 해당 교섭단체 소속 의원 중에서 후보를 추천받아 부의장 및 각 교섭단체 대표의원과 협의하여 선임하거나 개선한다. 다만, 각 교섭단체 대표의원은 정보위원회의 위원이 된다(국회법 제48조 제3항).

10. 정답 ③

① 국회의 정기회는 법률이 정하는 바에 의하여 매년 1회 집회되며, 국회의 임시회는 대통령 또는 국회재적의원 4분의 1 이상의 요구에 의하여 집회된다. 대통령이 임시회의 집회를 요구할 때에는 기간과 집회요구의 이유를 명시하여야 한다(헌법 제47조 제1항 및 제3항).

② 국회의 회의는 공개한다. 다만, 출석의원 과반수의 찬성이 있거나 의장이 국가의 안전보장을 위하여 필요하다고 인정할 때에는 공개하지 아니할 수 있다(헌법 제50조 제1항).

③ 의장은 임시회의 집회 요구가 있을 때에는 **집회기일 3일 전**에 공고한다. 이 경우 둘 이상의 집회 요구가 있을 때에는 집회일이 빠른 것을 공고하되, 집회일이 같은 때에는 그 요구서가 먼저 제출된 것을 공고한다(국회법 제5조 제1항).

④ 법률안에 이의가 있을 때에는 대통령은 정부에 이송된 후 15일 이내에 이의서를 붙여 국회로 환부하고, 그 재의를 요구할 수 있다. 국회의 폐회 중에도 또한 같다(헌법 제53조 제2항).

11. 정답 ③

① 본회의가 제1항에 따라 탄핵소추안을 법제사법위원회에 회부하기로 의결하지 아니한 경우에는 본회의에 보고된 때부터 24시간 이후 72시간 이내에 탄핵소추 여부를 무기명투표로 표결한다. 이 기간 내에 표결하지 아니한 탄핵소추안은 폐기된 것으로 본다(국회법 제130조 제2항).

② 지방자치단체 중 특별시·광역시·도. 다만, 그 감사범위는 국가위임사무와 국가가 보조금 등 예산을 지원하는 사업으로 한다(국정감사 및 조사에 관한 법률 제7조 제2호).

③ 심판대상조항은 정보위원회의 회의 일체를 비공개하도록 정함으로써 정보위원회 활동에 대한 국민의 감시와 견제를 사실상 불가능하게 하고 있다. 또한 헌법 제50조 제1항 단서에서 정하고 있는 비공개사유는 각 회의마다 충족되어야 하는 요건으로 입법과정에서 재적의원 과반수의 출석과 출석의원 과반수의 찬성으로 의결되었다는 사실만으로 헌법 제50조 제1항 단서의 '출석위원 과반수의 찬성'이라는 요건이 충족되었다고 볼 수도 없다. 따라서 **심판대상조항은 헌법 제50조 제1항에 위배되는 것으로 과잉금지원칙 위배 여부에 대해서는 더 나아가 판단할 필요 없이 청구인들의 알권리를 침해**한다(헌재 2022.1.27, 2018헌마1162 등).

④ **국회의원의 심의·표결권은 국회의 대내적인 관계에서 행사되고 침해될 수 있을 뿐 다른 국가기관과의 대외적인 관계에서는 침해될 수 없는 것이므로, 국회의원들 상호간 또는 국회의원과 국회의장 사이와 같이 국회 내부적으로만 직접적인 법적 연관성을 발생시킬 수 있을 뿐이고 대통령 등 국회 이외의 국가기관과 사이에서는 권한침해의 직접적인 법적 효과를 발생시키지 아니한다**(헌재 2007.7.26, 2005헌라8).

12. 정답 ①

① 국회법 제106조의2 제8항은 무제한토론의 대상이 다음 회기에서 표결될 수 있는 안건임을 전제하고 있다. 그런데 '회기결정의 건'은 해당 회기가 종료된 후 소집된 다음 회기에서 표결될 수 없으므로, '회기결정의 건'이 무제한토론의 대상이 된다고 해석하는 것은 국회법 제106조의2 제8항에도 반한다. 그렇다면, **'회기결정의 건'은 그 본질상 국회법 제106조의2에 따른 무제한토론의 대상이 되지 않는다고 보는 것이 타당**하다(헌재 2020.5.27, 2019헌라6 등).

② 국회의 회의는 공개한다. 다만, 출석의원 과반수의 찬성이 있거나 의장이 국가의 안전보장을 위하여 필요하다고 인정할 때에는 공개하지 아니할 수 있다(헌법 제50조 제1항).

③ 국회에 제출된 법률안 기타의 의안은 회기 중에 의결되지 못한 이유로 폐기되지 아니한다. 다만, 국회의원의 임기가 만료된 때에는 그러하지 아니하다(헌법 제51조).

④ 국회의 정기회는 법률이 정하는 바에 의하여 매년 1회 집회되며, 국회의 임시회는 대통령 또는 국회재적의원 4분의 1 이상의 요구에 의하여 집회된다(헌법 제47조 제1항).

13. 정답 ①

① 재의의 요구가 있을 때에는 국회는 재의에 붙이고, 재적의원 과반수의 출석과 출석의원 3분의 2 이상의 찬성으로 전과 같은 의결을 하면 그 법률안은 법률로서 확정된다(헌법 제53조 제4항).

② 헌법 제50조 제1항은 "국회의 회의는 공개한다."라고 하여 의사공개의 원칙을 규정하고 있다. 의사공개의 원칙은 의사진행의 내용과 의원의 활동을 국민에게 공개함으로써 민의에 따른 국회운영을 실천한다는 민주주의적 요청에서 유래하는 것으로서 국회에서의 토론 및 정책결정의 과정이 공개되어야 주권자인 국민의 정치적 의사형성과 참여, 의정활동에 대한 감시와 비판이 가능하게 될 뿐더러, 의사의 공개는 의사결정의 공정성을 담보하고 정치적 야합과 부패에 대한 방부제 역할을 하기도 하는 것이다. 의사공개의 원칙은 방청 및 보도의 자유와 회의록의 공표를 그 내용으로 하는데, **다만, 의사공개의 원칙은 절대적인 것이 아니므로, 출석의원 과반수의 찬성이 있거나 의장이 국가의 안전보장을 위하여 필요하다고 인정할 때에는 공개하지 아니할 수 있다**(헌법 제50조 제1항 단서 ; 헌재 2000.6.29, 98헌마443 등).

③ **일반정족수는 다수결의 원리를 실현하는 국회의 의결방식 중 하나에 불과하고, 그 자체가 헌법상의 원칙이나 원리라고 볼 수는 없다.** 나아가 국회가 자신의 의사절차에 관한 제도를 스스로 입안하면서 가중다수결과 일반다수결 중 어느 것을 선택할 것인지는 국회의 자율영역에 속한다고 보아야 한다(헌재 2016.5.26, 2015헌라1).

④ 부결된 안건은 같은 회기 중에 다시 발의하거나 제출할 수 없다(국회법 제92조). – 일사부재의원칙은 헌법에 규정이 없다.

14. 정답 ④

① 정부가 본회의 또는 위원회에서 의제가 된 정부제출 의안을 수정하거나 철회할 때에는 본회의 또는 위원회의 동의를 받아야 한다(국회법 제90조 제3항).

② 위원회에서 폐기된 의안 : 위원회에서 본회의에 부의할 필요가 없다고 결정된 의안은 본회의에 부의하지 아니한다. 다만, 위원회의 결정이 본회의에 보고된 날부터 폐회 또는 휴회 중의 기간을 제외한 7일 이내에 의원 30명 이상의 요구가 있을 때에는 그 의안을 본회의에 부의하여야 한다(국회법 제87조 제1항).

③ 발언 원칙 : 정부에 대한 질문을 제외하고는 의원의 발언 시간은 15분을 초과하지 아니하는 범위에서 의장이 정한다. 다만, 의사진행발언, 신상발언 및 보충발언은 5분을, 다른 의원의 발언에 대한 반론발언은 3분을 초과할 수 없다(국회법 제104조 제1항).

무제한토론의 실시 등 : 의원이 본회의에 부의된 안건에 대하여 이 법의 다른 규정에도 불구하고 시간의 제한을 받지 아니하는 토론(이하 이 조에서 "무제한토론"이라 한다)을 하려는 경우에는 재적의원 3분의 1 이상이 서명한 요구서를 의장에게 제출하여야 한다. 이 경우 의장은 해당 안건에 대하여 무제한토론을 실시하여야 한다(국회법 제106조의2 제1항).

④ 본회의는 오후 2시(토요일은 오전 10시)에 개의한다. 다만, 의장은 **각 교섭단체 대표의원과 협의하여** 그 개의시(開議時)를 변경할 수 있다(국회법 제72조).

15. 정답 ③

① 자격심사의 청구 : 의원이 다른 의원의 자격에 대하여 이의가 있을 때에는 30명 이상의 연서로 의장에게 자격심사를 청구할 수 있다(국회법 제138조).

석방요구의 절차 : 의원이 체포 또는 구금된 의원의 석방 요구를 발의할 때에는 재적의원 4분의 1 이상의 연서(連書)로 그 이유를 첨부한 요구서를 의장에게 제출하여야 한다(국회법 제28조).

② 자구의 정정과 이의의 결정 : 발언한 의원은 회의록이 배부된 날의 다음 날 오후 5시까지 회의록에 적힌 자구의 정정을 의장에게 요구할 수 있다. 다만, 발언의 취지를 변경할 수 없다(국회법 제117조 제1항).

③ **국회 상임위원회가 그 소관에 속하는 의안, 청원 등을 심사하는 권한은 법률상 부여된 위원회의 고유한 권한**이므로, 국회 상임위원회 위원장이 위원회를 대표해서 의안을 심사하는 권한이 국회의장으로부터 위임된 것임을 전제로 한 국회의장에 대한 이 사건 심판청구는 피청구인적격이 없는 자를 상대로 한 청구로서 부적법하다(헌재 2010.12.28, 2008헌라7 등).

④ 의장의 토론참가 : 의장이 토론에 참가할 때에는 의장석에서 물러나야 하며, 그 안건에 대한 표결이 끝날 때까지 의장석으로 돌아갈 수 없다(국회법 제107조).

16. 정답 ④

① 각 교섭단체 대표의원은 국회운영위원회의 위원이 된다(국회법 제39조 제2항).

위원의 선임 및 개선 : 정보위원회의 위원은 의장이 각 교섭단체 대표의원으로부터 해당 교섭단체 소속 의원 중에서 후보를 추천받아 부의장 및 각 교섭단체 대표의원과 협의하여 선임하거나 개선한다. 다만, 각 교섭단체 대표의원은 정보위원회의 위원이 된다(국회법 제48조 제3항).

② 상임위원회의 위원 정수(定數)는 국회규칙으로 정한다. 다만, 정보위원회의 위원 정수는 12명으로 한다(국회법 제38조).

③ 대통령이 임시회의 집회를 요구할 때에는 기간과 집회요구의 이유를 명시하여야 한다(헌법 제47조 제3항).

정답 및 해설

④ 의사공개의 원칙은 구체적으로는 방청의 자유, 보도의 자유, 중계방송의 자유, **회의록 열람 공표의 자유 등을 포함한다**(국회법 제149조, 제149조의2). 의사공개의 구체적 실현을 위하여 국회의사의 중계방송제도를 도입하고 있다. 다만, 의장은 방청권을 발행하여 방청을 허가하며, 질서유지를 위하여 방청인수를 제한하거나 퇴장명령을 내릴 수 있다(국회법 제152조, 제154조 ; 헌재 2010.12.28, 2008헌라7 등).

17. 정답 ②

① 공포일 · 공고일 : 제11조의 법령 등의 공포일 또는 공고일은 해당 법령 등을 게재한 관보 또는 신문이 발행된 날로 한다(법령 등 공포에 관한 법률 제12조).

② 의장은 안건이 어느 상임위원회의 소관에 속하는지 명백하지 아니할 때에는 **국회운영위원회와 협의하여 상임위원회에 회부하되**, 협의가 이루어지지 아니할 때에는 의장이 소관 상임위원회를 결정한다(국회법 제81조 제2항).

③ 국회의 위임 의결이 없더라도 국회의장은 국회에서 의결된 법률안의 조문이나 자구 · 숫자, 법률안의 체계나 형식 등의 정비가 필요한 경우 의결된 내용이나 취지를 변경하지 않는 범위 안에서 이를 정리할 수 있다고 봄이 상당하고, **이렇듯 국회의장이 국회의 위임 없이 법률안을 정리하더라도 그러한 정리가 국회에서 의결된 법률안의 실질적 내용에 변경을 초래하는 것이 아닌 한 헌법이나 국회법상의 입법절차에 위반된다고 볼 수 없다**(헌재 2009.6.25, 2007헌마451).

④ 법령의 시행유예기간 : 국민의 권리 제한 또는 의무 부과와 직접 관련되는 법률, 대통령령, 총리령 및 부령은 긴급히 시행하여야 할 특별한 사유가 있는 경우를 제외하고는 공포일부터 적어도 30일이 경과한 날부터 시행되도록 하여야 한다(법령 등 공포에 관한 법률 제13조의2).

18. 정답 ②

① 이 사건 심판대상조항은 부가가치세의 면제에 관한 사항으로서 조세의 부과 · 징수의 요건이나 절차와 직접 관련되는 것은 아니지만, 조세란 공공경비를 국민에게 강제적으로 배분하는 것으로서 납세의무자 상호간에는 조세의 전가관계가 있으므로 **특정인이나 특정계층에 대하여 정당한 이유없이 조세감면의 우대조치를 하는 것은 특정한 납세자군이 조세의 부담을 다른 납세자군의 부담으로 떠맡기는 것에 지나지 않아 조세감면의 근거 역시 법률로 정하여야만 하는 것이 국민주권주의나 법치주의의 원리에 부응하는 것이고**, 조세감면규제법 제3조도 "이 법, 국세기본법 및 조약과 다음 각 호의 법률에 의하지 아니하고는 조세특례를 정하거나 감면을 할 수 없다."라고 규정함으로서 조세의 감면은 법률의 근거에 의하여서만 할 수 있도록 하고 있다(헌재 1996.6.26, 93헌바2).

② 부담금은 조세에 대한 관계에서 어디까지나 예외적으로만 인정되어야 하며, 어떤 공적 과제에 관한 재정조달을 조세로 할 것인지 아니면 부담금으로 할 것인지에 관하여 입법자의 자유로운 선택권을 허용하여서는 안 된다. 부담금 납부의무는 재정조달 대상인 공적 과제에 대하여 일반국민에 비해 '특별히 **밀접한 관련성'을 가져야 하며, 부담금이 장기적으로 유지되는 경우에 있어서는 그 징수의 타당성이나 적정성이 입법자에 의해 지속적으로 심사될 것이 요구된다. 다만, 부담금이 재정조달목적뿐 아니라 정책실현목적도 함께 가지는 경우에는 위 요건들 중 일부가 완화된다**(헌재 2004.7.15, 2002헌바42).

③ 법치국가원리는 국가권력의 행사가 법의 지배 원칙에 따라 법적으로 구속을 받는 것을 뜻한다. 법치주의는 원래 국가권력의 자의적 행사를 막기 위한 데서 출발한 것이다. 국가권력의 행사가 공동선의 실현을 위하여서가 아니라 특정 개인이나 집단의 이익 또는 정파적 이해관계에 의하여 좌우된다면 권력의 남용과 오용이 발생하고 국민의 자유와 권리는 쉽사리 침해되어 힘에 의한 지배가 되고 만다. **법치주의는 국가권력의 중립성과 공공성 및 윤리성을 확보하기 위한 것이므로, 모든 국가기관과 공무원은 헌법과 법률에 위배되는 행위를 하여서는 아니 됨은 물론 헌법과 법률에 의하여 부여된 권한을 행사할 때에도 그 권한을 남용하여서는 아니 된다. 조세법의 영역에서 법치국가원리는 조세법률주의로 나타난다**(대판 2016.12.15, 2016두47659).

④ **부담금은 국민의 재산권을 제한하는 성격을 가지고 있으므로 부담금을 부과함에 있어서도 평등원칙이나 비례성원칙과 같은 기본권제한입법의 한계는 준수되어야** 한다(헌재 2019.12.27, 2017헌가21).

19. 정답 ②

① 한 회계연도를 넘어 계속하여 지출할 필요가 있을 때에는 정부는 연한을 정하여 **계속비로서 국회의 의결을 얻어야** 한다(헌법 제55조 제1항).

② 조세는 국가 등의 일반적 과제의 수행을 위한 것으로서 담세능력이 있는 일반국민에 대해 부과되지만, **부담금은 특별한 과제의 수행을 위한 것으로서 당해 공익사업과 일정한 관련성이 있는 특정 부류의 사람들에 대해서만 부과되는 점에서 양자는 차이가 있다**(헌재 2004.7.15, 2002헌바42).

③ 새로운 회계연도가 개시될 때까지 예산안이 의결되지 못한 때에는 **정부는 국회에서 예산안이 의결될 때까지 다음의 1. 헌법이나 법률에 의하여 설치된 기관 또는 시설의 유지 · 운영, 2. 법률상 지출의무의 이행, 3. 이미 예산으로 승인된 사업의 계속 목적을 위한 경비는 전년도 예산에 준하여 집행할 수 있다**(헌법 제54조 제3항).

④ 관련 당사자가 공평에 반하는 이익을 얻을 가능성이 있다 하여 이미 실효된 법률조항을 유효한 것으로 해석하여 과세의 근거로 삼는 것은 과세근거의 창설을 국회가 제정하는 법률에 맡기고 있는 **헌법상 권력분립원칙과 조세법률주의의 원칙에 반한다**(헌재 2012.5.31, 2009헌바123 등).

20. 정답 ②

① 이혼시의 재산분할제도는 본질적으로 혼인 중 쌍방의 협력으로 형성된 공동재산의 청산이라는 성격에, 경제적으로 곤궁한 상대방에 대한 부양적 성격이 보충적으로 가미된 제도라 할 것이어서, 이에 대하여 재산의 무상취득을 과세원인으로 하는 증여세를 부과할 여지가 없으며, 설령

증여세나 상속세를 면탈할 목적으로 위장이혼하는 것과 같은 경우에 증여와 동일하게 취급할 조세정책적 필요성이 있다 할지라도, 그러한 경우와 진정한 재산분할을 가리려는 입법적 노력없이 반증의 기회를 부여하지도 않은 채 상속세 인적공제액을 초과하는 재산을 취득하기만 하면 그 초과부분에 대하여 증여세를 부과한다는 것은 입법목적과 그 수단간의 적정한 비례관계를 벗어난 것이며 비민주적 조세관의 표현이다. 그러므로 **이혼시 재산분할을 청구하여 상속세 인적공제액을 초과하는 재산을 취득한 경우 그 초과부분에 대하여 증여세를 부과하는 것은, 증여세제의 본질에 반하여 증여라는 과세원인 없음에도 불구하고 증여세를 부과하는 것이어서 현저히 불합리하고 자의적이며 재산권보장의 헌법이념에 부합하지 않으므로 실질적 조세법률주의에 위배**된다(헌재 1997.10.30, 96헌바14).

② 어떤 공과금이 조세인지 아니면 부담금인지는 단순히 법률에서 그것을 무엇으로 성격 규정하고 있느냐를 기준으로 할 것이 아니라, **그 실질적인 내용을 결정적인 기준으로 삼아야** 한다(헌재 2020.8.28, 2018헌바425).

③ 부부간의 인위적인 자산 명의의 분산과 같은 가장행위 등은 상속세 및 증여세법상 증여의제규정 등을 통해서 방지할 수 있고, 부부의 공동생활에서 얻어지는 절약가능성을 담세력과 결부시켜 조세의 차이를 두는 것은 타당하지 않으며, **자산소득이 있는 모든 납세의무자 중에서 혼인한 부부가 혼인하였다는 이유만으로 혼인하지 않은 자산소득자보다 더 많은 조세부담을 하여 소득을 재분배하도록 강요받는 것은 부당**하며, 부부 자산소득 합산과세를 통해서 혼인한 부부에게 가하는 조세부담의 증가라는 불이익이 자산소득합산과세를 통하여 달성하는 사회적 공익보다 크다고 할 것이므로, **소득세법 제61조 제1항이 자산소득합산과세의 대상이 되는 혼인한 부부를 혼인하지 않은 부부나 독신자에 비하여 차별취급하는 것은 헌법상 정당화되지 아니하기 때문에 헌법 제36조 제1항에 위반된다**(헌재 2002.8.29, 2001헌바82).

④ 담세능력의 원칙은 소득이 많으면 그에 상응하여 많이 과세되어야 한다는 것, 즉 담세능력이 큰 자는 담세능력이 작은 자에 비하여 더 많은 세금을 낼 것과, 최저생계를 위하여 필요한 경비는 과세로부터 제외되어야 한다는 최저생계를 위한 공제를 요청할 뿐 **입법자로 하여금 소득세법에 있어서 반드시 누진세율을 도입할 것까지 요구하는 것은 아니다.** 소득에 단순비례하여 과세할 것인지 아니면 누진적으로 과세할 것인지는 입법자의 정책적 결정에 맡겨져 있다. 그러므로 이 사건 법률조항이 소득계층에 관계없이 동일한 세율을 적용한다고 하여 담세능력의 원칙에 어긋나는 것이라 할 수 없다(헌재 1999.11.25, 98헌마55).

21. 정답 ②

① 정부는 회계연도마다 예산안을 편성하여 **회계연도 개시 90일 전까지 국회에 제출**하고, 국회는 회계연도 개시 30일 전까지 이를 의결하여야 한다(헌법 제54조 제2항).

② 예산과 법률은 상호 구속의 관계로 **세출예산이 예산으로 성립되어 있다 하더라도 그 경비의 지출을 명하거나 인정하는 법률이 없는 경우에는 정부는 지출행위를 할 수 없다.**

③ 회계연도를 넘어 계속하여 지출할 필요가 있을 때에는 **정부는 연한을 정하여 계속비로서 국회의 의결을 얻어야 한다**(헌법 제55조 제1항).

④ 예산은 일종의 법규범이고 법률과 마찬가지로 국회의 의결을 거쳐 제정되지만 법률과 달리 국가기관만을 구속할 뿐 일반국민을 구속하지 않는다. **국회가 의결한 예산 또는 국회의 예산안 의결은 헌법재판소법 제68조 제1항 소정의 '공권력의 행사'에 해당하지 않고 따라서 헌법소원의 대상이 되지 아니한다**(헌재 2006.4.25, 2006헌마409).

22. 정답 ②

① 국회는 국정을 감사하거나 특정한 국정사안에 대하여 조사할 수 있으며, 이에 필요한 서류의 제출 또는 증인의 출석과 증언이나 의견의 진술을 요구할 수 있다(헌법 제61조 제1항).

② 조사위원회의 위원장이 사고가 있거나 그 직무를 수행하기를 거부 또는 기피하여 조사위원회가 활동하기 어려운 때에는 **위원장이 소속하지 아니하는 교섭단체 소속의 간사 중에서 소속 의원 수가 많은 교섭단체 소속인 간사의 순으로 위원장의 직무를 대행한다**(국정감사 및 조사에 관한 법률 제4조 제3항).

③ 국정조사 : 국회는 재적의원 4분의 1 이상의 요구가 있는 때에는 특별위원회 또는 상임위원회로 하여금 국정의 특정사안에 관하여 국정조사(이하 "조사"라 한다)를 하게 한다(국정감사 및 조사에 관한 법률 제3조 제1항).

④ 감사 또는 조사의 한계 : 감사 또는 조사는 개인의 사생활을 침해하거나 계속 중인 재판 또는 수사 중인 사건의 소추(訴追)에 관여할 목적으로 행사되어서는 아니 된다(국정감사 및 조사에 관한 법률 제8조).

23. 정답 ②

① 대통령이 일반사면을 명하려면 국회의 동의를 얻어야 한다.

② 국정감사 : 국회는 국정전반에 관하여 소관 상임위원회별로 매년 정기회 집회일 이전에 국정감사(이하 "감사"라 한다) 시작일부터 30일 이내의 기간을 정하여 감사를 실시한다. 다만, **본회의 의결로 정기회 기간 중에 감사를 실시할 수 있다**(국정감사 및 조사에 관한 법률 제2조 제1항).

③ 국회는 상호원조 또는 안전보장에 관한 조약, 중요한 국제조직에 관한 조약, 우호통상항해조약, 주권의 제약에 관한 조약, 강화조약, 국가나 국민에게 중대한 재정적 부담을 지우는 조약 또는 입법사항에 관한 조약의 체결・비준에 대한 동의권을 가진다.

④ 국회는 선전포고, 국군의 외국에의 파견 또는 외국 군대의 대한민국 영역 안에서의 주류에 대한 동의권을 가진다.

정답 및 해설

24. 정답 ③
① 국회는 의원의 자격을 심사하며, 의원을 징계할 수 있다(헌법 제64조 제2항).
② 국회는 법률에 저촉되지 아니하는 범위 안에서 의사와 내부규율에 관한 규칙을 제정할 수 있다(헌법 제64조 제1항).
③ 자격심사의 청구 : 의원이 다른 의원의 자격에 대하여 이의가 있을 때에는 **30명 이상의 연서**로 의장에게 자격심사를 청구할 수 있다(국회법 제138조).
수정동의 : 의안에 대한 수정동의는 그 안을 갖추고 이유를 붙여 30명 이상의 찬성 의원과 연서하여 미리 의장에게 제출하여야 한다. 다만, 예산안에 대한 수정동의는 의원 50명 이상의 찬성이 있어야 한다(국회법 제95조 제1항).
④ 국회의원은 법률이 정하는 직을 겸할 수 없다(헌법 제43조).

25. 정답 ②
① **의원을 체포하거나 구금하기 위하여 국회의 동의를 받으려고 할 때에는 관할법원의 판사는 영장을 발부하기 전에 체포동의 요구서를 정부에 제출하여야** 하며, 정부는 이를 수리(受理)한 후 지체 없이 그 사본을 첨부하여 국회에 체포동의를 요청하여야 한다(국회법 제26조 제1항).
② 석방 요구의 절차 : 의원이 체포 또는 구금된 의원의 석방 요구를 발의할 때에는 재적의원 4분의 1 이상의 연서(連書)로 그 이유를 첨부한 요구서를 의장에게 제출하여야 한다(국회법 제28조).
③ **국회의원의 의안에 대한 심의·표결권은** 국민에 의하여 선출된 국가기관인 국회의원이 그 본연의 업무를 수행하기 위하여 가지고 있는 본질적 권한이라고 할 것이므로, **국회의원의 개별적인 의사에 따라 포기할 수 있는 성질의 것이 아니라 할 것**이다(헌재 2010.12.28, 2008헌라7 등).
④ 국회의 의사가 다수결에 의하여 결정되었음에도 다수결의 결과에 반대하는 소수의 국회의원에게 권한쟁의심판을 청구할 수 있게 하는 것은 다수결의 원리와 의회주의의 본질에 어긋날 뿐만 아니라, 국가기관이 기관 내부에서 민주적인 방법으로 토론과 대화에 의하여 기관의 의사를 결정하려는 노력 대신 모든 문제를 사법적 수단에 의해 해결하려는 방향으로 남용될 우려도 있으므로, **국가기관의 부분 기관이 자신의 이름으로 소속기관의 권한을 주장할 수 있는 '제3자 소송담당'을 명시적으로 허용하는 법률의 규정이 없는 현행법 체계하에서는 국회의 구성원인 국회의원이 국회의 조약에 대한 체결·비준 동의권의 침해를 주장하는 권한쟁의심판을 청구할 수 없다**(헌재 2007.7.26, 2005헌라8).

제7회 사전모의고사 정답 및 해설

1. 정답 ④
① 대통령은 국가의 원수이며, 외국에 대하여 국가를 대표한다(헌법 제66조 제1항).
② 대통령은 국가의 독립·영토의 보전·국가의 계속성과 헌법을 수호할 책무를 진다(헌법 제66조 제2항).
③ 대통령은 조국의 평화적 통일을 위한 성실한 의무를 진다(헌법 제66조 제3항).
④ **대통령은 필요하다고 인정할 때에는 외교·국방·통일 기타 국가안위에 관한 중요정책을 국민투표에 붙일 수 있다**(헌법 제72조).

2. 정답 ④
① 헌법 제69조는 대통령의 취임선서의무를 규정하면서, 대통령으로서 '직책을 성실히 수행할 의무'를 언급하고 있다. **비록 대통령의 '성실한 직책수행의무'는 헌법적 의무에 해당하나, '헌법을 수호해야 할 의무'와는 달리, 규범적으로 그 이행이 관철될 수 있는 성격의 의무가 아니므로, 원칙적으로 사법적 판단의 대상이 될 수 없다고 할 것이다**(헌재 2004.5.14, 2004헌나1).
② 대통령도 국민의 한사람으로서 제한적으로나마 기본권의 주체가 될 수 있는바, **대통령은 소속 정당을 위하여 정당활동을 할 수 있는 사인으로서의 지위와 국민 모두에 대한 봉사자로서 공익실현의 의무가 있는 헌법기관으로서의 지위를 동시에 갖는데 최소한 전자의 지위와 관련하여서는 기본권 주체성을 갖는다고 할 수 있다**(헌재 2008.1.17, 2007헌마700).
③ 당선소송 : 대통령선거 및 국회의원선거에 있어서 당선의 효력에 이의가 있는 **정당**(후보자를 추천한 정당에 한한다) **또는 후보자는 당선인결정일부터 30일 이내에** 제52조 제1항·제3항·제4항 또는 제192조 제1항부터 제3항까지의 사유에 해당함을 이유로 하는 때에는 당선인을, 제187조(대통령당선인의 결정·공고·통지) 제1항·제2항, 제188조(지역구국회의원당선인의 결정·공고·통지) 제1항 내지 제4항, 제189조(비례대표국회의원의석의 배분과 당선인의 결정·공고·통지) 또는 제194조(당선인의 재결정과 비례대표국회의원의석 및 비례대표지방의회의원의석의 재배분) 제4항의 규정에 의한 결정의 위법을 이유로 하는 때에는 **대통령선거에 있어서는 그 당선인을 결정한 중앙선거관리위원회위원장 또는 국회의장을, 국회의원선거에 있어서는 당해 선거구선거관리위원회위원장을 각각 피고로 하여 대법원에 소를 제기할 수 있다**(공직선거법 제223조 제1항).
④ 대통령으로 선거될 수 있는 자는 국회의원의 피선거권이 있고 **선거일 현재 40세에 달하여야 한다**(헌법 제67조 제4항).

정답 및 해설

3. 정답 ③

① 선거에 있어서의 정치적 중립성은 행정부와 사법부의 모든 공직자에게 해당하는 공무원의 기본적 의무이다. 더욱이, **대통령은 행정부의 수반으로서 공정한 선거가 실시될 수 있도록 총괄·감독해야 할 의무가 있으므로, 당연히 선거에서의 중립의무를 지는 공직자에 해당하는 것이고, 이로써 공선법 제9조의 '공무원'에 포함된다**(헌재 2004.5.14, 2004헌나1).

② 국회에서 의결된 법률안은 정부에 이송되어 15일 이내에 대통령이 공포한다. 법률안에 이의가 있을 때에는 대통령은 정부에 이송된 후 15일 이내에 이의서를 붙여 국회로 환부하고, 그 재의를 요구할 수 있다. 국회의 폐회 중에도 또한 같다(헌법 제35조 제1항 및 제2항).

③ 계엄을 선포한 때에는 **대통령은 지체없이 국회에 통고하여야** 한다. **국회가 재적의원 과반수의 찬성으로 계엄의 해제를 요구한 때에는 대통령은 이를 해제하여야** 한다(헌법 제77조 제4항 및 제5항).

④ 대통령이 궐위된 때 또는 대통령 당선자가 사망하거나 판결 기타의 사유로 그 자격을 상실한 때에는 60일 이내에 후임자를 선거한다(헌법 제68조 제2항).

4. 정답 ③

① 헌법 제72조는 "대통령은 필요하다고 인정할 때에는 외교·국방·통일 기타 국가안위에 관한 중요정책을 국민투표에 붙일 수 있다."고 규정하여 대통령에게 국민투표 부의권을 부여하고 있다. 헌법 제72조는 대통령에게 국민투표의 실시 여부, 시기, 구체적 부의사항, 설문내용 등을 결정할 수 있는 임의적인 국민투표발의권을 독점적으로 부여함으로써, 대통령이 단순히 특정 정책에 대한 국민의 의사를 확인하는 것을 넘어서 자신의 정책에 대한 추가적인 정당성을 확보하거나 정치적 입지를 강화하는 등, 국민투표를 정치적 무기화하고 정치적으로 남용할 수 있는 위험성을 안고 있다. **이러한 점을 고려할 때, 대통령의 부의권을 부여하는 헌법 제72조는 가능하면 대통령에 의한 국민투표의 정치적 남용을 방지할 수 있도록 엄격하고 축소적으로 해석되어야 한다. 이러한 관점에서 볼 때, 헌법 제72조의 국민투표의 대상인 '중요정책'에는 대통령에 대한 '국민의 신임'이 포함되지 않는다**(헌재 2004.5.14, 2004헌나1).

② 대통령은 내란 또는 외환의 죄를 범한 경우를 제외하고는 재직 중 형사상의 소추를 받지 아니한다(헌법 제84조). 대통령·국무총리·국무위원·행정각부의 장·헌법재판소 재판관·법관·중앙선거관리위원회 위원·감사원장·감사위원 기타 법률이 정한 공무원이 그 직무집행에 있어서 헌법이나 법률을 위배한 때에는 국회는 탄핵의 소추를 의결할 수 있다(헌법 제65조 제1항).

③ 대통령은 국가의 안위에 관계되는 중대한 교전상태에 있어서 국가를 보위하기 위하여 긴급한 조치가 필요하고 **국회의 집회가 불가능한 때에 한하여** 법률의 효력을 가지는 명령을 발할 수 있다(헌법 제76조 제2항).

④ 대통령은 법률이 정하는 바에 의하여 사면·감형 또는 복권을 명할 수 있다. 일반사면을 명하려면 국회의 동의를 얻어야 한다(헌법 제79조 제1항, 제2항).

5. 정답 ①

① **법률이 정관에 자치법적 사항을 위임한 경우에는 헌법 제75조, 제95조가 정하는 포괄위임금지는 원칙적으로 적용되지 않는다고 봄이 상당하다.** 포괄위임금지는 법규적 효력을 가지는 행정입법의 제정을 그 주된 대상으로 하고, 이는 자의적인 제정으로 국민들의 자유와 권리를 침해할 수 있는 가능성을 방지하고자 엄격한 헌법적 기속을 받게 하는 것이다. 따라서 법률이 행정부에 속하지 않는 공법적 기관의 정관에 특정 사항을 정할 수 있다고 위임하는 경우에는 자치입법에 해당되는 영역으로 보아 자치적으로 정하도록 하는 것이 바람직하다(헌재 2021.5.27, 2019헌바332).

② 법률에서 위임받은 사항을 전혀 규정하지 않고 모두 재위임하는 것은 '위임받은 권한을 그대로 다시 위임할 수 없다.'는 복위임금지의 법리에 반할 뿐 아니라 수권법의 내용변경을 초래하는 것이 되고, 대통령령 이외의 법규명령의 제정·개정절차가 대통령령에 비하여 보다 용이한 점을 고려할 때 하위의 법규명령에 대한 재위임의 경우에도 대통령령에의 위임에 가하여지는 헌법상의 제한이 마땅히 적용되어야 할 것이다. 따라서 **법률에서 위임받은 사항을 전혀 규정하지 아니하고 그대로 하위의 법규명령에 재위임하는 것은 허용되지 않으며 위임받은 사항에 관하여 대강(大綱)을 정하고 그 중의 특정사항을 범위를 정하여 하위의 법규명령에 다시 위임하는 경우에만 재위임이 허용**된다(헌재 2002.10.31, 2001헌라1).

③ 법률이 일정한 사항을 행정규칙에 위임하더라도 그 행정규칙은 위임된 사항만을 규율할 수 있으므로, 국회입법의 원칙과 상치되지 않는다. 다만, **행정규칙은 법규명령과 같은 엄격한 제정 및 개정절차를 필요로 하지 아니하므로, 기본권을 제한하는 내용의 입법을 위임할 때에는 법규명령에 위임하는 것이 원칙이고, 고시와 같은 형식으로 입법위임을 할 때에는 법령이 전문적·기술적 사항이나 경미한 사항으로서 업무의 성질상 위임이 불가피한 사항에 한정**된다. 그리고 그러한 사항이라 하더라도 포괄위임금지원칙상 법률의 위임은 반드시 구체적·개별적으로 한정된 사항에 대하여 행하여져야 한다(헌재 2014.7.24, 2013헌바183 등).

④ **헌법이 인정하고 있는 위임입법의 형식은 예시적인 것으로 보아야 하고, 법률이 일정한 사항을 고시 등 행정규칙에 위임하더라도 국회입법의 원칙과 상치되지 않는다**(헌재 2016.10.27, 2015헌바360 등).

6. 정답 ②

① 헌법 제75조는 위임입법의 근거를 마련함과 동시에 위임은 '법률에서 구체적으로 범위를 정하여' 하도록 하여 그 한계를 제시하고 있다. 여기에서 **'법률에서 구체적으로 범위를 정하여'라 함은 법률에 이미 대통령령 등 하위법규에 규정될 내용 및 범위의 기본사항이 구체적이고 명확하게 규정되**

정답 및 해설

어 있어 누구라도 그 자체로부터 하위법규에 규정될 내용의 대강을 예측할 수 있어야 함을 의미한다(헌재 2021.12.23, 2018헌바435 등).

② 대법원 역시 입법권의 위임을 받아 규칙을 제정할 수 있다 할 것이고, 헌법 제75조에 근거한 포괄위임금지원칙은 법률에 이미 하위법규에 규정될 내용 및 범위의 기본사항이 구체적으로 규정되어 있어서 누구라도 당해 법률로부터 하위법규에 규정될 내용의 대강을 예측할 수 있어야 함을 의미하므로, **위임입법이 대법원규칙인 경우에도 수권법률에서 이 원칙을 준수하여야 함은 마찬가지이다**(헌재 2016.6.30, 2014헌바456 등).

③ 포괄위임금지의 원칙은 행정부에 입법을 위임하는 수권법률의 명확성원칙에 관한 것으로서 법률의 명확성원칙이 위임입법에 관하여 구체화된 특별규정이라고 할 수 있다. 따라서 수권법률조항의 명확성원칙 위배 여부는 헌법 제75조의 포괄위임금지원칙의 위반 여부에 대한 심사로써 충족된다(헌재 2012.2.23, 2011헌가13).

④ 이러한 **예측가능성의 유무는 당해 특정조항 하나만을 가지고 판단할 것은 아니고 관련 법 조항 전체를 유기적·체계적으로 종합판단하여야 하며 각 대상법률의 성질에 따라 구체적·개별적으로 검토하여야** 한다. 법률조항 자체에서 위임의 구체적 범위를 명확히 규정하고 있지 않다고 하더라도 당해 법률의 전반적 체계와 관련규정에 비추어 위임조항의 내재적인 위임의 범위나 한계를 객관적으로 분명히 확정할 수 있다면 이를 일반적이고 포괄적인 백지위임에 해당하는 것으로 볼 수는 없다(헌재 2004.11.25, 2004헌가15).

7. 정답 ①

① 법률에서 위임받은 사항을 전혀 규정하지 아니하고 그대로 하위의 법규명령에 재위임하는 것은 허용되지 않으며 위임받은 사항에 관하여 대강(大綱)을 정하고 그 중의 특정사항을 범위를 정하여 하위의 법규명령에 다시 위임하는 경우에만 재위임이 허용된다.

② 입법자는 법률에서 구체적으로 범위를 정하여 대통령령에 입법사항을 위임할 수 있을 뿐 부령에 직접 입법사항을 위임할 수는 없다.

③ **행정규칙은 법규명령과 같은 엄격한 제정 및 개정절차를 요하지 아니하므로, 기본권을 제한하는 작용을 하는 법률이 입법위임을 할 때에는 대통령령, 총리령, 부령 등 법규명령에 위임함이 바람직하고**, 고시와 같은 형식으로 입법위임을 할 때에는 적어도 행정규제기본법 제4조 제2항 단서에서 정한 바와 같이 **법령이 전문적·기술적 사항이나 경미한 사항으로서 업무의 성질상 위임이 불가피한 사항에 한정된다 할 것이고, 그러한 사항이라 하더라도 포괄위임금지의 원칙상 법률의 위임은 반드시 구체적·개별적으로 한정된 사항에 대하여 행하여져야** 한다(헌재 2008.7.31, 2005헌마667 등).

④ 국회는 대통령에게 행정각부의 장의 해임을 건의할 수 있으나 국무위원의 해임은 건의할 수 없다.

8. 정답 ③

① 복권은 형의 집행이 끝나지 아니한 자 또는 집행이 면제되지 아니한 자에 대하여는 하지 아니한다(사면법 제6조).

② **일반사면** : 형 선고의 효력이 상실되며, 형을 선고받지 아니한 자에 대하여는 공소권(公訴權)이 상실된다. 다만, 특별한 규정이 있을 때에는 예외로 한다(사면법 제5조 제1항 제1호). 일반사면, 죄 또는 형의 종류를 정하여 하는 감형 및 일반에 대한 복권은 대통령령으로 한다. 이 경우 일반사면은 죄의 종류를 정하여 한다(사면법 제8조). 일반사면을 명하려면 국회의 동의를 얻어야 한다(헌법 제79조 제2항).

③ **특별사면으로 형 선고의 효력이 상실된 유죄의 확정판결도 형사소송법 제420조의 '유죄의 확정판결'에 해당하여 재심청구의 대상이 될 수 있다고 해석함이 타당하다.**
이와 달리 유죄의 확정판결 후 형 선고의 효력을 상실케 하는 특별사면이 있었다면 이미 재심청구의 대상이 존재하지 않아 그러한 판결을 대상으로 하는 재심청구는 부적법하다고 판시한 대법원 1997.7.22. 선고 96도2153 판결과 대법원 2010.2.26. 자 2010모24 결정 등은 이 판결과 배치되는 범위에서 이를 변경한다(대판 2015.5.21, 2011도1932 전원합의체).

④ 법무부장관은 대통령에게 특별사면, 특정한 자에 대한 감형 및 복권을 상신(上申)한다. 법무부장관은 제1항에 따라 특별사면, 특정한 자에 대한 감형 및 복권을 상신할 때에는 제10조의2에 따른 사면심사위원회의 심사를 거쳐야 한다(사면법 제10조).

9. 정답 ④

① 우리 헌법 제79조 제1항은 "대통령은 법률이 정하는 바에 의하여 사면·감형 또는 복권을 명할 수 있다."고 대통령의 사면권을 규정하고 있고, 제3항은 "사면·감형 또는 복권에 관한 사항은 법률로 정한다."고 규정하여 사면의 구체적 내용과 방법 등을 법률에 위임하고 있다. 그러므로 **사면의 종류, 대상, 범위, 절차, 효과 등은 범죄의 죄질과 보호법익, 일반국민의 가치관 내지 법감정, 국가이익과 국민화합의 필요성, 권력분립의 원칙과의 관계 등 제반사항을 종합하여 입법자가 결정할 사항으로서 광범위한 입법재량 내지 형성의 자유가 부여되어 있다**(헌재 2000.6.1, 97헌바74).

② 사면은 형의 선고의 효력 또는 공소권을 상실시키거나, 형의 집행을 면제시키는 국가원수의 고유한 권한을 의미하며, 사법부의 판단을 변경하는 제도로서 권력분립의 원리에 대한 예외가 된다(헌재 2000.6.1, 97헌바74).

③ 사면 등의 효과 : 사면, 감형 및 복권의 효과는 다음 각 호와 같다.
 1. 일반사면 : 형 선고의 효력이 상실되며, 형을 선고받지 아니한 자에 대하여는 공소권(公訴權)이 상실된다. 다만, 특별한 규정이 있을 때에는 예외로 한다.
 2. 특별사면 : 형의 집행이 면제된다. 다만, 특별한 사정이 있을 때에는 이후 형 선고의 효력을 상실하게 할 수 있다(사면법 제5조 제1항 제1호, 제2호).

정답 및 해설

④ 사면은 형의 선고의 효력 또는 공소권을 상실시키거나, 형의 집행을 면제시키는 **국가원수의 고유한 권한을 의미하며**, 사법부의 판단을 변경하는 제도로서 권력분립의 원리에 대한 예외가 된다. 사면제도는 역사적으로 절대군주인 국왕의 은사권(恩赦權)에서 유래하였으며, 대부분의 근대국가에서도 유지되어 왔고, 대통령제 국가에서는 미국을 효시로 대통령에게 사권권이 부여되어 있다. 사면권은 전통적으로 국가원수에게 부여된 고유한 은사권이며, 국가원수가 이를 시혜적으로 행사한다(헌재 2000.6.1, 97헌바74).

10. 정답 ①

① **국무총리의 소재지는 헌법적으로 중요한 기본적 사항이라 보기 어렵고 나아가 이러한 규범이 존재한다는 국민적 의식이 형성되었는지 조차 명확하지 않으므로 이러한 관습헌법의 존재를 인정할 수 없다**(헌재 2005.11.24, 2005헌마579 등).

② 대통령령 등의 제출 등 : 중앙행정기관의 장은 법률에서 위임한 사항이나 법률을 집행하기 위하여 필요한 사항을 규정한 대통령령·총리령·부령·훈령·예규·고시 등이 제정·개정 또는 폐지되었을 때에는 10일 이내에 이를 국회 소관 상임위원회에 제출하여야 한다. 다만, 대통령령의 경우에는 입법예고를 할 때(입법예고를 생략하는 경우에는 법제처장에게 심사를 요청할 때를 말한다)에도 그 입법예고안을 10일 이내에 제출하여야 한다(국회법 제98조의2 제1항).

③ **성질상 정부의 구성단위인 중앙행정기관이라 할지라도, 법률상 그 기관의 장(長)이 국무위원이 아니라든가 또는 국무위원이라 하더라도 그 소관사무에 관하여 부령을 발할 권한이 없는 경우에는, 그 기관은 우리 헌법이 규정하는 실정법적(實定法的) 의미의 행정각부로는 볼 수 없다**는 헌법상의 간접적인 개념제한이 있음을 알 수 있다. 따라서 정부의 구성단위로서 그 권한에 속하는 사항을 집행하는 모든 중앙행정기관이 곧 헌법 제86조 제2항 소정의 행정각부는 아니라 할 것이다(헌재 1994.4.28, 89헌마221).

④ 지방자치제 실시를 유보하던 개정 전 헌법 부칙 제10조를 삭제한 현행헌법 및 이에 따라 자치사무에 관한 감사규정은 존치하되 '위법성 감사'라는 단서를 추가하여 자치사무에 대한 감사를 축소한 구 지방자치법 제158조 신설경위, 자치사무에 관한 한 중앙행정기관과 지방자치단체의 관계가 상하의 감독관계에서 상호보완적 지도·지원의 관계로 변화된 지방자치법의 취지, 중앙행정기관의 감독권 발동은 지방자치단체의 구체적 법위반을 전제로 하여 작동되도록 제한되어 있는 점, 그리고 **국가감독권 행사로서 지방자치단체의 자치사무에 대한 감사원의 사전적·포괄적 합목적성 감사가 인정되므로 국가의 중복감사의 필요성이 없는 점** 등을 종합하여 보면, 중앙행정기관의 지방자치단체의 자치사무에 대한 구 지방자치법 제158조 단서 규정의 감사권은 사전적·일반적인 포괄감사권이 아니라 그 대상과 범위가 한정적인 제한된 감사권이라 해석함이 마땅하다(헌재 2009.5.28, 2006헌라6).

11. 정답 ④

① 수사처가 수행하는 수사와 공소제기 및 유지는 우리 헌법상 본질적으로 행정에 속하는 사무에 해당하는 점, 수사처의 구성에 대통령의 실질적인 인사권이 인정되고, 수사처장은 소관 사무와 관련된 안건이 상정될 경우 국무회의에 출석하여 발언할 수 있으며 그 소관 사무에 관하여 독자적으로 의안을 제출할 권한이 있는 것이 아니라 법무부장관에게 의안의 제출을 건의할 수 있는 점 **등을 종합하면, 수사처는 직제상 대통령 또는 국무총리 직속기관 내지 국무총리의 통할을 받는 행정각부에 속하지 않는다고 하더라도 대통령을 수반으로 하는 행정부에 소속되고 그 관할권의 범위가 전국에 미치는 중앙행정기관으로 보는 것이 타당하다**(헌재 2021.1.28, 2020헌마264 등).

② 중앙행정기관이란 '국가의 행정사무를 담당하기 위하여 설치된 행정기관으로서 그 관할권의 범위가 전국에 미치는 행정기관'을 말하는데(행정기관의 조직과 정원에 관한 통칙 제2조 제1호), **어떤 행정기관이 중앙행정기관에 해당하는지 여부는 기관 설치의 형식이 아니라 해당 기관이 실질적으로 수행하는 기능에 따라 결정되어야** 한다(헌재 2021.1.28, 2020헌마264 등).

③ **정부조직법은 국가행정기관의 설치와 조직에 관한 일반법으로서 공수처법보다 상위의 법이라 할 수 없다**(헌재 2021.1.28, 2020헌마264 등).

④ 공수처법에 의하면, 수사처장은 추천위원회에서 추천한 2명 중 1명을 대통령이 지명한 후 인사청문회를 거쳐 임명하고, 차장은 수사처장의 제청으로 대통령이 임명하며, 수사처검사는 인사위원회의 추천을 거쳐 대통령이 임명한다(제5조 제1항, 제7조 제1항, 제8조 제1항). 또한 수사처검사 뿐만 아니라 수사처장과 차장도 징계처분의 대상이 되고(제14조), 징계처분 중 견책은 수사처장이 하지만 해임·면직·정직·감봉은 수사처장의 제청으로 대통령이 한다(제42조 제1항). 이처럼 **대통령은 수사처장과 차장, 수사처검사의 임명권과 해임권 모두를 보유하고 있는데, 이들을 임명할 때 추천위원회나 인사위원회의 추천, 수사처장의 제청 등을 거쳐야 한다는 이유만으로 대통령이 형식적인 범위에서의 인사권만 가지고 있다고 볼 수는 없고, 수사처 구성에 있어 대통령의 실질적인 인사권이 인정된다고 할 것이다**(헌재 2021.1.28, 2020헌마264 등).

12. 정답 ④

① 국무총리는 대통령을 보좌하며, 행정에 관하여 대통령의 명을 받아 행정각부를 통할한다(헌법 제86조 제2항).

② 사사오입 개헌이라고도 불리는 **제2차 개헌에서는 국무총리제 및 국무위원의 연대책임제를 폐지하였다**.

③ 국무총리는 국회의 동의를 얻어 대통령이 임명한다(헌법 제86조 제1항). 국회는 국무총리 또는 국무위원의 해임을 대통령에게 건의할 수 있다. 해임건의는 국회재적의원 3분의 1 이상의 발의에 의하여 국회재적의원 과반수의 찬성이 있어야 한다(헌법 제63조).

④ 겸직 금지 : 의원은 국무총리 또는 국무위원 직 외의 다른 직을 겸할 수 없다(국회법 제29조 제1항). → **국회의원이 국무총리를 겸직할 수 있다는 규정이 국회법에 있다.**

13. 정답 ③
① 대통령의 국법상 행위는 문서로써 하며, 이 문서에는 국무총리와 관계 국무위원이 부서한다. 군사에 관한 것도 또한 같다(헌법 제82조).
② 탄핵결정은 공직으로부터 파면함에 그친다. 그러나, 이에 의하여 민사상이나 형사상의 책임이 면제되지는 아니한다(헌법 제65조 제4항).
③ 국무총리의 행정감독권 : 국무총리는 중앙행정기관의 장의 명령이나 처분이 위법 또는 부당하다고 인정될 경우에는 **대통령의 승인을 받아** 이를 중지 또는 취소할 수 있다(정부조직법 제18조 제2항).
④ 국무총리가 사고로 직무를 수행할 수 없는 경우에는 기획재정부장관이 겸임하는 부총리, 교육부장관이 겸임하는 부총리의 순으로 직무를 대행하고, 국무총리와 부총리가 모두 사고로 직무를 수행할 수 없는 경우에는 대통령의 지명이 있으면 그 지명을 받은 국무위원이, 지명이 없는 경우에는 제26조 제1항에 규정된 순서에 따른 국무위원이 그 직무를 대행한다(정부조직법 제22조).

14. 정답 ①
① 국무위원은 국정에 관하여 **대통령을 보좌**하며, 국무회의의 구성원으로서 국정을 심의한다(헌법 제87조 제2항).
② 국회나 그 위원회의 요구가 있을 때에는 국무총리·국무위원 또는 정부위원은 출석·답변하여야 하며, 국무총리 또는 국무위원이 출석요구를 받은 때에는 국무위원 또는 정부위원으로 하여금 출석·답변하게 할 수 있다(헌법 제62조 제2항).
③ 군인은 현역을 면한 후가 아니면 국무위원으로 임명될 수 없다(헌법 제87조 제4항).
④ 국무회의는 대통령·국무총리와 15인 이상 30인 이하의 국무위원으로 구성한다. 대통령은 국무회의의 의장이 되고, 국무총리는 부의장이 된다(헌법 제88조 제2항, 제3항).
겸직 금지 : 의원은 국무총리 또는 국무위원 직 외의 다른 직을 겸할 수 없다(국회법 제29조 제1항 전단).

15. 정답 ③
① 그 결정에 앞서 헌법 제89조 제2호, 제13호의 규정에 따라 반드시 국무회의 심의를 거쳐야 하는 것이 아닌가 하는 의문이 있을 수 있다. 그러나 **구체적으로 어떤 정책을 필수적으로 국무회의 심의를 거쳐야 하는 중요한 정책으로 보아야 하는지는 국무회의에 의안을 상정할 수 있는 권한자인 대통령이나 국무위원에게 일정 정도의 판단재량이 인정되는 것으로 보아야 하고, 그에 관한 대통령이나 국무위원의 일차적 판단이 명백히 비합리적이거나 자의적인 것이 아닌 한 존중되어야** 한다(헌재 2022.1.27, 2016헌마364).

② 국무회의는 헌법이 정하는 필수기관으로 우리 헌법상 국무회의는 심의기관이다. 국무회의는 정부의 권한에 속하는 중요한 정책을 심의한다(헌법 제88조 제1항).
③ 국무회의는 대통령·국무총리와 **15인 이상 30인 이하**의 국무위원으로 구성한다(헌법 제88조 제2항).
④ 대통령은 국무회의의 의장으로서 회의를 소집하고 이를 주재하지만 대통령이 사고로 직무를 수행할 수 없는 경우에는 국무총리가 그 직무를 대행할 수 있고, **대통령이 해외순방 중인 경우는 '사고'에 해당되므로, 대통령의 직무상 해외순방 중 국무총리가 주재한 국무회의에서 이루어진 정당해산심판청구서 제출안에 대한 의결은 위법하지 아니하다**(헌재 2014.12.19, 2013헌다1).

16. 정답 ③
① 파병은 대통령이 국회의 동의를 얻어 파병 결정을 하고, 이에 따라 국방부장관 및 파견 대상 군 참모총장이 구체적, 개별적인 명령을 발함으로써 비로소 해당 국민, 즉 파견 군인 등에게 직접적인 법률효과를 발생시키는 것이고, **대통령이 국회에 파병동의안을 제출하기 전에 대통령을 보좌하기 위하여 파병 정책을 심의, 의결한 국무회의의 의결은 국가기관의 내부적 의사결정행위에 불과하여 그 자체로 국민에 대하여 직접적인 법률효과를 발생시키는 행위가 아니므로 헌법재판소법 제68조 제1항에서 말하는 공권력의 행사에 해당하지 아니한다**(헌재 2003.12.18, 2003헌마225).
② 국무위원은 정무직으로 하며 의장에게 의안을 제출하고 **국무회의의 소집을 요구할 수 있다**(정부조직법 제12조 제3항).
③ 예산안·결산·국유재산처분의 기본계획·국가의 부담이 될 계약 기타 재정에 관한 중요사항은 국무회의의 심의를 거쳐야 한다(헌법 제89조 제4호).
④ **정부에 제출 또는 회부된 정부의 정책에 관계되는 청원의 심사는 국무회의의 심의를 거쳐야** 한다(헌법 제89조 제15호).

17. 정답 ②
① 헌법개정안·국민투표안·조약안·법률안 및 대통령령안은 국무회의의 심의를 거쳐야 한다(헌법 제89조 제3호).
② 대통령은 국무회의의 의장으로서 회의를 소집하고 이를 주재하지만 대통령이 사고로 직무를 수행할 수 없는 경우에는 국무총리가 그 직무를 대행할 수 있고, **대통령이 해외순방 중인 경우는 '사고'에 해당되므로, 대통령의 직무상 해외순방 중 국무총리가 주재한 국무회의에서 이루어진 정당해산심판청구서 제출안에 대한 의결은 위법하지 아니하다**(헌재 2014.12.19, 2013헌다1).
③ 국무위원은 국무총리의 제청으로 대통령이 임명한다. 국무총리는 국무위원의 해임을 대통령에게 건의할 수 있다(헌법 제87조 제1항, 제3항).
④ 국정의 중요한 사항에 관한 대통령의 자문에 응하기 위하여 국가원로로 구성되는 국가원로자문회의를 둘 수 있다. 국가원로자문회의의 의장은 직전대통령이 된다. 다만, 직전대통령이 없을 때에는 대통령이 지명한다(헌법 제90조 제1항, 제2항).

정답 및 해설

18. 정답 ②
① 군인은 현역을 면한 후가 아니면 국무총리로 임명될 수 없다(헌법 제86조 제3항).
② 국무위원은 **국무총리의 제청으로 대통령이 임명**한다(헌법 제87조 제1항).
③ 국무총리 또는 행정각부의 장은 소관사무에 관하여 법률이나 대통령령의 위임 또는 직권으로 총리령 또는 부령을 발할 수 있다(헌법 제95조).
④ 국무회의 : 대통령은 국무회의 의장으로서 회의를 소집하고 이를 주재한다(정부조직법 제12조 제1항).

19. 정답 ③
① 감사원은 **원장을 포함한 5인 이상 11인 이하의 감사위원**으로 구성한다(헌법 제98조 제1항).
② 감사원규칙 : 감사원은 감사에 관한 절차, 감사원의 내부규율과 감사사무 처리에 관한 규칙을 제정할 수 있다(**감사원법 제52조**).
③ 국가안전보장에 관련되는 대외정책·군사정책과 국내정책의 수립에 관하여 국무회의의 심의에 앞서 대통령의 자문에 응하기 위하여 국가안전보장회의를 둔다(헌법 제91조 제1항).
④ 국가의 세입·세출의 결산, 국가 및 법률이 정한 단체의 회계검사와 행정기관 및 공무원의 직무에 관한 감찰을 하기 위하여 **대통령 소속하에** 감사원을 둔다(헌법 제97조).

20. 정답 ②
① 원장이 궐위(闕位)되거나 사고(事故)로 인하여 직무를 수행할 수 없을 때에는 감사위원으로 최장기간 재직한 감사위원이 그 권한을 대행한다. 다만, 재직기간이 같은 감사위원이 2명 이상인 경우에는 연장자가 그 권한을 대행한다(감사원법 제4조 제3항).
② 감사원의 감찰 대상인 공무원에는 **국회·법원 및 헌법재판소에 소속된 공무원은 제외**한다(감사원법 제24조 제3항).
③ 선택적 검사사항 : 감사원은 필요하다고 인정하거나 국무총리의 요구가 있는 경우에는 국가 또는 지방자치단체가 자본금의 일부를 출자한 자의 회계를 검사할 수 있다(감사원법 제23조 제4호).
④ 감사원은 세입·세출의 결산을 매년 검사하여 대통령과 차년도국회에 그 결과를 보고하여야 한다(헌법 제99조).

21. 정답 ①
① 중앙선거관리위원회는 **대통령이 임명하는 3인, 국회에서 선출하는 3인과 대법원장이 지명하는 3인의 위원으로 구성**한다. 위원장은 위원 중에서 호선한다(헌법 제114조 제2항).
② 위원의 임기 : 각급선거관리위원회위원의 임기는 6년으로 한다. 다만, 구·시·군선거관리위원회 위원의 임기는 3년으로 하되, 한 차례만 연임할 수 있다(선거관리위원회법 제8조).
③ 선거구선거관리 : 선거구선거사무를 행할 선거관리위원회(이하 "선거구선거관리위원회"라 한다)는 다음 각 호 1. 대통령선거 및 비례대표전국선거구국회의원(이하 "비례대표국회의원"이라 한다)선거의 선거구선거사무는 중앙선거관리위원회, 2. 특별시장·광역시장·특별자치시장·도지사(이하 "시·도지사"라 한다)선거와 비례대표선거구시·도의회의원(이하 "비례대표시·도의원"이라 한다)선거의 선거구선거사무는 시·도선거관리위원회, 3. 지역선거구국회의원(이하 "지역구국회의원"이라 한다)선거, 지역선거구시·도의회의원(이하 "지역구시·도의원"이라 한다)선거, 지역선거구자치구·시·군의회의원(이하 "지역구자치구·시·군의원"이라 한다)선거, 비례대표선거구자치구·시·군의회의원(이하 "비례대표자치구·시·군의원"이라 한다)선거 및 자치구의 구청장·시장·군수(이하 "자치구·시·군의 장"이라 한다)선거의 선거구선거사무는 그 선거구역을 관할하는 구·시·군선거관리위원회[제29조(지방의회의원의 증원선거) 제3항 또는 「선거관리위원회법」 제2조(설치) 제6항의 규정에 의하여 선거구선거사무를 행할 구·시·군선거관리위원회가 지정된 경우에는 그 지정을 받은 구·시·군선거관리위원회를 말한다]와 같다(공직선거법 제13조 제1항).
④ 원장은 국회의 동의를 얻어 대통령이 임명하고, 그 임기는 4년으로 하며, 1차에 한하여 중임할 수 있다. 감사위원은 원장의 제청으로 대통령이 임명하고, 그 임기는 4년으로 하며, 1차에 한하여 중임할 수 있다(헌법 제98조 제2항 및 제3항).

22. 정답 ①
① 개성공단 전면중단 조치가 고도의 정치적 결단을 요하는 문제이기는 하나, 조치 결과 개성공단 투자기업인 청구인들에게 기본권 제한이 발생하였고, 국민의 기본권 제한과 직접 관련된 공권력의 행사는 고도의 정치적 고려가 필요한 행위라도 헌법과 법률에 따라 결정하고 집행하도록 견제하는 것이 헌법재판소 본연의 임무이므로, 그 한도에서 헌법소원심판의 대상이 될 수 있다(헌재 2022.1.27. 2016헌마364).
② 남북정상회담의 개최는 고도의 정치적 성격을 지니고 있는 행위라 할 것이므로 특별한 사정이 없는 한 그 당부를 심판하는 것은 사법권의 내재적·본질적 한계를 넘어서는 것이 되어 적절하지 못하지만, **남북정상회담의 개최과정에서 재정경제부장관에게 신고하지 아니하거나 통일부장관의 협력사업 승인을 얻지 아니한 채 북한측에 사업권의 대가 명목으로 송금한 행위 자체는 헌법상 법치국가의 원리와 법 앞에 평등원칙 등에 비추어 볼 때 사법심사의 대상이 된다고 판단한 원심판결을 수긍한 사례**(대판 2004.3.26. 2003도7878).
③ **대통령의 긴급재정경제명령은 국가긴급권의 일종으로서 고도의 정치적 결단에 의하여 발동되는 행위이고 그 결단을 존중하여야 할 필요성이 있는 행위라는 의미에서 이른바 통치행위에 속한다고 할 수 있으나, 통치행위를 포함하여 모든 국가작용은 국민의 기본권적 가치를 실현하기 위한 수단이라는 한계를 반드시 지켜야 하는 것이고, 헌법재판소는 헌법의 수호와 국민의 기본권 보장을 사명으로 하는 국가기관이므로 비록 고도의**

정치적 결단에 의하여 행해지는 국가작용이라고 할지라도 그것이 국민의 기본권 침해와 직접 관련되는 경우에는 당연히 헌법재판소의 심판대상이 된다(헌재 1996.2.29, 93헌마186).
④ 한미연합 군사훈련은 1978. 한미연합사령부의 창설 및 1979.2.15. 한미연합연습 양해각서의 체결 이후 연례적으로 실시되어 왔고, 특히 이 사건 연습은 대표적인 한미연합 군사훈련으로서, 피청구인이 2007.3.경에 한 이 사건 연습결정이 새삼 국방에 관련되는 고도의 정치적 결단에 해당하여 사법심사를 자제하여야 하는 통치행위에 해당된다고 보기 어렵다(헌재 2009.5.28, 2007헌마369).

23. 정답 ②
① 제2항(국회의원의 자격심사, 징계)과 제3항(제명)의 처분에 대하여는 법원에 제소할 수 없다(헌법 제64조 제4항).
② 관련조항의 해석과 판사에 대한 연임제 및 근무성적평정제도의 취지 등을 고려할 때, 이 사건 근무평정조항에서 말하는 '근무성적평정에 관한 사항'이란 판사의 연임 등 인사관리에 반영시킬 수 있는 것으로 **사법기능 및 업무의 효율성을 위하여 판사의 직무수행에 요구되는 것, 즉 직무능력과 자질 등과 같은 평가사항, 평정권자 및 평가방법 등에 관한 사항임을 충분히 예측할 수 있으므로 이 사건 근무평정조항은 포괄위임금지원칙에 위배된다고 볼 수 없다**(헌재 2016.9.29, 2015헌바331).
③ **지방자치단체의 구역에 관하여 지방자치법은, 공유수면 관리 및 매립에 관한 법률에 따른 매립지가 속할 지방자치단체는** 안전행정부장관이 결정한다고 규정하면서(제4조 제3항), 관계 지방자치단체의 장은 그 결정에 이의가 있으면 결과를 통보받은 날로부터 15일 이내에 대법원에 소송을 제기할 수 있다고 규정하고 있다(제4조 제8항).
④ 상급법원 재판에서의 판단은 해당 사건에 관하여 하급심(下級審)을 기속(羈束)한다(법원조직법 제8조).

24. 정답 ④
① 구 법관징계법 제27조는 법관에 대한 대법원장의 징계처분 취소청구소송을 대법원에 의한 단심재판에 의하도록 규정하고 있는바, 이는 독립적으로 사법권을 행사하는 법관이라는 지위의 특수성과 법관에 대한 징계절차의 특수성을 감안하여 재판의 신속을 도모하기 위한 것으로 그 합리성을 인정할 수 있고, **대법원이 법관에 대한 징계처분 취소청구소송을 단심으로 재판하는 경우에는 사실확정도 대법원의 권한에 속하여 법관에 의한 사실확정의 기회가 박탈되었다고 볼 수 없으므로, 헌법 제27조 제1항의 재판청구권을 침해하지 아니한다**(헌재 2012.2.23, 2009헌바34).
② 헌법 제27조 제1항은 "모든 국민은 헌법과 법률이 정한 법관에 의하여 법률에 의한 재판을 받을 권리를 가진다."라고 규정하고 있을 뿐, 합의부에 의한 재판을 받을 권리를 명문화하고 있는 헌법상 규정은 존재하지 않는다. 결국 단독판사와 합의부의 심판권을 어떻게 분배할 것인지 등에 관한 문제는 기본적으로 입법형성권을 가진 입법자가 사법정책을 고려하여 결정할 사항이다. 다만 입법자는 국민의 권리가 효율적으로 보호되고 재판제도가 적정하게 운용되도록 법원조직에 따른 재판사무 범위를 배분·확정하여야 한다(헌재 2021.8.31, 2020헌바357).
③ 헌법 제101조, 제103조, 제106조는 사법권독립을 보장하고 있는바, **형사재판에 있어서 사법권독립은 심판기관인 법원과 소추기관인 검찰청의 분리를 요구함과 동시에 법관이 실제 재판에 있어서 소송당사자인 검사와 피고인으로부터 부당한 간섭을 받지 않은 채 독립하여야 할 것을 요구**한다(헌재 1995.11.30, 92헌마44).
④ 심판권의 행사 : 대법원의 심판권은 대법관 전원의 3분의 2 이상의 합의체에서 행사하며, 대법원장이 재판장이 된다. 다만, 대법관 3명 이상으로 구성된 부(部)에서 먼저 사건을 심리(審理)하여 의견이 일치한 경우에 한정하여 **다음 1. 명령 또는 규칙이 헌법에 위반된다고 인정하는 경우, 2. 명령 또는 규칙이 법률에 위반된다고 인정하는 경우, 3. 종전에 대법원에서 판시(判示)한 헌법·법률·명령 또는 규칙의 해석 적용에 관한 의견을 변경할 필요가 있다고 인정하는 경우, 4. 부에서 재판하는 것이 적당하지 아니하다고 인정하는 경우 각 호의 경우를 제외하고 그 부에서 재판할 수 있다**(법원조직법 제7조 제1항).

25. 정답 ②
① 법관이 중대한 신체상 또는 정신상의 장해로 직무를 수행할 수 없을 때에는, 대법관인 경우에는 대법원장의 제청으로 대통령이 퇴직을 명할 수 있고, 판사인 경우에는 인사위원회의 심의를 거쳐 대법원장이 퇴직을 명할 수 있다(법원조직법 제47조).
② 재판연구원 : 재판연구원은 소속 법원장의 명을 받아 사건의 심리 및 재판에 관한 조사·연구, 그 밖에 필요한 업무를 수행한다. 재판연구원은 변호사 자격이 있는 사람 중에서 **대법원장이 임용**한다(법원조직법 제53조의2 제2항, 제3항).
③ 개정의 장소 : 법원장은 필요에 따라 법원 외의 장소에서 개정(開廷)하게 할 수 있다(법원조직법 제56조 제2항).
④ 집행관 : 지방법원 및 그 지원에 집행관을 두며, 집행관은 법률에서 정하는 바에 따라 소속 지방법원장이 임면(任免)한다(법원조직법 제55조 제1항).

제8회 사전모의고사 정답 및 해설

1. 정답 ①
① 탄핵소추의 **의결을 받은 사람은 헌법재판소의 심판이 있을 때까지 그 권한 행사가 정지**된다(헌법재판소법 제50조).
② 재판관의 임기는 6년으로 하며, 연임할 수 있다. 재판관의 정년은 70세로 한다(헌법재판소법 제7조 제1항, 제2항).
③ 재판부는 종국심리에 관여한 재판관 과반수의 찬성으로 사건에 관한 결정을 한다. 다만, 다음 각 호 1. 법률의 위헌결정, 탄핵의 결정, 정당해산의 결정 또는 헌법소원에 관한 인용결정을 하는 경우, 2. 종전에 헌법재판소가 판시한 헌법 또는 법률의 해석 적용에 관한 의견을 변경하는 경우의 어느 하나에 해당하는 경우에는 재판관 6명 이상의 찬성이 있어야 한다(헌법재판소법 제23조 제2항).
④ 이 법에 특별한 규정이 있는 경우를 제외하고는 헌법재판소의 심판은 재판관 전원으로 구성되는 재판부에서 관장한다(헌법재판소법 제22조 제1항).

2. 정답 ②
① 당사자는 동일한 사건에 대하여 2명 이상의 재판관을 기피할 수 없다(헌법재판소법 제24조 제4항).
② **탄핵의 심판, 정당해산의 심판 및 권한쟁의 심판은 구두변론에 의한다**(헌법재판소법 제30조 제1항).
③ 유예기간을 경과하기 전까지 청구인들은 이 사건 보호자동승조항에 의한 보호자동승의무를 부담하지 않는다. **이 사건 보호자동승조항이 구체적이고 현실적으로 청구인들에게 적용된 것은 유예기간을 경과한 때부터라 할 것이므로, 이때부터 청구기간을 기산함이 상당**하다. 종래 이와 견해를 달리하여, **법령의 시행일 이후 일정한 유예기간을 둔 경우 이에 대한 헌법소원심판 청구기간의 기산점을 법령의 시행일이라고 판시한 우리 재판소 결정들은, 이 결정의 취지와 저촉되는 범위 안에서 변경**한다(헌재 2020.4.23, 2017헌마479).
④ 준용규정 : 헌법재판소의 심판절차에 관하여는 이 법에 특별한 규정이 있는 경우를 제외하고는 헌법재판의 성질에 반하지 아니하는 한도에서 민사소송에 관한 법령을 준용한다. 이 경우 탄핵심판의 경우에는 형사소송에 관한 법령을 준용하고, 권한쟁의심판 및 헌법소원심판의 경우에는 「행정소송법」을 함께 준용한다(헌법재판소법 제40조).

3. 정답 ②
① 제68조 제1항에 따른 헌법소원의 심판은 그 사유가 있음을 안 날부터 90일 이내에, 그 사유가 있는 날부터 1년 이내에 청구하여야 한다. 다만, 다른 법률에 따른 구제절차를 거친 헌법소원의 심판은 그 최종결정을 통지받은 날부터 30일 이내에 청구하여야 한다(헌법재판소법 제69조 제1항).
② 제68조 제2항에 따른 헌법소원심판은 **위헌 여부 심판의 제청신청을 기각하는 결정을 통지받은 날부터 30일 이내에 청구하여야 한다**(헌법재판소법 제69조 제2항).
③ 새로운 입법을 하지 않고 있는 것은 진정입법부작위에 해당하므로 이 부분에 대한 심판청구는 청구기간의 제한을 받지 않는다(헌재 1998.7.16, 96헌마246).
④ 헌법재판소법 제40조 제1항에 의하면 행정소송법이 헌법소원심판에 준용되는 것이므로, 정당한 사유가 있는 경우 제소기간을 도과한 행정소송을 허용하는 행정소송법 제20조 제2항 단서가 헌법소원심판에도 준용된다고 할 것이고, 따라서 정당한 사유가 있는 경우에는 청구기간의 도과에도 불구하고 헌법소원심판청구는 적법하다고 해석하여야 할 것이다. 그런데 여기의 정당한 사유라함은 청구기간도과의 원인 등 여러 가지 사정을 종합하여 지연된 심판청구를 허용하는 것이 사회통념상으로 보아 상당한 경우를 뜻한다고 할 것이다(헌재 1993.7.29, 89헌마31).

4. 정답 ③
① **공권력의 작용에 대한 권리구제형 헌법소원심판절차에 있어서 '헌법재판소의 결정에 영향을 미칠 중대한 사항에 관하여 판단을 유탈한 때'를 재심사유로 허용하는 것이 헌법재판의 성질에 반한다고 볼 수는 없으므로, 민사소송법 제422조 제1항 제9호를 준용하여 "판단유탈"도 재심사유로 허용되어야** 한다(헌재 2001.9.27, 2001헌아3).
② 헌법재판소법은 헌법재판소의 결정에 대한 재심절차의 허용 여부에 관하여 별도의 명문규정을 두고 있지 않다. 따라서 **민사소송법상의 재심에 관한 규정을 준용하여 헌법재판소의 결정에 대한 재심을 허용할 수 있을 것인지 여부에 관하여 논의가 있을 수 있으나, 헌법재판은 그 심판의 종류에 따라 그 절차의 내용과 결정의 효과가 한결같지 아니하기 때문에 재심의 허용 여부 내지 허용 정도 등은 심판절차의 종류에 따라서 개별적으로 판단될 수밖에 없다**(헌재 2015.12.8, 2015헌아123).
③ 심판의 변론과 결정의 선고는 공개한다. 다만, 서면 심리와 평의는 공개하지 아니한다(헌법재판소법 제34조 제1항).
④ 법령에 관한 헌법재판소법 제68조 제1항의 헌법소원에 있어서도 그 인용결정은 일반적 기속력과 대세적·법규적 효력을 가지며, **위헌법률심판을 구하는 헌법소원에 대한 헌법재판소의 결정에 대하여는 재심을 허용하지 아니함으로써 얻을 수 있는 법적 안정성의 이익이 재심을 허용함으로써 얻을 수 있는 구체적 타당성의 이익보다 훨씬 높을 것으로 예상할 수 있으므로 헌법재판소의 이러한 결정에는 재심에 의한 불복방법이 그 성질상 허용될 수 없다**(헌재 2006.9.26, 2006헌아37).

5. 정답 ③
① 심판정족수 : 재판부는 재판관 7명 이상의 출석으로 사건을 심리한다. 재판부는 종국심리(終局審理)에 관여한 재판관 과반수의 찬성으로 사건에 관한 결정을 한다(헌법재판소법 제23조 제1항 및 제2항).
② 권한 행사의 정지 : 탄핵소추의 의결을 받은 사람은 헌법재판소의 심판이 있을 때까지 그 권한 행사가 정지된다(헌법재판소법 제50조).

③ 헌법소원심판의 경우에는 당사자가 변호사를 대리인으로 선임할 자력이 없는 때 또는 공익상 필요한 때에는 국가의 비용으로 변호사를 대리인으로 선임하여 주는 국선대리인 제도가 마련되어 있고(법 제70조), **변호사가 선임되어 있는 경우에도 당사자 본인이 스스로의 주장과 자료를 헌법재판소에 제출하여 재판청구권을 행사하는 것이 봉쇄되어 있지 않는 점 등을 고려할 때, 이 사건 법률조항은 과잉금지원칙에 위배되지 아니한다**(헌재 2010.3.25, 2008헌마439).

④ 가처분 : 헌법재판소는 정당해산심판의 청구를 받은 때에는 직권 또는 청구인의 신청에 의하여 종국결정의 선고 시까지 피청구인의 활동을 정지하는 결정을 할 수 있다(헌법재판소법 제57조).

가처분 : 헌법재판소가 권한쟁의심판의 청구를 받았을 때에는 직권 또는 청구인의 신청에 의하여 종국결정의 선고 시까지 심판 대상이 된 피청구인의 처분의 효력을 정지하는 결정을 할 수 있다(헌법재판소법 제65조).

6. 정답 ①

① 재판부는 결정으로 다른 국가기관 또는 공공단체의 기관에 심판에 필요한 사실을 조회하거나, 기록의 송부나 자료의 제출을 요구할 수 있다. 다만, 재판·소추 또는 범죄수사가 진행 중인 사건의 기록에 대하여는 송부를 요구할 수 없다(헌법재판소법 제32조).

② 헌법재판소법 제68조 제2항에 의한 헌법소원에 있어서 **당사자와 심판대상이 동일하더라도 당해 사건이 다른 경우에는 동일한 사건이 아니므로 일사부재리의 원칙이 적용되지 아니**한다(헌재 2006.5.25, 2003헌바115 등).

③ 헌법재판소는 심판사건을 접수한 날부터 180일 이내에 종국결정의 선고를 하여야 한다. 다만, **재판관의 궐위로 7명의 출석이 불가능한 경우에는 그 궐위된 기간은 심판기간에 산입하지 아니한다**(헌법재판소법 제38조).

④ 각종 심판절차에서 당사자인 국가기관 또는 지방자치단체는 **변호사 또는 변호사의 자격이 있는 소속 직원을 대리인으로 선임하여 심판을 수행하게 할 수 있다**(헌법재판소법 제25조 제2항).

7. 정답 ②

① 법원에서 당해 소송사건에 적용되는 재판규범 중 위헌제청신청대상이 아닌 관련 법률에서 규정한 소송요건을 구비하지 못하였기 때문에 부적법하다는 이유로 소각하 판결을 선고하고 그 판결이 확정되거나, 소각하 판결이 확정되지 않았더라도 **당해 소송사건이 부적법하여 각하될 수밖에 없는 경우에는 당해 소송사건에 관한 '재판의 전제성' 요건이 흠결되어 헌법재판소법 제68조 제2항의 헌법소원심판청구가 부적법하다 할 것이나, 이와 달리 당해 소송사건이 각하될 것이 불분명한 경우에는 '재판의 전제성'이 흠결되었다고 단정할 수 없는 것이다**(헌재 2013.11.28, 2011헌바136 등).

② 위헌 여부 심판의 제청 : 대법원 외의 법원이 제1항의 제청을 할 때에는 대법원을 거쳐야 한다(헌법재판소법 제41조 제5항).

③ **형사사건에 있어서는, 원칙적으로 공소가 제기되지 아니한 법률조항의 위헌 여부는 당해 형사사건의 재판의 전제가 될 수 없으나, 공소장에 적용법조로 기재되었다는 이유만으로 재판의 전제성을 인정할 수도 없다**(헌재 2002.4.25, 2001헌가27).

④ **항소심에서 당해 사건의 당사자들에 의해 소송이 종결되었다면 구체적인 사건이 법원에 계속 중인 경우라 할 수 없을 뿐 아니라, 조정의 성립에 1심 판결에 적용된 법률조항이 적용된 바도 없으므로 위 법률조항에 대하여 위헌 결정이 있다 하더라도 청구인으로서는 당해 사건에 대하여 재심을 청구할 수 없어 종국적으로 당해 사건의 결과에 대하여 이를 다툴 수 없게 되었다 할 것이므로, 위 법률조항이 헌법에 위반되는지 여부는 당해 사건과의 관계에서 재판의 전제가 되지 못한다**(헌재 2010.2.25, 2007헌바34).

8. 정답 ④

① 이른바 **재판의 전제성이라 함은 원칙적으로 구체적인 사건이 법원에 계속중이어야 하고, 위헌여부가 문제되는 법률이 당해 소송사건의 재판에 적용되는 것이어야 하며, 그 법률이 헌법에 위반되는지의 여부에 따라 당해사건을 담당하는 법원이 다른 내용의 재판을 하게 되는 경우**를 말하며, 여기서 다른 내용의 재판을 하게 되는 경우라 함은 원칙적으로 법원이 심리중인 당해사건의 재판의 결론이나 주문에 어떤 영향을 주는 경우뿐만 아니라 문제된 법률의 위헌여부가 비록 재판의 주문자체에는 아무런 영향을 주지 않는다고 하더라도 재판의 결론을 이끌어내는 이유를 달리하는데 관련이 있거나 또는 재판의 내용과 효력에 관한 법률적 의미가 달라지는 경우도 포함된다고 할 것이다(헌재 2000.1.27, 99헌바23).

② 이 사건 청구인의 **헌법소원이 인용되는 경우, "심판대상법조항을 헌법소원의 전제가 된 당해사건의 당사자에 한하여서만 재심을 청구할 수 있다는 것으로 해석하는 한 헌법에 위반된다"는 한정위헌결정이 내려질 것이고, 청구인의 재심은 적법한 것이 될 수 있으므로 재판의 전제성을 갖추었다**(헌재 2000.6.29, 99헌바66).

③ 재판의 전제성은 **위헌제청신청 당시뿐만 아니라 심판이 종료될 때까지 갖추어져야 함이 원칙이다**(헌재 2010.2.25, 2007헌바34).

④ 법원이 법률의 위헌 여부의 심판을 헌법재판소에 제청한 때에는 당해 소송사건의 재판은 헌법재판소의 위헌 여부의 결정이 있을 때까지 정지된다(헌법재판소법 제42조 제1항). 그러나 헌법재판소법 제68조 제2항에 의한 헌법소원심판을 청구한 때에는 당해 소송사건의 재판은 헌법재판소의 위헌 여부의 결정이 있을 때까지 정지된다는 규정이 없기 때문에 재판이 정지되지 않는다.

9. 정답 ①

① 위헌으로 결정된 법률 또는 법률의 조항은 **그 결정이 있는 날부터 효력을 상실**한다(헌법재판소법 제47조 제2항).

② 위헌법률의 심판과 헌법소원에 관한 심판은 서면심리에 의한다. 다만, 재판부는 필요하다고 인정하는 경우에는 변론을 열어 당사자, 이해관계인, 그 밖의 참고인의 진술을 들을 수 있다(헌법재판소법 제30조 제2항).

정답 및 해설

③ 헌법재판소법 제68조 제2항에 의한 헌법소원심판을 청구한 당사자는 당해 사건의 소송절차에서 동일한 사유를 이유로 다시 위헌 여부 심판의 제청을 신청할 수 없다(헌법재판소법 제68조 제2항 후단).
④ 위헌 여부 심판의 제청에 관한 결정에 대하여는 항고할 수 없다(헌법재판소법 제41조 제4항).

10. 정답 ②

① 위헌결정의 효력 : 형벌에 관한 법률이 위헌으로 결정된 경우에 위헌으로 결정된 법률 또는 법률의 조항에 근거한 유죄의 확정판결에 대하여는 재심을 청구할 수 있다(헌법재판소법 제47조 제4항).
② 효력이 다양할 수밖에 없는 위헌결정의 특수성 때문에 예외적으로 부분적인 소급효의 인정을 부인해서는 안 될 것이다. 첫째, 구체적 규범통제의 실효성의 보장의 견지에서 법원의 제청·헌법소원 청구 등을 통하여 헌법재판소에 법률의 위헌결정을 위한 계기를 부여한 당해 사건, 위헌결정이 있기 전에 이와 동종의 위헌여부에 관하여 헌법재판소에 위헌제청을 하였거나 법원에 위헌제청신청을 한 경우의 당해 사건, 그리고 따로 위헌제청신청을 아니하였지만 당해 법률 또는 법률의 조항이 재판의 전제가 되어 법원에 계속 중인 사건에 대하여는 **소급효를 인정하여야 할 것이다**. 둘째, 당사자의 권리구제를 위한 구체적 타당성의 요청이 현저한 반면에 소급효를 인정하여도 법적 안정성을 침해할 우려가 없고 나아가 구 법에 의하여 형성된 기득권자의 이득이 해쳐질 사안이 아닌 경우로서 소급효의 부인이 오히려 정의와 평등 등 헌법적 이념에 심히 배치되는 때에도 소급효를 인정할 수 있다. 어떤 사안이 후자와 같은 테두리에 들어가는가에 관하여는 본래적으로 규범통제를 담당하는 헌법재판소가 위헌선언을 하면서 직접 그 결정주문에서 밝혀야 할 것이나, 직접 밝힌 바 없으면 그와 같은 경우에 해당하는가의 여부는 일반법원이 구체적 사건에서 해당 법률의 연혁·성질·보호법익 등을 검토하고 제반이익을 형량해서 합리적·합목적적으로 정하여 대처할 수밖에 없을 것으로 본다(헌재 1993.5.13, 92헌가10 등).
③ 위헌결정의 효력 : 법률의 위헌결정은 법원과 그 밖의 국가기관 및 지방자치단체를 기속(羈束)한다(헌법재판소법 제47조 제1항).
④ 심판정족수 : 재판부는 종국심리(終局審理)에 관여한 재판관 과반수의 찬성으로 사건에 관한 결정을 한다. 다만, 다음 1. **법률의 위헌결정**·탄핵의 결정·정당해산의 결정 또는 헌법소원에 관한 인용결정(認容決定)을 하는 경우, 2. 종전에 헌법재판소가 판시한 헌법 또는 법률의 해석 적용에 관한 의견을 변경하는 경우 각 호의 어느 하나에 해당하는 경우에는 **재판관 6명 이상의 찬성**이 있어야 한다(헌법재판소법 제23조 제2항).

11. 정답 ②

① 위헌 여부 심판의 제청 : 법률이 헌법에 위반되는지 여부가 재판의 전제가 된 경우에는 당해 사건을 담당하는 법원(군사법원을 포함한다. 이하 같다)은 직권 또는 당사자의 신청에 의한 결정으로 헌법재판소에 위헌 여부 심판을 제청한다(헌법재판소법 제41조 제1항).
② 위헌결정의 효력 : 법률의 위헌결정은 법원과 그 밖의 국가기관 및 지방자치단체를 기속(羈束)한다. 위헌으로 결정된 법률 또는 법률의 조항은 그 결정이 있는 날부터 효력을 상실한다(헌법재판소법 제47조 제1항 및 제2항) → **합헌결정에 대한 기속력은 없으므로 재차 위헌제청이 가능하다.**
③ 폐지된 법률도 그 위헌 여부가 관련 소송사건의 재판의 전제가 되어 있다면 당연히 헌법재판소의 위헌심판의 대상이 된다(헌재 1994.6.30, 92헌가18).
④ 이 사건 법률조항들이 헌법에 위반된다는 의견이 5인이고, 헌법에 합치되지 아니한다는 의견이 2인이므로, 단순위헌 의견에 헌법불합치 의견을 합산하면 헌법재판소법 제23조 제2항 제1호에 규정된 법률의 위헌결정을 함에 필요한 심판정족수에 이르게 된다. 따라서 이 사건 법률조항들에 대하여 헌법에 합치되지 아니한다고 선언하되, 이 사건 법률조항들에는 위헌적인 부분과 합헌적인 부분이 공존하고 있으므로 입법자가 2010.6.30. 이전에 개선입법을 할 때까지 계속 적용되어 그 효력을 유지하도록 하고, 만일 위 일자까지 개선입법이 이루어지지 않는 경우 이 사건 법률조항들은 2010.7.1.부터 그 효력을 상실하도록 한다(헌재 2009.9.24, 2008헌가25).

12. 정답 ③

① 헌법재판소법 제68조 제2항에 의한 헌법소원심판은 심판대상이 된 법률조항이 헌법에 위반되는 여부가 관련사건에서 재판의 전제가 된 경우에 한하여 청구될 수 있는데, 여기서 **"재판"이라 함은 판결·결정·명령 등 그 형식 여하와 본안에 관한 재판이거나 소송절차에 관한 재판이거나를 불문하며, 심급을 종국적으로 종결시키는 종국재판뿐만 아니라 중간재판도 이에 포함**된다(헌재 1996.12.26, 94헌바1).
② **법원의 위헌법률심판제청에 있어 위헌 여부가 문제되는 법률 또는 법률조항이 재판의 전제성 요건을 갖추고 있는지 여부는 되도록 제청법원의 이에 관한 법률적 견해를 존중해야 하는 것이 원칙이고, 다만 그 전제성에 관한 법률적 견해가 명백히 유지될 수 없을 경우에만 헌법재판소가 이를 부정할 수 있는 것**이므로 제청법원의 견해를 존중하여 재판의 전제성을 인정함이 상당하다(헌재 2020.12.23, 2017헌가22 등).
③ 재판의 정지 등 : 법원이 법률의 위헌 여부 심판을 헌법재판소에 제청한 때에는 당해 소송사건의 재판은 헌법재판소의 위헌 여부의 결정이 있을 때까지 정지된다. 다만, **법원이 긴급하다고 인정하는 경우에는 종국재판 외의 소송절차를 진행할 수 있다**(헌법재판소법 제42조 제1항).
④ 법원으로부터 법률의 위헌여부 심판의 제청을 받은 헌법재판소로서는 법률이 재판의 전제가 되는 요건을 갖추고 있는지의 여부를 심판함에 있어서는 제청법원의 견해를 존중하는 것이 원칙이나, 재판의 전제와 관련된 제청법원의 법률적 견해가 유지될 수 없는 것으로 보이면 헌법재판소가 직권으로 조사할 수도 있는 것이다(헌재 2003.10.30, 2002헌가24).

정답 및 해설

13. 정답 ③

① 헌법재판소는 제청된 법률 또는 법률조항의 위헌 여부만을 결정한다. 다만, 법률조항의 위헌결정으로 인하여 해당 법률 전부를 시행할 수 없다고 인정될 때에는 그 전부에 대하여 위헌결정을 할 수 있다(헌법재판소법 제45조).

② 법률의 위헌결정은 법원과 그 밖의 국가기관 및 지방자치단체를 기속(羈束)한다(헌법재판소법 제47조 제1항). 헌법재판소의 권한쟁의심판의 결정은 모든 국가기관과 지방자치단체를 기속한다(헌법재판소법 제67조 제1항).
인용결정 : 헌법소원의 인용결정은 모든 국가기관과 지방자치단체를 기속한다(헌법재판소법 제75조 제1항).

③ 형벌에 관한 법률 또는 법률의 조항은 소급하여 그 효력을 상실한다. 다만, **해당 법률 또는 법률의 조항에 대하여 종전에 합헌으로 결정한 사건이 있는 경우에는 그 결정이 있는 날의 다음 날로 소급하여 효력을 상실한다**(헌법재판소법 제47조 제3항).

④ 헌법재판소법 제47조 제2항 단서는 형벌에 관한 법률조항에 대하여 위헌결정이 선고된 경우 그 조항이 소급하여 효력을 상실한다고 규정하고 있으므로, 형벌에 관한 법률조항이 소급하여 효력을 상실한 경우에 당해 조항을 적용하여 공소가 제기된 피고사건은 범죄로 되지 아니한 때에 해당하고, 법원은 이에 대하여 형사소송법 제325조 전단에 따라 무죄를 선고하여야 한다. 또한 헌법 제111조 제1항과 헌법재판소법 제45조 본문에 의하면 헌법재판소는 법률 또는 법률조항의 위헌 여부만을 심판·결정할 수 있으므로, 형벌에 관한 법률조항이 위헌으로 결정된 이상 그 조항은 헌법재판소법 제47조 제2항 단서에 정해진 대로 효력이 상실된다. 그러므로 **헌법재판소가 이 사건 헌법불합치결정의 주문에서 이 사건 법률조항이 개정될 때까지 계속 적용되고, 이유 중 결론에서 개정시한까지 개선입법이 이루어지지 않는 경우 그 다음 날부터 효력을 상실하도록 하였더라도, 이 사건 헌법불합치결정을 위헌결정으로 보는 이상 이와 달리 해석할 여지가 없다**(대판 2011.6.23, 2008도7562 전원합의체).

14. 정답 ③

① 헌법 제65조는 행정부와 사법부의 고위공직자에 의한 헌법위반이나 법률위반에 대하여 탄핵소추의 가능성을 규정함으로써, 그들에 의한 헌법위반을 경고하고 사전에 방지하는 기능을 하며, 국민에 의하여 국가권력을 위임받은 국가기관이 그 권한을 남용하여 헌법이나 법률에 위반하는 경우에는 다시 그 권한을 박탈하는 기능을 한다. 즉, **공직자가 직무수행에 있어서 헌법에 위반한 경우 그에 대한 법적 책임을 추궁함으로써, 헌법의 규범력을 확보하고자 하는 것이 바로 탄핵심판절차의 목적과 기능인 것이다**(헌재 2004.5.14, 2004헌나10).

② **국회의 의사절차에 헌법이나 법률을 명백히 위반한 흠이 있는 경우가 아니면 국회 의사절차의 자율권은 권력분립의 원칙상 존중되어야** 하고, 국회법 제130조 제1항은 탄핵소추의 발의가 있을 때 그 사유 등에 대한 조사 여부를 국회의 재량으로 규정하고 있으므로, **국회가 탄핵소추사유에 대하여 별도의 조사를 하지 않았다거나 국정조사결과나 특별검사의 수사결과를 기다리지 않고 탄핵소추안을 의결하였다고 하여 그 의결이 헌법이나 법률을 위반한 것이라고 볼 수 없다**(헌재 2017.3.10, 2016헌나1).

③ 피청구인에 대한 탄핵심판 청구와 동일한 사유로 형사소송이 진행되고 있는 경우에는 재판부는 **심판절차를 정지할 수 있다**(헌법재판소법 제51조).

④ **국가기관이 국민과의 관계에서 공권력을 행사함에 있어서 준수해야 할 법원칙으로서 형성된 적법절차의 원칙을 국가기관에 대하여 헌법을 수호하고자 하는 탄핵소추절차에는 직접 적용할 수 없다고 할 것이고, 그 외 달리 탄핵소추절차와 관련하여 피소추인에게 의견진술의 기회를 부여할 것을 요청하는 명문의 규정도 없으므로, 국회의 탄핵소추절차가 적법절차원칙에 위배되었다는 주장은 이유 없다**(헌재 2004.5.14, 2004헌나1).

15. 정답 ①

① 헌법 제65조는 대통령이 '그 직무집행에 있어서 헌법이나 법률을 위배한 때'를 탄핵사유로 규정하고 있다. 여기에서 '직무'란 법제상 소관 직무에 속하는 고유 업무와 사회통념상 이와 관련된 업무를 말하고, 법령에 근거한 행위뿐만 아니라 대통령의 지위에서 국정수행과 관련하여 행하는 모든 행위를 포괄하는 개념이다. 또 '헌법'에는 명문의 헌법규정뿐만 아니라 헌법재판소의 결정에 따라 형성되어 확립된 불문헌법도 포함되고, '법률'에는 형식적 의미의 법률과 이와 동등한 효력을 가지는 국제조약 및 일반적으로 승인된 국제법규 등이 포함된다(헌재 2017.3.10, 2016헌나1).

② 소추위원 : 탄핵심판에서는 국회 법제사법위원회의 위원장이 소추위원이 된다. 소추위원은 헌법재판소에 소추의결서의 정본을 제출하여 탄핵심판을 청구하며, 심판의 변론에서 피청구인을 신문할 수 있다(헌법재판소법 제49조).

③ 헌법 제65조 제1항은 '대통령 … 이 그 직무집행에 있어서'라고 하여, 탄핵사유의 요건을 '직무'집행으로 한정하고 있으므로, 위 규정의 해석상 대통령의 직위를 보유하고 있는 상태에서 범한 법위반행위만이 소추사유가 될 수 있다(헌재 2004.5.14, 2004헌나1).

④ 헌법 제65조 제4항 전문과 헌법재판소법 제53조 제1항은 헌법재판소가 탄핵결정을 선고할 때 피청구인이 '해당 공직'에 있음을 전제로 하고 있다. 헌법 제65조 제1항과 헌법재판소법 제48조는 해당 공직의 범위를 한정적으로 나열하고 있는데, 이는 전직이 아닌 '현직'을 의미한다. 국회법 제134조 제2항은 '탄핵소추의결서 송달 이후 사직이나 해임을 통한 탄핵심판 면탈을 방지'하고 있는데, 이 역시 해당 공직 보유가 탄핵심판에 따른 파면결정의 선결조건임을 방증한다. "탄핵결정은 공직으로부터 파면함에 그친다."라고 규정한 헌법 제65조 제4항 전문은 1948년 제정헌법 제47조로부터 현재까지 같은 내용으로 유지되어 왔다. 1948년 제헌 당시의 국회속기록에 따르면, 헌법제정권자는 '대통령 등 일정한 고위공직자는 그 직을 유지한 채 민·형사재판을 받기 어렵고, 그 직을 유지한 채 징계하는 것도 부적절하기 때문'에 해당 공직에서 물러나게 하느냐 또는 마느냐를 결정하는 것이 탄핵제도의 본질이라고 인식하고 있었다(헌재 2021.10.28, 2021헌나1).

정답 및 해설

16. 정답 ②

① 헌법재판소는 원칙적으로 국회의 소추의결서에 기재된 소추사유에 의하여 구속을 받고, 소추의결서에 기재되지 아니한 소추사유를 판단의 대상으로 삼을 수 없다. 그러나 소추의결서에서 그 위반을 주장하는 '법규정의 판단'에 관하여 헌법재판소는 원칙적으로 구속을 받지 않으므로, 청구인이 그 위반을 주장한 법규정 외에 다른 관련 법규정에 근거하여 탄핵의 원인이 된 사실관계를 판단할 수 있다. 또 헌법재판소는 소추사유를 판단할 때 국회의 소추의결서에서 분류된 소추사유의 체계에 구속되지 않으므로, 소추사유를 어떤 연관관계에서 법적으로 고려할 것인가 하는 것은 전적으로 헌법재판소의 판단에 달려있다(헌재 2017.3.10, 2016헌나1).

② 헌법재판은 9인의 재판관으로 구성된 재판부에 의하여 이루어지는 것이 원칙이다. 그러나 현실적으로는 일부 재판관이 재판에 참여할 수 없는 경우가 발생할 수밖에 없다. 이에 헌법과 헌법재판소법은 재판관 중 결원이 발생한 경우에도 헌법재판소의 헌법 수호 기능이 중단되지 않도록 7명 이상의 재판관이 출석하면 사건을 심리하고 결정할 수 있음을 분명히 하고 있다. 그렇다면 **헌법재판관 1인이 결원이 되어 8인의 재판관으로 재판부가 구성되더라도 탄핵심판을 심리하고 결정하는 데 헌법과 법률상 아무런 문제가 없다**(헌재 2017.3.10, 2016헌나1).

③ 대통령의 '직책을 성실히 수행할 의무'는 헌법적 의무에 해당하지만, '헌법을 수호해야 할 의무'와는 달리 규범적으로 그 이행이 관철될 수 있는 성격의 의무가 아니므로 원칙적으로 사법적 판단의 대상이 되기는 어렵다(헌재 2017.3.10, 2016헌나1).

④ 헌법 제65조는 대통령이 '그 직무집행에 있어서 헌법이나 법률을 위배한 때'를 탄핵사유로 규정하고 있다. 여기에서 '직무'란 법제상 소관 직무에 속하는 고유 업무와 사회통념상 이와 관련된 업무를 말하고, 법령에 근거한 행위뿐만 아니라 대통령의 지위에서 국정수행과 관련하여 행하는 모든 행위를 포괄하는 개념이다. 또 '헌법'에는 명문의 헌법규정뿐만 아니라 헌법재판소의 결정에 따라 형성되어 확립된 불문헌법도 포함되고, '법률'에는 형식적 의미의 법률과 이와 동등한 효력을 가지는 국제조약 및 일반적으로 승인된 국제법규 등이 포함된다(헌재 2017.3.10, 2016헌나1).

17. 정답 ①

① 헌법과 헌법재판소법 등에 의하면, 탄핵심판의 이익을 인정하기 위해서는 탄핵결정 선고 당시까지 피청구인이 '해당 공직을 보유하는 것'이 필요하다. 그런데, 이 사건에서, 국회는 2021.2.4. 피청구인에 대한 탄핵소추를 의결한 후 같은 날 헌법재판소에 탄핵심판청구를 하였고, 피청구인은 2021.2.28. 임기만료로 2021.3.1. 법관의 직에서 퇴직하여 더 이상 해당 공직을 보유하지 않게 되었다. **피청구인이 임기만료 퇴직으로 법관직을 상실함에 따라 본안심리를 마친다 해도 파면결정이 불가능해졌으므로, 공직 박탈의 관점에서 심판의 이익을 인정할 수 없다. 임기만료라는 일상적 수단으로 민주적 정당성이 상실되었으므로, 민주적 정당성의 박탈의 관점에서도, 탄핵이라는 비상적인 수단의 역할 관점에서도 심판의 이익을 인정할 수 없다.** 결국 이 사건 심판청구는 탄핵심판의 이익이 인정되지 아니하여 부적법하므로 각하해야 한다(헌재 2021.10.28, 2021헌나1).

② '대통령을 파면할 정도로 중대한 법위반이 어떠한 것인지'에 관하여 일반적으로 규정하는 것은 매우 어려운 일이나, 대통령의 직을 유지하는 것이 더 이상 헌법수호의 관점에서 용납될 수 없거나 대통령이 국민의 신임을 배신하여 국정을 담당할 자격을 상실한 경우에 한하여, 대통령에 대한 파면결정은 정당화되는 것이다(헌재 2004.5.14, 2004헌나1).

③ 소추위원 : 탄핵심판에서는 국회 법제사법위원회의 위원장이 소추위원이 된다(헌법재판소법 제49조 제1항).

④ 결정의 내용 : 피청구인이 결정 선고 전에 해당 공직에서 파면되었을 때에는 헌법재판소는 심판청구를 기각하여야 한다(헌법재판소법 제53조 제2항).

18. 정답 ①

① **국회가 제정한 경찰법에 의하여 비로소 설립된 청구인은 국회의 경찰법 개정행위에 의하여 존폐 및 권한범위 등이 좌우되므로, 헌법 제111조 제1항 제4호 소정의 헌법에 의하여 설치된 국가기관에 해당한다고 할 수 없다.** 국가경찰위원회 제도를 채택하느냐의 문제는 우리나라 치안여건의 실정이나 경찰권에 대한 민주적 통제의 필요성 등과 관련하여 입법 정책적으로 결정되어야 할 사항이다. 정부조직법상 합의제 행정기관을 포함한 정부의 부분기관 사이의 권한에 관한 다툼은 정부조직법상의 상하 위계질서나 국무회의, 대통령에 의한 조정 등을 통하여 자체적으로 해결될 가능성이 있고 청구인의 경우도 정부 내의 상하관계에 의한 권한질서에 의하여 권한쟁의를 해결하는 것이 불가능하지 않다. 따라서 **권한쟁의심판의 당사자능력은 헌법에 의하여 설치된 국가기관에 한정하여 인정하는 것이 타당하므로, 법률에 의하여 설치된 청구인에게는 권한쟁의심판의 당사자능력이 인정되지 아니한다**(헌재 2022.12.22, 2022헌라5).

② 청구기간 : 권한쟁의의 심판은 그 사유가 있음을 안 날부터 60일 이내에, 그 사유가 있은 날부터 180일 이내에 청구하여야 한다(헌법재판소법 제63조 제1항).

③ 결정의 효력 : 헌법재판소의 권한쟁의심판의 결정은 모든 국가기관과 지방자치단체를 기속한다(헌법재판소법 제67조 제1항).

④ 헌법 제111조 제1항 제4호는 지방자치단체 상호간의 권한쟁의에 관한 심판을 헌법재판소가 관장하도록 규정하고 있고, 지방자치단체 '상호간'의 권한쟁의심판에서 말하는 '상호간'이란 '서로 상이한 권리주체간'을 의미한다. 그런데 '지방교육자치에 관한 법률'은 교육감을 시·도의 교육·학예에 관한 사무의 '집행기관'으로 규정하고 있으므로, 교육감과 해당 지방자치단체 상호간의 권한쟁의심판은 '서로 상이한 권리주체간'의 권한쟁의심판청구로 볼 수 없다(헌재 2016.6.30, 2014헌라1).

정답 및 해설

19. 정답 ④

① 국가기관의 '헌법상 권한'은 국회의 입법행위를 비롯한 다양한 국가기관의 행위로 침해될 수 있다. 그러나 국가기관의 '법률상 권한'은, 다른 국가기관의 행위로 침해될 수 있음은 별론으로 하고, 국회의 입법행위로는 침해될 수 없다. **국가기관의 '법률상 권한'은 국회의 입법행위에 의해 비로소 형성·부여된 권한일 뿐, 역으로 국회의 입법행위를 구속하는 기준이 될 수 없기 때문이다. 따라서 문제 된 침해의 원인이 '국회의 입법행위'인 경우에는 '법률상 권한'을 침해의 대상으로 삼는 심판청구는 권한침해가능성을 인정할 수 없다**(헌재 2023.3.23, 2022헌라4).

② 헌법재판소의 권한쟁의심판의 결정은 모든 국가기관과 지방자치단체를 기속한다. 국가기관 또는 지방자치단체의 처분을 취소하는 결정은 그 처분의 상대방에 대하여 이미 생긴 효력에 영향을 미치지 아니한다(헌법재판소법 제67조 제1항, 제2항).

③ 헌법재판소법 제61조 제2항에 따라 권한쟁의심판을 청구하려면 피청구인의 처분 또는 부작위가 존재하여야 하고, 여기서 "처분"이란 법적 중요성을 지닌 것에 한하므로, 청구인의 법적 지위에 구체적으로 영향을 미칠 가능성이 없는 행위는 "처분"이라 할 수 없어 이를 대상으로 하는 권한쟁의심판청구는 허용되지 않는다. **정부가 법률안을 제출하였다 하더라도 그것이 법률로 성립되기 위해서는 국회의 많은 절차를 거쳐야 하고, 법률안을 받아들일지 여부는 전적으로 헌법상 입법권을 독점하고 있는 의회의 권한이다. 따라서 정부가 법률안을 제출하는 행위는 입법을 위한 하나의 사전 준비행위에 불과하고, 권한쟁의심판의 독자적 대상이 되기 위한 법적 중요성을 지닌 행위로 볼 수 없다**(헌재 2005.12.22, 2004헌라3). **행정자치부장관이 울산광역시 동구 등에 대하여 한 통보행위 등의 조치가 업무연락 또는 단순한 견해의 표명 등에 해당하여 권한쟁의심판의 대상이 되는 처분에 해당하지 않는다고 판단한 사례**(헌재 2006.3.30, 2005헌라1)

④ **헌법 제62조는 '국회의 소위원회'(이하 '소위원회'라 한다)를 명시하지 않고 있는 점, 국회법 제57조에 따르면 소위원회는 위원회의 의결에 따라 그 설치·폐지 및 권한이 결정될 뿐인 위원회의 부분기관에 불과한 점 등을 종합하면, 소위원회 및 그 위원장은 헌법에 의하여 설치된 국가기관에 해당한다고 볼 수 없다. 또한, 소위원회 위원장이 그 소위원회를 설치한 위원회의 위원장과의 관계에서 어떠한 법률상 권한을 가진다고 보기도 어렵고, 위원회와 그 부분기관인 소위원회 사이의 쟁의 또는 위원회 위원장과 소속 소위원회 위원장과의 쟁의가 발생하더라도 이는 위원회에서 해결될 수 있으므로, 이러한 쟁의를 해결할 적당한 기관이나 방법이 없다고 할 수도 없다. 따라서 소위원회 위원장은 헌법 제111조 제1항 제4호 및 헌법재판소법 제62조 제1항 제1호의 '국가기관'에 해당한다고 볼 수 없고, 그렇다면 청구인 국회 행정안전위원회 제천화재관련평가소위원회 위원장이 제기한 이 사건 권한쟁의심판청구는 청구인능력이 없는 자가 제기한 것으로서 부적법**하다(헌재 2020.5.27, 2019헌라4).

20. 정답 ③

① 권한쟁의심판은 국회의 입법행위 등을 포함하여 권한쟁의 상대방의 처분 또는 부작위가 헌법 또는 법률에 의하여 부여받은 청구인의 권한을 침해하였거나 침해할 현저한 위험이 있는 때 제기할 수 있는 것인데, **헌법상 국가에게 부여된 임무 또는 의무를 수행하고 그 독립성이 보장된 국가기관이라고 하더라도 오로지 법률에 설치근거를 둔 국가기관이라면 국회의 입법행위에 의하여 존폐 및 권한범위가 결정될 수 있으므로 이러한 국가기관은 '헌법에 의하여 설치되고 헌법과 법률에 의하여 독자적인 권한을 부여받은 국가기관'이라고 할 수 없다. 즉, 청구인이 수행하는 업무의 헌법적 중요성, 기관의 독립성 등을 고려한다고 하더라도, 국회가 제정한 국가인권위원회법에 의하여 비로소 설립된 청구인은 국회의 위 법률 개정행위에 의하여 존폐 및 권한범위 등이 좌우되므로 헌법 제111조 제1항 제4호 소정의 헌법에 의하여 설치된 국가기관에 해당한다고 할 수 없다**(헌재 2010.10.28, 2009헌라6).

② 국가기관의 부분 기관이 자신의 이름으로 소속기관의 권한을 주장할 수 있는 **'제3자 소송담당'을 명시적으로 허용하는 법률의 규정이 없는 현행법 체계하에서는 국회의 구성원인 국회의원이 국회의 조약에 대한 체결·비준 동의권의 침해를 주장하는 권한쟁의심판을 청구할 수 없다**(헌재 2007.7.26, 2005헌라8).

③ 국회 상임위원회가 그 소관에 속하는 의안, 청원 등을 심사하는 권한은 법률상 부여된 위원회의 고유한 권한이므로, **국회 상임위원회 위원장이 위원회를 대표해서 의안을 심사하는 권한이 국회의장으로부터 위임된 것임을 전제로 한 국회의장에 대한 이 사건 심판청구는 피청구인적격이 없는 자를 상대로 한 청구로서 부적법**하다(헌재 2010.12.28, 2008헌라7 등).

④ 지방자치단체의 의결기관인 지방의회와 지방자치단체의 집행기관인 지방자치단체장 간의 내부적 분쟁은 **지방자치단체 상호간의 권한쟁의심판의 범위에 속하지 아니하고, 달리 국가기관 상호간의 권한쟁의심판이나 국가기관과 지방자치단체 상호간의 권한쟁의심판에 해당한다고 볼 수도 없다**(헌재 2018.7.26, 2018헌라1).

21. 정답 ③

① 헌법소원제도는 개인의 주관적 권리구제뿐만 아니라 객관적인 헌법질서의 수호·유지의 기능도 갖고 있으므로 헌법재판소는 주관적인 권리보호이익이 소멸된 경우라도 그러한 기본권 침해가 반복될 위험이 있고 그 해명이 헌법질서의 수호·유지를 위하여 긴요한 사항으로 중대한 의미를 지니는 경우에는 심판청구의 이익을 인정할 수 있다(헌재 2006.8.16, 2006헌마800).

② 입법부작위에 대한 헌법소원은 헌법에서 기본권보장을 위해 명시적으로 입법 위임을 하였거나 헌법 해석상 특정인에게 구체적인 기본권이 생겨 이를 보장하기 위한 국가의 입법의무가 발생하였음이 명백함에도 불구하고 입법자가 전혀 아무런 입법조치를 취하지 않고 있는 경우가 아니면 원칙적으로 인정될 수 없고, 또한 입법자가 헌법상 입법의무가 있는 어떤 사항에 관하여 입법은 하였으나 그 입법의 내용·범위·절차

등을 불완전·불충분 또는 불공정하게 규율함으로써 입법행위에 결함이 있는 이른바 부진정입법부작위의 경우에는 그 불완전한 규정을 대상으로 하여 그것이 헌법위반이라는 적극적인 헌법소원을 청구할 수 있을 뿐 입법부작위로서 헌법소원의 대상으로 삼을 수 없다(헌재 2003.1.30, 2002헌마358).
③ 청구인들이 주장하는 것은 위 조항들의 내용이 위헌이라는 것이 아니라, **주민등록번호의 잘못된 이용에 대비한 '주민등록번호 변경'에 대하여 아무런 규정을 두고 있지 않은 것이 헌법에 위반된다는 것이므로, 이는 주민등록번호 부여제도에 대하여 입법을 하였으나 주민등록번호의 변경에 대하여는 아무런 규정을 두지 아니한 부진정 입법부작위가 위헌이라는 것이다**(헌재 2015.12.23, 2013헌바68 등).
④ 기본권 침해의 직접성의 요건은 법령에 대한 헌법소원에서 특히 중요한 의미를 갖는데, **기본권 침해의 직접성은 집행행위에 의하지 아니하고 법률 그 자체에 의하여 자유의 제한, 의무의 부과, 권리 또는 법적 지위의 박탈이 생긴 경우를 의미하므로, 구체적인 집행행위를 통하여 비로소 기본권 침해의 법률효과가 발생하는 경우에는 직접성의 요건이 결여된다. 집행행위에는 입법행위도 포함되므로, 법령규정이 그 규정의 구체화를 위하여 하위규범의 시행을 예정하고 있는 경우에도 당해 법령규정의 직접성은 부인된다고 할 것이다**(헌재 2005.5.26, 2004헌마671).

22. 정답 ④
① 이 사건 **이발지도행위는 피청구인이 두발 등을 단정하게 유지할 것을 지도·교육한 것에 불과하고 피청구인의 우월적 지위에서 일방적으로 청구인에게 이발을 강제한 것이 아니므로, 헌법소원심판의 대상인 공권력의 행사라고 보기 어렵다**(헌재 2012.4.24, 2010헌마751).
② 보도자료 배포행위는 수사기관이 공소제기 이전에 피의사실을 대외적으로 알리는 것으로서, 이것이 형법 제126조의 피의사실공표죄에 해당하는 범죄행위라면 청구인은 이를 수사기관에 고소하고 그 처리결과에 따라 검찰청법에 따른 항고를 거쳐 재정신청을 할 수 있으므로, 위와 같은 권리구제절차를 거치지 아니한 채 제기한 보도자료 배포행위에 대한 심판청구는 보충성 요건을 갖추지 못하여 부적법하다(헌재 2014.3.27, 2012헌마652).
③ 위 입법부작위(또는 입법의무의 이행에 따른 입법행위)의 직접적인 상대방은 연명치료 중단으로 사망에 이르는 환자이고, 그 자녀들은 위 입법부작위로 말미암아 '환자가 무의미한 연명치료로 자연스런 죽음을 뒤로한 채 병상에 누워있는 모습'을 지켜보아야 하는 정신적 고통을 감수하고, 환자의 부양의무자로서 연명치료에 소요되는 의료비 등 경제적 부담을 안을 수 있다는 점에 이해관계를 갖지만, **이와 같은 정신적 고통이나 경제적 부담은 간접적, 사실적 이해관계에 그친다고 보는 것이 타당하므로, 연명치료중인 환자의 자녀들이 제기한 이 사건 입법부작위에 관한 헌법소원은 자신 고유의 기본권의 침해에 관련되지 아니하여 부적법하다**(헌재 2009.11.26, 2008헌마385).
④ 입법부작위에 대한 헌법소원은 헌법에서 기본권보장을 위해 명시적으로 입법 위임을 하였거나 헌법 해석상 특정인에게 구체적인 기본권이 생겨 이를 보장하기 위한 국가의 입법의무가 발생하였음이 명백함에도 불구하고 입법자가 전혀 아무런 입법조치를 취하지 않고 있는 경우가 아니면 원칙적으로 인정될 수 없고, 또한 **입법자가 헌법상 입법의무가 있는 어떤 사항에 관하여 입법은 하였으나 그 입법의 내용·범위·절차 등을 불완전·불충분 또는 불공정하게 규율함으로써 입법행위에 결함이 있는 이른바 부진정입법부작위의 경우에는 그 불완전한 규정을 대상으로 하여 그것이 헌법위반이라는 적극적인 헌법소원을 청구할 수 있을 뿐 입법부작위로서 헌법소원의 대상으로 삼을 수 없다**(헌재 2003.1.30, 2002헌마358).

23. 정답 ③
① 행정청이 우월적 지위에서 일방적으로 강제하는 권력적 사실행위는 헌법소원의 대상이 되는 공권력의 행사에 해당한다는 것이 우리 재판소의 판례이다(헌재 2003.12.18, 2001헌마754).
② 공권력의 행사에 대하여 헌법소원심판을 청구하기 위하여는, 공권력의 주체에 의한 공권력의 발동으로서 국민의 권리의무에 대하여 직접적인 법률효과를 발생시키는 행위가 있어야 한다. 그런데 **대통령의 법률안 제출행위는 국가기관 간의 내부적 행위에 불과하고 국민에 대하여 직접적인 법률효과를 발생시키는 행위가 아니므로 헌법재판소법 제68조에서 말하는 공권력의 행사에 해당되지 않는다**(헌재 1994.8.31, 92헌마174).
③ 원칙적으로 법원의 재판을 대상으로 하는 헌법소원심판청구는 허용되지 아니하고(헌법재판소법 제68조 제1항), 이러한 '**법원의 재판**'에는 재판 자체뿐만 아니라 재판 심리와 절차에 관한 법원의 공권적 판단도 포함되는 것으로 보아야 한다. 청구인이 이 사건 재판지연 행위에 대하여 위헌확인을 구하는 것은 결국 법원의 재판 심리와 그 절차에 관한 판단을 다투는 것이므로, 헌법소원심판 청구로서 허용되지 아니한다(헌재 2018.2.13, 2018헌마88).
④ 헌법재판소법 제68조 제1항의 헌법소원은 행정처분에 대하여도 청구할 수 있는 것이나 그것이 법원의 재판을 거쳐 확정된 행정처분인 경우에는 당해 행정처분을 심판의 대상으로 삼았던 법원의 재판이 예외적으로 헌법소원심판의 대상이 되어 그 재판 자체가 취소되는 경우에 한하여 심판이 가능한 것이고 이와 달리 법원의 재판이 취소될 수 없는 경우에는 당해 행정처분 역시 헌법소원심판의 대상이 되지 아니한다(헌재 1998.7.16, 95헌마77).

24. 정답 ④
① 법원행정처장의 민원인에 대한 법령 질의회신이란 법규나 행정처분과 같은 법적 구속력을 갖는 것이라고는 보여지지 아니하므로 이에 대한 헌법소원심판청구는 부적법하다(헌재 1989.7.28, 89헌마1).

정답 및 해설

② 법원이 구속영장이 청구된 피의자의 사선변호인에게 구속 전 피의자심문 전에 미리 피의사실의 요지를 고지하도록 하는 내용의 헌법상 명시적인 입법위임은 존재하지 아니한다. 또한 피의자의 사선변호인이 위와 같이 미리 법원으로부터 피의사실의 요지를 고지 받을 절차적 권리는 형사절차에서 변호인의 조력자로서의 역할을 고려할 때 입법자의 입법형성이 있어야 비로소 부여되는 것일 뿐이므로, 입법자가 이와 같은 권리를 보장하는 규정을 만들어야 할 입법의무가 헌법의 해석상 곧바로 도출된다고 보기도 어렵다. **결국 구속영장이 청구된 피의자의 사선변호인에 대하여 법원이 구속 전 피의자심문기일 이전에 미리 피의사실의 요지를 고지하도록 규정하여야 할 입법자의 입법의무를 인정할 수 없는 이상, 입법부작위에 대한 심판청구 부분은 부적법**하다(헌재 2015.12.23, 2013헌마182).

③ **비구속적 합의의 경우**, 그로 인하여 국민의 법적 지위가 영향을 받지 않는다고 할 것이므로, 이를 대상으로 한 **헌법소원심판청구는 허용되지 않는다**(헌재 2019.12.27, 2016헌마253).

④ 국립대학인 서울대학교의 "94학년도 대학입학고사주요요강"은 사실상의 준비행위 내지 사전안내로서 행정쟁송의 대상이 될 수 있는 행정처분이나 공권력의 행사는 될 수 없지만 그 내용이 국민의 기본권에 직접 영향을 끼치는 내용이고 **앞으로 법령의 뒷받침에 의하여 그대로 실시될 것이 틀림없을 것으로 예상되어 그로 인하여 직접적으로 기본권 침해를 받게 되는 사람에게는 사실상의 규범작용으로 인한 위험성이 이미 현실적으로 발생하였다고 보아야 할 것이므로 이는 헌법소원의 대상이 되는 헌법재판소법 제68조 제1항 소정의 공권력의 행사에 해당된다고 할 것이며**, 이 경우 헌법소원 외에 달리 구제방법이 없다(헌재 1992.10.1, 92헌마68 등).

④ 국방부장관 등의 '군내 불온서적 차단대책 강구 지시'는 그 지시를 받은 하급 부대장이 일반 장병을 대상으로 하여 그에 따른 구체적인 집행행위를 함으로써 비로소 청구인들을 비롯한 일반 장병의 기본권 제한의 효과가 발생한다 할 것이므로 직접적인 공권력 행사라고 볼 수 없다. 따라서 위 법률조항 및 지시는 기본권 침해의 직접성이 인정되지 아니한다(헌재 2010.10.28, 2008헌마638).

25. 정답 ④

① 청구 사유 : 제41조 제1항에 따른 법률의 위헌 여부 심판의 제청신청이 기각된 때에는 그 신청을 한 당사자는 헌법재판소에 헌법소원심판을 청구할 수 있다. 이 경우 그 당사자는 당해 사건의 소송절차에서 동일한 사유를 이유로 다시 위헌 여부 심판의 제청을 신청할 수 없다(헌법재판소법 제68조 제2항).

② 인용결정 : 제68조 제2항에 따른 헌법소원이 인용된 경우에 해당 헌법소원과 관련된 소송사건이 이미 확정된 때에는 당사자는 재심을 청구할 수 있다(헌법재판소법 제75조 제7항).

③ 심판정족수 : 재판부는 종국심리(終局審理)에 관여한 재판관 과반수의 찬성으로 사건에 관한 결정을 한다. 다만, 다음 각 호 1. 법률의 위헌결정, 탄핵의 결정, 정당해산의 결정 또는 헌법소원에 관한 인용결정(認容決定)을 하는 경우, 2. 종전에 헌법재판소가 판시한 헌법 또는 법률의 해석 적용에 관한 의견을 변경하는 경우의 어느 하나에 해당하는 경우에는 재판관 6명 이상의 찬성이 있어야 한다(헌법재판소법 제23조 제2항).